增订本

圣灵降临的叙事

Narratio instincta descenti Spiritu Sancto

刘小枫 著

华夏出版社

目　录

增订本前言

这些文章均为十年前的成品，前三篇于 2002 年结集，由北京三联书店刊行。这次再版，除订正舛误和删削浮辞，还补入一篇相关论题的旧文，故曰"增订本"，集为汉语神学四论。

刘小枫

2008 年 6 月于沐猴而冠斋

前　记

　　1987 年冬天，我向甘阳建议，《现代西方学术文库》增加一个"神学系列"。甘阳接信后大喜，要我尽快着手。我随即拟出选题、组织翻译。可惜，仅仅出版了董友教授译的《在约伯的天平上》，这个系列就随整个文库计划搁浅而中断了。1991 年，幸得时任香港三联书店总编辑的董秀玉女士支持，已经组译的选题以"当代欧陆宗教思想系列"的名目在香港陆续出版。以后我又补充了一些选题，先后共刊行十二种。

　　1993 年秋天，我着手规模更大的"历代基督教思想学术文库"编译计划，选题延伸到古代基督教经典，八年间刊行近四十种。自 1995 年起，这套文库分别由北京三联书店和上海三联书店陆续刊印。

　　为了说明这一基督教学术经典翻译规划，我在 1995 年写了《现代语境中的汉语基督神学》一文。这篇文章经过增补，便成了眼下这篇扩充了近三倍篇幅的长文《汉语神学与历史哲学》。增补的来龙去脉，题记已有交待。《圣灵降临的叙事》写于 1998 年，原刊于杨慧林教授主编的《基督教文化研究》（第一辑，东方出版社），这里发表的文本扩充了一倍篇幅，换了篇名（原题为《俄罗斯晚期帝国中的"内在精神革命"》）；《"浪漫的"福音书中的"我口渴"》写于 1999 年，原刊于《上海文学》，收入本书时略有增订。

关于基督神学的论题，我在此前写过几篇文字，现将晚近的三篇论文合在一起，并非是在随便凑一个论集。

表面看来，尼采的《道德的谱系》是关于道德哲学的书，通过批判考察传统的道德谱系为新的价值感觉铺路，进而为欧洲未来的政治秩序作准备。目光敏锐的哲学家、政治思想史家沃格林（Eric Voegelin）却看出，"《道德的谱系》是一种历史哲学"，它把道德的类型问题变成了一个历史哲学的抉择问题。按照这一历史哲学，荷马类型的贵族制伦理和代表了高级文明因素的犹太教士制伦理的出现，是欧洲精神历史的第一阶段；其时，权力意志达到了精神的高度。随后，教士伦理与贵族伦理之间出现了紧张，在这种紧张的压力下，教士怨恨创造出新的道德价值——基督教伦理。在尼采看来，这种伦理创造颠覆了贵族制的价值秩序，以至于欧洲精神在现代时期跌落到精神的最低度、进入了虚无主义时代——此为欧洲精神历史的第三阶段。

所谓尼采的历史哲学问题是：在虚无主义时代，欧洲精神必须作出新的伦理选择，走出精神的最低度状态。《道德的谱系》以欧洲现代性的历史哲学问题为前提，希望刻画出欧洲精神的价值转移的标志——在后基督教（超善恶）的基础上重建高贵的精神。尼采的如此历史哲学固然也是三阶段式的，却与汉语学界相当熟悉的黑格尔和马克思的三阶段历史哲学相当不同。

中国精神历史的内在动力中同样有尼采所谓的伦理价值的紧张。佛教的平民伦理显然对儒教君子伦理造成过相当大的压力，以至儒教思想花了好几百年时间来化解。西方基督教进入中国，对儒教伦理无疑带来更大的精神压力，以至于现代儒生要召集儒道释伦理一起来对付。过去，思想家们主要从文化（宗教）的类型比较来看待这种紧张（韦伯、梁漱溟），其实，这种紧张很可能反映了更为深远的历史哲学问题。

历史哲学的问题根本上是伦理价值的重新选择。尼采对汉语思想的影响不可谓不大：尼采宣告了西方基督教的死亡，这几乎成了汉语知识界的常识。如果从思想史的角度来考虑一下这种常识的成因，就会对这样一件思想史上的事情感到困惑：20 世纪初，尼采同样对俄国知识界产生过巨大影响，而思想家梅烈日柯夫斯基从尼采意识得到的，何以却是圣灵降临的叙事的启示？

何为圣灵降临的叙事，梅烈日柯夫斯基的诸多小说已经清楚地呈现出来。但圣灵降临的叙事之所以可能，乃是基于基督事件的发生。如果汉语思想在历史哲学问题面前必得重新考虑自己的精神抉择，在虚无主义时代走出精神的最低度状态，是不是也该首先直接面对基督事件？

从整体上讲，本书仍然是为基督教学术经典翻译规划作的一个脚注。借此机会，谨向出版家董秀玉女士、编辑家许医农女士和倪为国先生表达由衷的敬意，感谢他们多年来对这一翻译规划的支持。也向所有参与翻译的教授、博士和专家们表达由衷的敬意和感谢。

刘小枫

2002 年 5 月于广州中山大学哲学系

汉语神学与历史哲学

题 记

　　1994 年 4 月，我在香港中文大学宗教系首届神学节的演讲，以及同年 7 月在北京大学宗教研究所举办的"宗教与文化"高级研讨班上的演讲，都以"现代语境中的汉语基督神学"为题。讲纲随后敷衍成文，刊于《道风：汉语神学学刊》第二期（1995）。该文标出"汉语神学"提法，基于对"现代语境"的理解，如文题所示，旨在探讨现代性问题中汉语神学的可能性。文章刊出后仍显得像研究大纲，未料却很快引起港、台神学界一些严肃认真的批评性反应。

　　"汉语神学"的提法意在表达一种学问意识和思想感觉，一种重新理解中国的基督教神学的企图。文治武功的康熙皇帝尝言，"西洋人等小人，如何言得中国之大理。况西洋人等，无一通汉语者，说言立论令人可笑者多"。"汉语"与"中国之大理"一如表里关系，基督神学成为汉语的，"中国之大理"安能不生裂变？

　　可是，汉语学界对这已经发生、还在继续发生的裂变的理解没有问题？

　　"汉语神学"已有好几百年历史，本稿激烈批评的"本色化"神学，当然也是一种汉语神学。"汉语神学"属于数百年来的无数中国基督徒学人，属于当今和未来的每一位中国基督徒学人。本稿针对过去的汉语神学的批判，其实是要清理汉语神学的当今意识。在现代变迁的当今时代，"汉语神学"撞上了新的机遇，机不可失、时不再来。因此，有必要通盘重新理解一再被耽误的基督教神学突入"中国之大理"引出的根本性问题。如果没有基于对现代性问题意识的重新理解，正在发展的汉语神学如何可能取得历史时机所要求的进展？

本稿尤其尝试重新理解汉语思想界过去对基督教与中国之关系的理解，并非主要（遑论仅仅）针对神学界长期流行的所谓"本色化"提法。"本色化"神学的提案难道不是基于"五四"时期的思想界对基督教与中国之关系的理解？当今的汉语神学如果仍然受制于这一颇成问题的"五四传统"，而不是在思想上来一番正本清源，未来的汉语神学肯定不会有大的作为。

无论如何，所谓"汉语神学"的提法并非等于我自己的具体神学提案。多年来，我亦积极推广"汉语学术"、"汉语思想"一类提法，学界从未有人将这类提法看成刘氏的"主张"。本人具体的实质性神学提案还没有——也许将来也不会有——一个确定的名称，至少迄今我还没有为此费过神。尽管我涉猎过辩证神学、生存神学、释义神学、历史神学乃至政治神学的种种要素，却没有兴趣也没有打算在今后营构一个可以命名的系统神学。从生存体验和文化—政治语境出发，关注实际、具体的神学思想问题，在具体的神学言述中触及种种论题——而非营造系统神学，是我的个人偏好。本稿首先想为自己的神学言述找到一个可能的历史感觉，其历史—现实语境的反思首先指涉我自己：当我走进早已存在且仍在发展的汉语神学时，我在的言述位置在哪里？既然西方和中国思想的前人已经就基督认信说了那么多，我究竟还可以——而且应该——说些什么？

不消说，即便是对业内人士无不耳熟能详的中国基督教历史的扼要重述，也是从当今的问题意识——现代性问题意识出发，因而不可避免是一种个人性解释——讲述作为史实的中国基督教历史故事是历史学家的事，无需我来重述。招来非议的"本色化神学"批判，无异于告诫自己切莫再作基督教与中国文化的"调人"。

经常有朋友问：你提出要综合现代神学中的自由主义和保守主义，究竟怎样综合？其实，这篇原本并非精心构拟的论稿就力图既有历史—社会理论的文化神学钝槌、又有启示神学的利锥。没能令人满意倒是真的，但自己思想的事情为什么非要让别人满意？为了令自己和为数不多的几位性情相近的朋友满意，倒值得再试一次。

称这篇五年前的论稿"并非精心构拟"，不是在为文中的种种粗疏找借口。当时忙于刚开张的"历代基督教思想学术文库"计划，作文起初仅打算为此计划作一脚注。如今既然引起业内人士关注，我便在 1995 年文稿框架的基础上重新铺展论述（增写了三节），对旧述或增补或修订，突显旧稿尚未深究的汉语神学与历史哲学问题的关系。旧稿的文献采用旧式注法，或缺出版社名，或缺原文书名，因查找原书不易，没有来得及更补，乃一缺憾。

今年 5 月赴德国讲学前，已经大致完成修订稿，等到如今杀青时才发现太长，便更题为"汉语神学与历史哲学"。"我不是哲学家，也不是作家。我不写作品，从事既是历史又是政治的研究；我经常被自己在一本书中所遇到的不能解决的问题驱动"（福柯）。在本稿中，我遇到的正是一个这样的问题。

1999 年 8 月于香港

凡属于"精神"的，一概离中国人"很远"？

　　景教碑文是早期基督教会一支流窜的东方教派在华土留下的汉语痕印，倘若那些文字是刻写在木板上的，或许早已像阿房宫一类的历史痕印那样化为战乱中的灰烬。基督教何时进入华土，可能仍然是一个开放的、有待考古学者的镢头来回答的问题。然而，即便考古的镢头挖出更多碑文，也并不会使汉语神学出现的历史时刻提前。西方的基督教神学博大精深，是两个不同的罗马帝国文化中的基督教会在辩证理性及其相应的知识体系和学问制度的支撑下理性地建构起来的。[①] 有基督教信众的群体生活，不等于有基督教神学。汉语基督神学的发端与基督教进入华土并不是一回事情，景教碑文尽管提供了汉语的基督认信经验，印证的主要是基督教信众的群体生活，而不是汉语基督神学的发端。再说，为什么景教在唐代没有成为国教——像俄罗斯当年的皈依？这纯属历史的随意性——碰巧某位皇帝喜欢上了某种宗教，如北魏皇帝喜欢佛教，唐代皇帝喜欢道教，古罗斯皇帝喜欢基督教。这种事情至多可供闲谈，不成其为一个思想史（遑论哲学或神学）问题。

　　汉语神学发端于中国文化与欧洲文化在明末清初的相遇。那个时候，欧洲的基督教东传教士携带天主实义和泰西实学远

---

　　① 参拙文《辩证法与平等的思想自由习性》，见《西方思想史逸章》，上海：华东师范大学出版社，1997。

渡重洋来到中国，与当时的士林要人（焦竑、李贽、陈第、方以智、宋应星、黄宗羲、顾炎武）交往，培育出了第一批士大夫基督徒（徐光启、李之藻、杨廷筠），在汉语思想的织体中承纳基督信理，与儒、佛思想展开思想辩难。基督教思想在中国已经成为一个文化—政治事件（邪教？"道之贼"？）。东传教士甚至试着用汉语写作，这一写作传统一直持续到今天，尽管其传教士身份已经变成了汉学家。

像千余年前用汉语译佛经的佛教传教士和士大夫佛教徒一样，士大夫基督徒和用汉语写作的传教士难免引发汉语的文化—信仰论争。[①] 有中国士人与西域基督教知识人站到一起去了，这件事对于中国士人来说，既新奇、又不新奇。所谓不新奇，因为类似的事情不是头一次发生——中国士人曾经站到佛教徒一边去了。所谓新奇，不仅因为传教士带来的信息与当年佛教所传信息的品质不同，而且因为，"异教"的基督教破门而入时，中国的文化—政治制度的体质与汉代已经大不相同。

与基督教东传事件本身的新奇比起来，这些新奇都是次要的。

东传教士是谁？——耶稣会士。然而耶稣会士是谁？说他们是守旧的西方传教士，等于没有回答。谁都会依据诺瓦利斯"大公信仰的全部魔法在他们手中变得更加有力"的说法，将耶稣会僧侣团看作欧洲公教神权政治—文化秩序出现现代性骚乱后形成的反现代性卫士，看作以维持已经受到致命威胁的神

---

① "士大夫佛教"的提法以及佛教经籍的汉译，参许理和，《佛教征服中国》，李四龙、裴勇译，南京：江苏人民出版社，1998，页6—8及43以下。

权政治—文化秩序为神圣使命的团体。

可是，近代自然法学派的出现，对西欧现代政治制度的演化具有决定性影响，此乃众所周知，中国士人中同时研究近代自然权利论和中西交通史者不乏其人，却未见有人清楚近代自然法学派肇始于其成员几乎"清一色"为耶稣会士的所谓伊比利亚半岛自然法学派（Escola Peninsular do direito natural）。① 看来，耶稣会教团绝非仅仅"守旧的天主教传教士"。如果说后现代就是批判现代性，耶稣会士是否才是真正的先驱？

恐怕搞错了吧。后现代的现代性批判是激进的，耶稣会的现代性批判是保守的，岂可同日而语？

德里达的解构不是据说瓦解了柏拉图营构的逻格斯中心主义？要是这件事确凿，就不妨想想后现代论者无不景仰的先知尼采的话：耶稣会教义是解脱欧洲灵魂痛苦的第一次伟大企图——据尼采说，柏拉图主义（对民众来说它就是基督教）使得欧洲灵魂极度紧张，像一把弓被绷紧了两千年，以便射杀一个最遥远的大目标——恶；"欧洲人觉得这种紧张是一种痛苦，已庄重地作出了两次尝试来松开弓弦：一次依靠耶稣会教义，一次依靠民主启蒙"。② 中国士人中的优秀头脑已经倾听尼采一百年，研究耶稣会士也好久了，却迄今没有听见尼采将耶稣会教义与民主启蒙相提并论这一极富锐见的洞识。

耶稣会教团是欧洲发生的现代性事件的重大阶段性标志，其东传使命本身就与现代性事件相关："凡是在欧洲所失去的

---

① 参 Antonio Manuel Hespanha，《欧洲法学史导论》，吕平义、苏健译，北京：中国政法大学出版社，1998，页 149–150。

② 尼采，《善恶的彼岸》，朱泱译，台北：水牛出版公司，1999，页 10。

一切，他们千方百计要在世界其他地方、在最遥远的西方和东方得到数倍的补偿"（诺瓦利斯）。明末基督教东传事件的新奇，就在于事件本身首先是西方现代性事件的结果。耶稣会的东传使命在中国导致的文化冲突，以及因礼仪之争导致的罗马教廷文化的骚乱和当时欧洲思想最优秀的头脑与中国精神的"对话"，使得东传事件的历史哲学含义变得相当深远。①

对于明末基督教东传事件，学界多谈所谓中西文化的冲突（基督"上帝"之名的汉称之争、礼仪之争）和交流——东传教士给中国传来了科学、给欧洲带回了儒教，让欧洲人知道有个文明大国及其理学。这些都是历史学的事情，而历史哲学的思考却流连于莱布尼茨和伏尔泰一类欧洲思想家对中国精神的赞美，挖苦马勒伯朗士之流对宋明理学"隔靴搔痒"。② 中国的历史哲学家们何曾想过，在欧洲知识界尽其所能探究中国思想一百多年后，为什么黑格尔还是在其《历史哲学》中作出了这样的判断：凡属于"精神"的，一概离中国人"很远"。③

黑格尔的这一判词注定要让中国知识人的头脑烦恼好几个

---

① 参李天纲，《礼仪之争：文献、历史、事件》，上海：上海古籍出版社，1999。

② 传教士与中国科学，参曹增友，《传教士与中国科学》，北京：宗教文化出版社，1999。思想史方面，参朱谦之，《中国哲学对于欧洲的影响》，福州：福建人民出版社，1985，页128以下；王德昭，《历史哲学与中西文化》，香港：商务印书馆，1992，页274－334；秦家懿编，《德国哲学家论中国》，北京：三联书店，1993；马勒伯朗士等，《有关神的存在和性质的对话》，陈乐民编译，北京：三联书店，1998；西人的论析则要不同一些，参孟德卫，《莱布尼兹和儒学》，张学智译，南京：江苏人民出版社，1998。

③ 参黑格尔，《历史哲学》，王造时译（修订本），上海：上海书店出版社，1999，页122－143。

世纪，但汉语思想界迄今没有打算认真对待这一判词。中国知识人的习惯反应是问：何谓"精神"？难道儒家的性理之学和道家的玄理之思不是"精神"？20 世纪的士人们恨不得给黑格尔几个儒教的——如果可能的话，再加上道家和汉化佛教（所谓庄禅精神）的——耳光，而且不断实实在在地给了。

这些耳光是否响亮，取决于中国士人们是否真正搞懂了何谓黑格尔所说的"精神"。

20 世纪的儒生有谁真正致力去搞懂黑格尔所谓的"精神"？无论研究还是翻译黑格尔，都并非等于在致力搞懂黑格尔所谓的"精神"。倒是有人记得，黑格尔不通汉语，当然搞不懂中国精神，于是不厌其烦重复皇上康熙那句"西洋人等小人，如何言得中国之大理……无一通汉语者，说言立论令人可笑者多"——所谓"黑格尔尝鄙薄吾国语文，以为不宜思辨……其不知汉语，不必责也；无知而掉以轻心，发为高论，又老师巨子之常态惯伎，无足怪也"（钱钟书）云云。

现代士人轻蔑黑格尔的"历史哲学"问题，"无足怪也"，奇怪的倒是，20 世纪的汉语神学不仅没有致力去搞懂黑格尔所谓的"精神"——它就是基督教的精神，反而跟随现代儒生们去打黑格尔的耳光。迄今还有不少优秀的汉语神学头脑立志继承这一业绩。

欧洲人是否搞懂了中国精神，其实无需中国士人操心。叔本华已经晓得，传教士们没有搞懂中国的 Glaubenslehren［信仰学说］，因为"他们受的是乐观主义教育"，无法理解中国人把 Daseyn［生存］理解为 Übel［不幸］，将世界看作 Jammer［受苦］，"最好不要生在这个舞台上"。①

中国士人应该操心的是，自己是否搞懂了黑格尔所谓的"精神"。这对于一个中国士人来说显然相当危险，因为那样一来，他就可能成了基督徒——当然也可能成为反基督徒；即便成为反基督徒，"中国的大理"也难免发生裂变。

认真来讲，从明末到清末，中国士人还是有相当可观的时间来搞懂黑格尔所谓的"精神"。然而，耶稣会教团在现代性事件中负起的东传使命在华土没有变成中国的现代性事件——哪怕仅是精神性的。

数百年后，基督教的下一波东传时，事情已经发生了变化。

基督教在中国的历程经历了三个不同的语境，每一语境都有不同的语义结构。从唐代景教的出现至明末耶稣会教士来华以前，基督教的传播发生在世界政治—文化的前现代时期，其语义结构还是帝国文化性的。② 即便像伊斯兰教那样强有力的宗教，也没有给中国的政治、社会、文化留下结构性影响，何况基督教。在帝国文化的语义结构中，就算基督教在华土深入纵深，与中国文化理念和政治制度的关系也不会成为一个现代的历史哲学问题——如洛维特（Karl Löwith）、施特劳斯（Leo Strauss）所言，历史哲学根本就是现代的。明末耶稣会士的传

① 参叔本华，《自然界中的意志》，任立、刘林译，北京：商务印书馆，1997，页140。

② 有关历史文献，参徐宗泽，《中国天主教传教史概论》，1939/1990，页64–162；罗香林，《唐元二代之景教》，香港中国学社，1966；穆尔，《一五五零年前的中国基督教史》，郝镇华译，北京：商务印书馆，1984；朱谦之，《中国景教》，北京：东方出版社，1992。

教本身就是那个所谓"历史资本主义"（华勒斯坦）的产物，但基督教与中国断断续续的实质性接触的结果却是：一方面引入了几何、历法、天主崇拜，激发了为国朝作想的"补儒易佛"（徐光启）的士大夫想象，另一方面导致社会层面的教士与乡绅冲突、思想层面的天主教理与儒学的冲突、政治层面的教权与皇权冲突（礼仪之争）。儒生们马上警觉到：基督教将破坏中国的道一风同，即便引入历法也不可小视，"历法的制订，对于中国之政治，并不是一个单纯的技术问题，而更是一个政治的权威性问题"。① 显然，基督教与中国的关系已经引发现代性历史哲学问题。

西方思想家对于这一历史哲学问题的回答各不相同，但对问题本身的理解相差不大。如果综合黑格尔、马克思、尼采、韦伯的理解，这一问题便可以简述如下：人类面临的基本问题有两个，如何应对人世中的欠缺和如何建立并维持有秩序的统治，世界历史中的各种宗教为此提供了各自方式的来世精神安慰和现世神权统治。古代的先知、智者、贤人们十分清楚，对于人世中的恶和受苦，没有政治上的（世俗的）根本解决办法。然而，资本主义精神偏偏"宣称自己有能力在历史中超越历史，能够解决由不可避免的邪恶带来的困境，能够在地球上创建天国"。②"资本主义精神"必将导致传统的、无论西方还是

---

① 何俊，《西学与晚明思想的裂变》，上海：上海人民出版社，1998，页221。参 J. Genet，《中国文化与基督教的冲撞》，于硕等译，沈阳：辽宁人民出版社，1989。

② 参 Immanuel Wallerstein，《历史资本主义》，路爱国、丁浩金译，北京：社科文献出版社，1999，页73。

东方的"大一统"秩序的裂变，现世神权统治的正当性基础变得不再是理所当然的了。这就是现代性历史哲学的问题要害。

在这一历史时期，中国士人即便要理解黑格尔所谓的"精神"，也已经不可能像在帝国文化语义结构时期那样——比如像汉代—魏晋士人理解佛教那样，作为一种单纯的来世精神安慰来理解。基督教精神正在变成那个导致历史哲学问题出现的资本主义精神。明末清初的两百年间，中国实质上已经被现代性语义结构氤氲住了，可是，汉语思想仍然滞留在帝国文化语义结构中，连彼得大帝的感觉也没有。两种语义结构的重叠以及汉语思想对现代性语义结构毫无感觉，就是基督教与中国发生关系的第二个历史阶段的主要特征。倘若从既有经史大师们的清代思想文化史的叙述中走出来重读清史，说不定会有新的发明。

从清末到20世纪70年代末期——本稿着重关注的现代期——是基督教与中国发生关系的第三阶段，其时，另一种基督教，即新教诸宗，随西方民族国家的殖民扩张进入中国，资本主义精神已经变成了民族国家的政治强权。尽管传教士们仍然没有忘记传播黑格尔所谓的"精神"——据黑格尔说，这一"精神"的本质乃是"自由"——但基督教在中国实际上显身为现代商务（工交、财政、医药）、现代文化（译业、报业、教育）乃至现代政治（君主立宪或民主共和）。清末高士辜鸿铭可以作证：

　　我曾出席在中国的基督教传教士会见总督、总裁和各

级满清官吏的多次谈话会，然而，以基督教正义极端重要
性为题的谈话，我一次也没有听到过。他们会谈的内容都
是有关铁路、科学、财政、医药、学术教育和反对缠
足的。[1]

　　古老帝国文化的语义结构被强力政治置换了。这一次，中
国士人中的杰出头脑倒是主动想起了黑格尔所谓的"精神"，
然而想要理解它的努力却被已然成形的现代语义结构——科学
主义理性精神和民族主义国家伦理窒息了。本来，汉语思想可
以而且应该从基督教精神来理解现代性历史哲学问题——黑格
尔、尼采、韦伯正是如此，如今却马上站到另一种欧洲精神
——科学主义理性精神或者本土的民族主义国家伦理的思想位
置上去了。
　　尽管如此，现代语义结构已经导致汉语思想的分裂。一些
士人通过科学主义理性精神来理解古老的欧洲精神（包括基督
教精神），以便理解现代性历史哲学问题，一些士人则仍然想
要留在帝国文化语义结构中来理解现代性历史哲学问题。无论
哪种情形，汉语思想都离理解黑格尔所谓的"精神"越来越
"远"。在现代语义结构中，汉语思想采取这样两种思想位置
"无足怪也"，这两种思想位置迄今支配汉语思想的精神结构
也"无足怪也"，奇怪的倒是，汉语神学思想曾经跟从而且现
在还要跟从这两种思想方向。
　　这就是汉语神学的根本问题所在，也是本稿决意要来检讨

① 辜鸿铭，《清流传》，香港：牛津大学出版社，1994，页27。

现代语境中的汉语神学的命意所在。

关于通过科学主义精神来理解古老的欧洲精神（包括基督教精神）的事，我随后将详细检讨，至于想要留在帝国文化性的语义结构中理解现代性历史哲学问题，只需在此略为提及就够了。

事情是这样的。因应晚清以来西方民族国家实力政治的殖民入侵，民国的史学大师们把自己的青春热情奉献给翻捡隋唐佛教融入华土的旧案，以便找出应对现代夷狄的历史经验。几乎没有人再理会明末耶教进入华土的旧案，而是言必称儒佛思想的冲突如何已经是华夏文化以夏化夷的光荣历史，好像儒耶思想的冲突从来不曾发生过。半个多世纪以来，不断有士人津津有味地念陈寅恪大师所谓"道教的真精神，新儒家的旧途径"这本经，最后念成了精神催眠曲似的传说，几乎让广大汉语知识人忘记了：中国文化与欧洲精神的相遇不是在清代后期才发生的。①

"道教的真精神，新儒家的旧途径"毕竟是涵化佛学产生出来的，明末以来，中国士人并没有产生出某种涵化了基督教精

---

① 民国时期，似乎仅有刊印于1943年的嵇文甫《晚明思想史论》相当粗疏地从思想史角度谈到明末中国文化与基督教的相遇，1949年后，大陆学界有侯外庐主编的《中国思想通史》（第四卷下册，北京：人民出版社，1960，页1189以下）和朱谦之说"西学输入"，仍然谈不上通透。直到晚近十年，大陆学界才开始认真清理明末耶教入华引发的思想文化冲突旧案。晚近孙尚扬《基督教与明末儒学》（北京：东方出版社，1994）、王晓朝《基督教与帝国文化：关于希腊罗马护教论与中国护教论的比较研究》（北京：东方出版社，1997）、何俊《西学与晚明思想的裂变》（前揭）不同程度更新了研究进度。基本史料文献见《天主教东传文献》三编，台北：学生书局，1965—1984。

神的"真精神"难道不是事实？汉语神学跟着念这本经不是好
奇怪吗？的确，当代儒家中的某些高士试图秉承"道教的真精
神，新儒家的旧途径"来涵化基督教精神，尽管事先未搞懂黑
格尔所谓的"精神"。可是，汉语神学难道应该去为新儒家的现
代思想负担操心？如果汉语神学追随现代儒生建议的所谓"真
精神"和"旧途径"，就根本站错立场、搞错了方向。

　　切入中国的现代性问题，已经有种种不同的思想和学问位
置：关注现代民主政治制度形成的政治学考量，关注工业化过
程或大众社会文化机制的社会学考量，关注文化价值理念的现
代转变的哲学考量。何曾见过从基督教神学切入中国的现代性
问题？相反，人们倒是看到不少中国基督徒学人追随上述种种
学问位置。可是，如果没有搞清黑格尔所谓的"精神"，又如
何可能在思考由这一"精神"引发的现代性时把中国现代性
问题想到"桶底脱落"（廖平）？

　　汉语神学本来应该记住黑格尔的那句话——凡属于"精
神"的一概离中国人"很远"，从而致力在汉语思想中走近这
一"精神"。由于晚清以来纠缠着中国知识人的基本问题，乃
是中国作为民族主权国家的生成及其与西方民族国家的冲突性
关系，所以，汉语神学的现代负担不仅是要致力走近那个属于
自己的"精神"，对中西文化冲突正本清源——这必然会导致
"中国的大理"的现代转变和个体信仰的品质嬗变，而且得思
考中国的现代性历史哲学问题，即政治制度的现代因革。因
而，不仅需要释义神学——以便理解那个"精神"，需要生存
神学——以便成为那个"精神"，而且需要政治神学——以便
面对同样令欧洲思想伤神的历史哲学问题。百年来汉语神学根

本就忘记了自己的思想负担，这一切从何谈起？

汉语神学如今首先必须考虑的问题是：如果作为一种汉语思想，汉语神学必须与其他汉语思想一起面对现代性语义结构，其自身本己的思想位置在哪里？要找到并确立自己的思想位置，汉语神学首先就得离开迄今支配汉语思想精神结构的上述两种思想位置，甚至离开士大夫基督徒为汉语神学确定的思想位置——明末士大夫基督徒的以耶"补儒"难道不仍然是儒教的思想位置？

考察百年来汉语基督神学在现代性语境中的位移，首先是为了搞清汉语神学自身的思想负担。这一问题同样是汉语思想的现代性问题。将汉语基督教文化作为一种现代现象以至现代性问题来看待，显然不是单纯历史学的、甚或中国思想史的旨趣，更是历史社会学—历史哲学的旨趣。

我将集中考察两个方面的问题：百年来中国社会生活形态的现代化变迁中，尤其近十五年来汉语世界政治文化结构的变迁过程中，中国基督教会的社会—政治处境及其问题；百年来汉语学术思想形态的现代化变迁中，尤其近十五年来汉语世界思想文化的现代性生成过程中，汉语基督神学的思想—文化处境及其问题。只有当我们清楚意识到汉语神学在历史语境中的现代性问题，发展汉语基督神学的构想才可能不至过于漫不经心和不知所为。

科学主义与基督教"精神"

现代中国知识人想搞懂黑格尔所谓的"精神",却被另一种欧洲精神（科学主义）打断了。如何打断的？这另一种欧洲精神与基督教是什么关系？

的确,如学界已经认识到的,明末"传教士所传来的西学并不是当时欧洲的新学,而是当时的旧学,这即是说,不是文艺复兴以来资产阶级上升时期的思想与文化,而是与此相对立的中世纪封建教会的神学和经院神学"。[①] 可是,晚清时期基督教传入所谓欧洲新学时,欧洲旧学并没有销声匿迹。《万国公报》中"耶稣教士致中国书""论耶稣之道超于诸教不得不传至万邦""中西教学原始论""论基督教于中国学术更变之关系""论儒教与基督教之分",不就还在传明末西学初次东渐时的经院神学？[②] 西学的第二次东进以科学理性为先,民国学人攻击基督教多依据科学理性。可是,明末耶稣会教士也传科学理性,为何《破邪集》辟耶教没有依傍科学理性？西方的旧学和新学都有科学理性,差异在哪里？"资产阶级上升时期的思想与文化"难道就没有基督教神学了？

---

① 侯外庐主编,《中国思想通史》,第四卷下册,前揭,页1193。

② 参《万国公报文选》,李天纲编校,北京：三联书店,1998,页3－173；亦参朱维铮,《西学的普及》,见氏著《求索真文明：晚清学术史论》,上海：上海古籍出版社,1996,页63以下；顾长声,《传教士与近代中国》,上海：上海人民出版社,1981。

中国士人自以为看出了欧洲旧学与新学不睦，却没有谁去细察两种"西学"之间的内在血脉及其与中国现代性的关系，没有人理会这样一个问题：为什么同样是科学理性，却导致相当不同的问题。

明末基督教东传带来了一个欧洲文明。什么样的"欧洲文明"？什么叫欧洲？有一个统一的欧洲吗？从地缘上界定欧洲与本稿的问题不相干，需要搞清楚的是何谓一个文化的欧洲——所谓欧洲精神。儒教士人喜欢说，中国文化不是一个民族的或种族血缘的概念。同样，欧洲文化也不是一个民族的或种族血缘的概念，而是一个政治—文化的概念。[①] 作为一个政治—文化形式，所谓"欧洲"并非像"中国文化"概念那样带有貌离神合的一致性。中国士人从西人的教科书上知道，所谓欧洲精神就是希腊精神和罗马—基督教精神及其相应的政治形式——民主政体和神权政体的统称，又从马克思主义那里知道，所谓欧洲精神有中世纪封建文化和近代资本主义文化的冲突，却没有注意到欧洲精神中更为根本的超逾了阶级斗争的历史精神冲突：希腊精神与犹太精神的冲突、希腊精神自身中神话与理性的冲突。

欧洲精神中实际隐含着的两种根本不同的精神之间的张力，在希腊文化中就出现了。希腊文化中不仅有所谓理性主义，而且有其民族性的神话宗教："印欧民族最初的宗教直觉基本上是自然神论的，但这是一种深邃而道德的自然神论，是

---

① 参 Werner Sombart，《人学》，张丕介译，台北：天华出版公司，1979，页139。

人对大自然热烈的拥抱，是一首对无限充满了深情的精美诗歌"（勒南 [Ernest Renan]）。希腊文化中理性主义与神话宗教的冲突，充分体现在美学家朱光潜可能没有搞懂、类书家钱钟书也许还没有想到过的柏拉图反对诗人的言论中。哲学家与诗人的冲突——理性与神话的冲突——岂是一个文艺学—美学问题？这是两种生活理想的冲突，两种政体即"邪恶的剧场政体"与道德的"贵族政体"的冲突。由神话滋育的诗人代表了一种政治生活的方式，柏拉图称之为以"自由"名义过的无耻生活的方式："在音乐里就产生出一种谁都无所不知、漫无法纪的普遍妄想；自由就接踵而来，人们都自以为知道他们其实并不知道的东西，就不再有什么恐惧，随着恐惧的消失，无耻也就跟着来了"。① 尼采攻击启蒙理性主义——所谓后现代的开端，不就从为这"无耻"的"音乐"生活方式恢复名誉开始？布洛赫的后现代乌托邦精神命名为"新音乐精神""革命的灵知"，其矛头不就对着苏格拉底—柏拉图的希腊理性主义传统？

勒南的所谓自然神论就是海德格尔所谓西方原初意义上的神学——"神学"（θεό-λογια）源于古希腊，而非基督教。尼采倒是想用这种神学颠覆柏拉图主义的基督教，当今的布鲁门贝格则想恢复这种西方本源意义上的神学。据海德格尔说，这种希腊神话学——尼采意义上的神学的本己使命是理解存在的本原和本质意义，追问存在的根据，不幸的是却在欧洲思想的历

---

① 柏拉图，《法律篇》，见柏拉图，《文艺对话集》，朱光潜译，北京：人民文学出版社，1988，页 311。关于诗与哲学的政治冲突，参 Leo Strauss, *Socrates and Aristophanes* (New York, 1966) 一书中的卓越论述。

史中蜕变成了理性形而上学。① 由于西方"神学"已经历史地
打上了基督教的烙印，所谓本源意义上的"神学"才宁可叫
"神话学"，而不是"神学"。不消说，"神话学"同样是一种
关于"人应该如何生活"的政治哲学，同样有其相应的政制
构想。②

自袁珂以来，经过诸多学人努力，"中国的神话哲学"也
在卡西尔的神话哲学和施特劳斯的神话人类学的地盘上形成
了。③ 现代—后现代的审美主义以"诗化"哲学的名义宣称的
实质上是一种政治哲学，其原祖就是这种音乐精神的"神话
学"。

犹太文化与希腊文化相遇之后，欧洲精神结构中又多了一
个冲突因素：犹太民族的上帝给其子民的绝对启示——应该按
雅威的启示而非理性或神话来生活，从而与希腊的神话精神形
成对立。但是，圣经拒斥神话精神与希腊理性精神拒斥神话精
神在方向上恰恰相反，"哲学以自然和理智的必然性取代了非
人身的命运，而圣经将上帝设想为万物的原因，包括非人身的
必然性在内"（施特劳斯）。从此，哲人、诗人、先知——理性

① 参海德格尔，《谢林论人的自由的本质》，薛华译，沈阳：辽宁教育出版
社，1998，页77。
② 包利民的希腊伦理思想研究把握到两种希腊伦理思想的冲突，并与现代
性伦理思想问题联系起来加以考察，推进了汉语学界对于希腊思想的认识，但以
所谓"主流""反主流"来界分两种伦理原则，却极大地限制了其眼力。参包利
民，《生命与逻格斯：希腊伦理思想史论》，北京：东方出版社，1996，页23 -
27。
③ 参叶舒宪，《中国神话哲学》，北京：中国社会科学出版社，1992；冷德
熙，《超越神话：纬书政治神话研究》。如果人们熟悉了布鲁门贝格的神话哲学，
"中国的神话哲学"论述还会扩张。

精神、音乐精神、启示精神的相互关系及其对抗，就成为欧洲思想的关键部位。

欧洲精神中的诸神无法共处一室，中国士人又如何可以大而化之侈谈所谓欧洲精神？黑格尔所说的那个离中国人很远的"精神"既非理性精神，也非单纯的启示精神，更非音乐精神，而是理性精神与启示精神的融合。尼采说，基督教对于欧洲民众就是柏拉图主义，音乐精神显然被排斥在外了。罗马基督教会趁各蛮族瓜分欧洲之机建立起来的所谓大公的欧洲精神，并没有真正化解希腊理性精神和希伯莱启示精神的不合，但毕竟融贯出罗马基督教的公教文化形式——这就是所谓统一的欧洲精神。事情偏偏就有那么凑巧，明末耶稣会教士出现在中国时，这一公教主义中的理性精神已经发起了反对上帝启示的绝对主权的造反，所谓的近代人文主义——欧洲科学主义的另一名称——作为这场造反的结果，宣称人的知性的绝对主权。理性精神与天主启示的联姻破裂了，它不要继父，它要寻回自己真正的父亲——如韦伯所言，所谓形式理性主义的科学—技术精神不过就是古老的希腊理性精神。[①]

黑格尔所说的"精神"，并非仅仅是风一般的圣灵，它也是一种政治形式。如特洛尔奇所说，基督教会作为一种建制，在特定的意义上乃是一个政治体制。基督教会思想的奠基人保

---

① 关于近代科学思想的希腊神学起源，参 Richard H. Schlagel, *From Myth to Modern Mind：A Study of the Origins and Growth of Scientific Thought*, Volume I：*Theogony through Ptolomy*, Peter Lang, 1995。关于近代科学主义与晚期经院神学的内在关系，或者说关于科学理性与天主实义分离的经典研究，参 Hans Blumenberg, *Die Legitimitat der Neuzeit*（《近代的正当性》），Frankfurt am Main, 1985。

罗关于教会的思想不仅有个体信仰的含义，也有政治的含义，不仅是个人与上帝关系的新规定，而且是人与人的关系的新规定，从而在犹太式的民族共同体政治形式和罗马帝国共同体政治形式之外提出了第三种政治形式。[①] 君士坦丁大帝授予教会信仰许可令（313 年）后，教会开始建立自己的社会司法管辖权。日耳曼蛮族入侵导致西罗马帝国的政治、法律秩序结构瓦解以后，罗马公教借助罗马的公法精神构造出大公的罗马—基督教帝国政治形式——所谓基督教共和国，"中古欧洲没有一个可以与中国周朝相比的天下共尊的封建帝国，但有一个统一的公教教会和统一的公教封域"（王德昭）。作为政治—法律建制的教会体制具有更广泛的社会结构能力，其法源来自教会公会议、地区教会会议和教皇通谕，积累了大量成文法。

就在理性精神发起造反，反对上帝启示的绝对主权的同时，悄然兴起的民族国家也开始在理念和政治上要求自己的主权，分化瓦解"帝国精神"及其政治形式。随着霍亨斯陶芬王朝的衰微，英、法首先强盛起来，一系列城市国家随之提出了主权要求，新兴的"主权论"逐步蚕食欧洲大公式一统帝国。"帝国精神"，所谓真正欧洲的"大宪章"，正在成为碎片。"对天主教来说，超个人权威的载体首先不是国家，而是教会。这样，它就乐于让基督教国家作为上帝的当权者参与这种权威。另一方面，自奥古斯丁时代以来，天主教国家哲学的思想武器库中，就有了某种思想产物，这种思想产物使得世俗

---

① 参 Jacob Taubes, *Die Politische Theologie des Paulus*（《保罗的政治神学》），München，1995，页 23 – 76。

国家可能被作为与道德价值的上帝国毫无关联的个人主义福利
目的的单纯工具来认识：世俗国家是必然的痛疾、坦然的人类
作品。"①理性精神的绝对主权诉求和世俗国家的绝对主权诉求
联手导演了一场解除基督教精神法权的历史运动。不仅欧洲大
公式一统帝国开始分裂，基督教精神本身也在分裂：新教的出
现及其随后的教派分裂和教义理论的内在紧张，与欧洲新兴民
族国家的主权政治诉求有密切的内在关联。路德 1520 年在维
滕堡焚烧教皇革除令和《公教会法典》，一同把欧洲统一的政
治—法律—精神秩序的大宪章烧毁了。② 路德的宗教改革不仅
具有神学上的信仰意义，同样有民族国家的政治意义——政治
统一的欧洲不复可能。

　　明末基督教东传并没有带来这些信息，对于资本主义经济
活动的扩张、城市主权国家的发展、民族国家与基督教的公教

————————

　　①　Gustav Radbruch，《法学导论》，米健、朱林译，北京：中国大百科全书
出版社，1997，页 15 - 16，尤其页 138 以下。关于罗马基督教帝国精神及其政治
形式，参但丁，《论世界帝国》，朱虹译，北京：商务印书馆，1985；Carl Schmitt，
Romischer Katholizismus und Politische Form（《罗马大公主义及其政治形式》），
München/Rom 1925, Stuttgart 1984；James Bryce，《神圣罗马帝国》，孙秉莹等译，
北京：商务印书馆，1998。中世纪基督教修院的出现及其制度创新，对于基督教
共和国制度的形成亦起了决定性作用。关于修院制度的研究，参王亚平，《修道院
的变迁》，北京：东方出版社，1998。

　　②　参 Karl Löwith, European Nihilism: Reflections on the Spiritual and Historical
Background of the European War，见氏著，*Martin Heidegger and European Nihilism*
（《海德格尔与欧洲虚无主义》），Columbia Uni. Press，1995，页 173 - 180。单纯
从宗教运动的角度，不可能理解路德的宗教改革关键。参李叶，《路德传》，华
君、舒柱译，北京：商务印书馆，1989，页 12 以下；麦格夫，《宗教改革运动思
潮》，陈佐人译，香港：基道出版社，1991，页 13 以下；Thomas M. Lindsay，《宗
教改革史》，上卷，孔祥民译，北京：商务印书馆，1992。

帝国之间的各种紧张甚至理性精神与启示精神已经不睦，中国士人一无所知。在东传教士所传西方旧学中，科学理性还没有与天主实义分离，还没有成为一种"主义"，还没有与民族国家的利益及其主权扩张依赖的军事强权结合。所谓西方新学之新，恰恰在于科学理性已经成为一种"主义"，在于它与天主实义的分离及其与民族主权国家的结合，而且面目并非只有一个——经验理性主义与马克思主义都是科学主义。第二次"西学"东进以后，中国士人以为，已经在欧洲取得了政治文化领导权的科学主义就是真正的欧洲精神，于是从种种现代的"科学主义"来看基督教精神，没有与天主实义分离的科学理性与儒佛思想的冲突，变成了与民族国家利益相结合的科学理性同基督教的冲突，中国士人要认识黑格尔所说的那个离中国人很远的"精神"变得更加困难了。

耶稣会士把"中国孤儿"带回欧洲，叶端美通过伏尔泰的口喊出"只有夫妻和亲子关系才真是神所赋予的，别的一切都不过是世人的伪造"，中国儒生在辟耶檄文中却说，"夫妇不乞灵于神圣也，神圣不能有丰于夫妇也"（黄贞，《尊儒丞镜》）。迄今，中国的历史思想家总是记住欧洲思想误解了中国精神，然而，欧洲思想恰恰从这种误会开始了对自身的"欧洲"理念的重建。"欧洲并不是从这一概念本身发展出来的，而是从与亚洲的根本对比中发展出来的"（洛维特）。中国"精神"的结构相对而言比较单一，但清末民初的中国士人们开始对比欧洲而重新描述"中国"时，却并不清楚欧洲精神的结构多样性，以为欧洲精神就是那个启蒙之后的科学主义精神，并为听到欧洲传出"基督教破产"的消息而兴奋，根本没有意识到这一消息的政治文化含义。①

科学主义并非仅有理性精神的哲学含义，而且有政治—宗教的含义。如果说，路德的宗教叛变和城市资产阶级的兴起摧毁了大公的罗马—基督教的大一统欧洲精神，引发了欧洲思想的现代冲突，那么，英国新教的国教化就显得像建构出一个民族国家式的基督教，引发了欧洲政治形式的现代分裂和冲突。② 科学主义有自己的保护神——自然神论的上帝，美国国父们正是以这个自然神论的上帝的名义发动了一场世俗革命，建立起一个民主的共和国，自然神论式的基督教随之也成为美国的民族国家式的国教。

当法国大革命把这种民主的共和政体像一把锲子嵌进欧洲的神主政体（Theocracy），所谓"基督教破产"就不仅指基督教作为一种生存信念受到科学—技术理性的排挤，而且意味着基督教的欧洲共同体精神的破裂。英、美、法的现代革命不仅对于中国是一个历史震惊，托克维尔对美国民主的实地考察、韦伯对普通法系的深入浸染、沃格林对所谓 das Wesen des Amerikanismus［美利坚主义本质］的法理探究、松巴特对"美国为什么没有社会主义"的社会学询问统统表明，英、美革命对于具有罗马帝国文化传统的欧洲同样是一个历史震惊。欧陆新教与罗马公教帝国文化仍然有精神瓜葛——路德的上帝与罗

---

① 参舍勒，《基督教的爱理念与当今世界》，见拙编，《20 世纪西方宗教哲学文选》，上海：上海三联书店，1991，下卷，页1071。

② 参柴惠庭，《英国清教》，上海社会科学院出版社，1994；刘城，《英国中世纪教会研究》，北京：首都师范大学出版社，1996；陈思贤，《西洋政治思想史：近代英国篇》，台北：五南出版公司，1998。

马公教的上帝还是同一个上帝，而英、美民族国家式的新教的上帝已经是"自然神论"的上帝；文艺复兴之后罗马法在欧洲的复兴回复的并非纯正的古典罗马法，而是经过经院神学解释的罗马法，但"在一位来自欧洲大陆国家的法律家看来，英国法一直是一种特别异样和奇特的东西"。① 对于抵抗宗教改革导致的精神分裂的耶稣会运动和抵抗法国革命导致的政治精神分裂的保守主义思想来说，"基督教破产"意味着欧洲的现代性历史哲学问题：置身民族利益冲突之中的各欧洲民族再也没有共同的精神理念、法律制度和政治体制可以分享，从而出现了世界精神的领导权在谁手里的问题——英国、德国、俄国、美国？

科学—启蒙理性主义精神并没有成为新的统一欧洲的精神价值，抵抗这一现代世俗精神的神性精神，不仅来自古老希腊的"神学"传统（尼采、海德格尔），也来自罗马基督教的帝国神学传统："世界大战不是纯粹狗咬狗的战争，而是受到道德能量的引导"（施米特）。岂止受到道德能量的引导？科学主义实质上是自然宗教化了的另一种基督教，正因为"现代的法治国家观与自然神论一起获得胜利"，施米特才把反对法律实证主义的斗争看作与自然神的搏斗。②

晚清基督教借殖民政治大举入华，带来的不仅是另一种"科学"，还有另一种基督教——英美民族国家式的新教（在复杂多宗的新教中，对于中国现代政治文化产生重大影响的恰恰是这种新

---

① Konrad Zweigert/Hein Kotz，《比较法总论》，潘汉典等译，贵阳：贵州人民出版社，1992，页333。

② Karl Schmitt, *Politische Theologie*（《政治的神学》），Berlin，1979，页41。

教）以及另一种政治原则。中国思想与欧洲思想，尤其与基督教思想相遇的文化和政治生态完全不同了。所谓"道教的真精神，新儒家的旧途径"的古典经验已经派不上用场，中国与基督教精神及其与现代性政治理念的复杂关系，绝非当年中国与佛教的关系可以同日而语，甚至也非晚明清初儒教国家与基督教的关系可以同日而语。如果明末东传教士引入的不仅是天主实义和与之融贯在一起的实学，而且也有"经过经院神学解释的罗马法"，如果徐光启汉译的不仅是《几何原本》、编撰的不仅是《泰西水法》，而且也有历代信经和教会法典，情形也不会不同到哪里去。儒生所关心的，与其说是谁在统治中国，不如说是用什么道术统治中国，只要用儒术统治中国就没有问题。明末辟耶的儒教士首先考虑的是，"职闻帝王之御世也，本儒术以定纪纲，持纪纲以明赏罚，使民日改恶劝善而不为异物所迁焉，此所谓一道同风、正人心而维国脉之本计也"（《破邪集》卷一）。

基督宗教的传统性格并没有挑战世俗权力御世纲纪的正当性法权的意愿，只有争夺人的个体灵魂的意愿。佛教入华同样损害中国礼俗，"道教的真精神，新儒家的旧途径"都无法阻止无数中国人的灵魂被佛法争夺过去，天主救恩从中国礼俗手中夺去了几个中国灵魂又有什么大不了？问题的关键在于，当"礼仪之争"竟然要由一个教廷来裁决时，儒教帝国御世的纪纲法权就受到挑战。从这一角度来看，"礼仪之争"实在是一场误会。然而，晚清时期入华的基督教根本就不再是对于世俗御世的正当性法权没有兴趣的大公主义，而是携带马基雅维里主义和卢梭主义的新教主义。儒教帝国御世的正当性法权受到的不是基督教的挑战，而是马基雅维里精神和卢梭精神的挑战。所谓马基雅维里主义看起来是近代之后的欧洲精神，其实是前现代的——如韦伯所言——前基督教的普遍政治原则，儒术要与马基雅维里主义结合，据说并不困难，阳儒阴法就行。[①] 但卢梭主义不同，那个"人民主权"是从自然权利来的，无论儒术何等"以民为本"，也不等于以自然权利为本。儒术是"使民日改恶劝善而不为异物所迁焉"，政治原则是贤人御民，自然权利的"人民主权"是从民"日改恶劝善而不为异物所迁焉"，政治原则是民众御民众。儒术御世法理根本上不赞同让"人民"知道自己还有什么"自然权利"——遑论让"人民"知道自己还有什么"主权"——以至于要与马基雅维里主义结合也变得相当困难。

在这样的语境中，一个中国士人无论皈依还是反对基督教精神，他究竟皈依或反对的哪一种基督教呢？基督教精神原本并不就是、现代之后就更不是统一的欧洲精神，即便认识了前基督教的欧洲精神（希腊理性与神话）和现代之后的欧洲精神（科学主义），也不等于认识了黑格尔所说的离中国人很远的基督教"精神"。

---

① 参王德昭，《马基雅弗里与韩非思想的异同》，见氏著，《历史哲学与中西文化》，前揭，页 234 – 273。

民族主义国家伦理与基督教"精神"

　　拿破仑马背上的世界精神使民族性成为现代性的芒刺，西欧民族国家像被捅蜂窝的马蜂，或寻求独立或殖民扩张，民族政治意识成为新兴民族主权国家的当然意识。[①] 中国士人将中国与欧洲对比，不再可能是基督教共和国，而是欧洲的现代民主政体的政治因素：西欧"在工业化和政治化普遍发展之前，富有弹性的主要现代政治结构已逐渐成长，广大的社会群体和阶层在具有明确现代政治、经济期望与实际要求之前，就已经卷入新的城市和工业领域"。[②] 中国传统社会结构中，不存在西欧封建制后期那样的城市贸易和制造业，以及有强大的社团自治体传统的城市政体，也不存在与此经济—政治形态相应的较为特异和复杂的群体与阶层的社会分化，当然也缺乏与这种社会结构相应的政治体制理念（民主）、社会制度理念（自由）

---

　　① 欧洲现代化过程与民族主义之关系的政治分析，参 Karl W. Deutsch, *Nationalism and Its Alternatives*, New York, 1969; Bohatec, *Imperialismus und Dostoevsky*, München, 1962; Miroslav Hroch, *Social Preconditions of National Revival in Europe*, Cambridge, 1985; Liah Greenfeld, *Nationalism*: *Five Roads to Modernity*, Harvard Uni. Press, 1992; Eric Hobsbawm, 《民族与民族主义》, 李金梅译, 台北: 麦田出版社, 1997; Benedict Anderson, 《想像的共同体: 民族主义的起源与散布》, 吴叡人译, 台北: 时报出版公司, 1999。

　　② 艾森斯塔德, 《现代化: 抗拒与变迁》, 张旅平等译, 北京: 中国人民大学出版社, 1985, 页67。

和价值理念（自然权利）。① 历史哲学问题首先显得是中国成为现代民族国家时遭遇到的独特的经济—政治—社会的结构性困难。

当中国的知识人精英要从现代语义结构而非帝国文化语义结构把中国视为国际政治格局中的一个政治单位，必然产生民族国家的生存对比，民族政治意识的出现是自然而然的事。中国士人的优秀头脑认识到，现代的欧洲帝国主义与古代的不同，是民族的帝国主义，而且不是一个"帝国主义"（民族国家），而是诸"帝国主义"（民族国家）。要对付现代的诸民族帝国主义，"惟有我行我民族主义之一策"（梁启超）。② 但任公的所谓"民族主义"其实还只是一种民族性的政治意识和文化意识，并非真正的民族主义。民族性的政治意识是为所属民族

---

① 对西欧封建制晚期城市的社会学分析，见韦伯，《非正当性的支配——城市的类型学》，康乐、简惠美译，台北：远流出版公司，1993；西欧与中国的政治、经济、社会结构的比较分析，参 Grag G. Hamilton，《中国社会与经济》，张维安等译，台北：联经出版公司，1980；王国斌，《转变中的中国：历史变迁与欧洲经验的局限》，李伯重、连玲玲译，南京：江苏人民出版社，1998。

② 关于中国民族主义思潮，参杨肃献、李国祁，《中国近代民族思想》，见同一作者编，《民族主义》，台北：联经出版公司，1980，页19以下；朱维铮，《关于清末的民族主义》，见氏著，《音调未定的传统》，沈阳：辽宁教育出版社，1996；吕思勉，《中国民族精神发展之我见》，见《吕思勉遗文集》，上卷，上海：华东师范大学出版社，1997，页181－193；陈仪深，《二十世纪上半叶中国民族主义的发展》，见《认同与国家：近代中西历史的比较》，台北：中研院近代史所编，1994；郑师渠，《晚清国粹派》，北京师范大学出版社，1993，页109以下；刘青峰，《民族主义与中国现代化》，香港：中文大学出版社，1994；赵德馨，《近代中西关系与中国社会》，武汉：湖北人民出版社，1993，页31以下；陶绪，《晚清民族主义》，北京：人民出版社，1995；罗福惠主编，《中国民族主义思想论稿》，武汉：华中师范大学出版社，1996，页140以下；罗志田，《民族主义与近代中国》，台北：东大图书公司，1998。

的国家利益着想的政治责任意识，民族性的文化意识是为所属
民族的文化传承着想的文化承当意识，两者都还没有决定某种
实质性的政治理念和伦理，从而成为一种"主义"式的政治
伦理。

在现代民族国家的建构历史中，民族体国家的分化或聚合
是常见的情形，地缘政治—经济的利益冲突决定了以"民族"
的名义提出的国家分合诉求。民族政治意识的动机是建构现代
的主权（民族）国家，而国家并非等同于民族，毋宁说是民族
生存的现代政治形式，民族的扩张和生存只有在现代国家这种
"人为的艺术品"（布克哈特）的政治框架中才能存续，所谓民
族的"感情团体，只有在本民族所形成的国家中才能适当表
达"（韦伯）。韦伯怀疑中国在 19 世纪前是否形成了一个民族，
指的就是这种"人为的艺术品"的国家。民族性的文化意识
往往与民族性的政治意识结伴而行，甚至经常就是一体的两
面。尽管如此，它们依然还不是一种民族主义。

民族主义乃是一种所谓政治意识形态的"大理论"，其本
身就是一种实质性的政治伦理，有其形而上学支撑物，与个体
自由主义、社会民主主义、保守主义等构成了现代主要的政治
伦理。① 民族性的政治—文化意识与种种"主义"的关系是偶

---

① 参 Andrew Vincent，《当代意识形态》，罗慎平译，台北：五南出版公司，
1999。伯林认为，直到 20 世纪上半叶，欧洲思想家都没有预见到民族主义将成为
重要的意识形态力量。参 Isaiah Berlin, Nationalism, 见氏著 *Against Current*（反潮
流），London, 1992。此说其实夸张，1904 年，思想史家特洛尔奇已经提出，民族
主义是现代"最直接、最根本、最有力的政治伦理原则"。Ernst Troeltsch，《政治
伦理与基督教》，见氏著《基督教理论与现代》，刘小枫编，朱雁冰等译，香港：
道风书社，1998，页 355。

在性的，具有强烈的民族性政治—文化意识的知识人可能选择
自由主义，也可能选择保守主义或社会主义——列宁和毛泽东
都没有一笔勾销民族文化传统，所谓"社会主义文化"被看
作民族传统文化的更新和创造性转化。相反，对于共产主义和
保守主义都保持距离的人，同样可以具有很强的民族政治和文
化意识。[①]

　　说到底，民族主义是现代知识人在政治理念发生分裂的现
代性语境中提出的主张：自由主义把"个体自由"、社会民主
主义把"社会公义"、保守主义把"道德生活"视为政治秩序
正当性的价值基础，民族主义把"民族精神"（民族共同体的习
传伦理和神话精神）视为这样的价值基础，无论这种基础是形而
上学的文化哲学，还是经验科学的"田野"实证。自由主义、
社会民主主义、保守主义的论争，本来涉及的是"人应该如
何生活"的普遍原则问题，被民族主义置换成了民族性的价
值选择。历史的迷惑在于，自由主义的民族国家的政治强权使
得后 z 起主权国家需要民族主义作为社会动员的意识形态资
源，因为，并非任何"主义"都能起连结民族体的民众共在
感与具国际政治意识的统治阶层的国族诉求的作用。结果，自
由主义与民族性的政治—文化意识的结合就显得好像根本就行
不通。

　　如果民族性的政治—文化意识转化为一种"主义"论述，
就成了民族主义。因此，民族主义是知识人的一种精神构造，
尽管任何所谓原住民的可塑性比民族主义的知识人所想象的都

---

① 参 John Gray,《伯林》，马俊峰等译，北京：昆仑出版社，1999，页 129。

要大。知识人并非像韦伯所说都是"最具'民族'意识的
人"——歌德礼待拿破仑，显得民族政治意识单薄，海德格
尔为此一再挖苦他，并抬高另一些德语诗人来贬低他。但最具
"民族"意识的人肯定都是知识人。作为一种政治意识形态，
民族主义要由特定的文化理念来支撑，或者说必须要有某种政
治正当性理念为基础。反过来说，民族主义是某些知识人借助
特定的文化理念构造出来的。理解民族主义，重要的是把握其
理念构造方式及其所用的质料。

　　在民族主义的话语中，民族体的文化价值理念的独特性和
优越性得到突出的强调。"'民族'的意义通常体现在文化价
值观的优越性，或者至少是不可替代性上，这种文化价值观又
能通过培养民族团体的个性（精神）来保持和发展"（韦伯）。①
构造"文化"理念，就是民族主义形成的最初方式。"文化"
概念的出现本来就是罗马公教大一统帝国瓦解的产物，"文化
概念的兴起和人类一致性观念的衰落"是同一回事，与列国
竞争的现代政治联系在一起。

　　从社会哲学的角度来看，现代所谓的"民族"概念有
"国民"的和"文化"的两种含义。作为"国民"的民族概
念是亚里士多德、马基雅维里、博丹、孟德斯鸠已论述过的公
民政治身份的法律定义，并非一种主义论述。作为"文化"
的民族概念则是19世纪出现的一种由形而上学、自然科学和
人文科学综合构造出来的"主义"论述——通过所谓特有的

---

　　① 转引自比瑟姆，《韦伯与现代政治理论》，徐鸿宾等译，杭州：浙江人民
出版社，1989，页135。

"民族精神"概念将民族有机体变成由民族神话滋养的民族魂。民族主义的理念质料不外两种：形而上学化的"精神"或现代科学——尤其人类学——的经验材料。浪漫主义的"民族"及其"文化"概念就是一种形而上学的构造，假定"民族"为一个超验的、超历史的精神现象，宗法、语言、习俗不过是其现世的表现。"文化"概念本身源于浪漫主义精神，用以彰显民族性心性、习俗、宗法的独特性，以对抗启蒙理性主义的普遍性。尽管浪漫主义哲学尤其发展了对民族语言、风俗习惯的人文研究，其基础仍然不同于作为现代经验科学的人类学的人文研究。①

作为一种科学主义的人类学主要勘定民族体的经验构成要素（如共同语言、风俗习惯、传统观念和社会结构），其本身可以不带价值诉求，但事实上仍然针对启蒙理性主义的普遍性。"一种科学的文化概念的出现，等于推翻了启蒙运动中占主流的人性观念，代之以一个不仅更复杂而且更加模糊的观念"（格尔茨）。② 人类学本身想要对民族主义保持一种中立化立场，既不诋毁、也不赞美，而是"多花时间努力理解它为什么会采用

① 关于浪漫主义哲学对于语文和思想的形式结构与民族的关系，参 J. G. Herder，《论希伯莱语诗文中的精神》，见《Herder 全集》卷十一，柏林，1979，页 213 以下；Wilhelm von Humboldt，《语法形式的形成及其对思想发展的影响》《论汉语的语法构造》等文，见 W. von Humboldt，《论语文》，München，1985，页 46 以下及页 89 以下；姚小平，《洪堡特：人文研究和语言研究》，北京：外语教学与研究出版社，1995。

② 参 George E. Marcus/Michael M. J. Fischer，《作为文化批评的人类学》，王铭铭、蓝达居译，北京：三联书店，1998；Clifford Geertz，《文化的阐释》，纳日碧力戈等译，上海：上海人民出版社，1999。

这样的形式，如何防止它甚至像它创造在其中产生的社会那样分裂这些社会，进而分裂整个现代文明的结构"（格尔茨）。但实际上人类学可以成为民族主义的学理资源，甚至成为民族主义本身。

在中国与欧洲（所谓西方）的国族对抗中，同样出现了华夏文化优位论。一开始，中国儒生们希望仍然以儒术的一王大法作为民族主义的正当性理念，但遇到了自然权利的民权的坚硬挑战。中国士人原来以为，中国的现代化面临的不过是一个极为独特的历史困难——满汉问题：尽管满清帝国营构了中国历史上前所未有的大文化中国，但在成为一个现代民族国家时，怎么可能仍然由一个异族的满清来建构民族主权国家？如果不是满清的统治，清末革命党的理据很可能就相当不同。"立宪国的君主，虽无权力，名义上毕竟是一国的元首，使汉人而奉满人为君，从民族主义的立场看来，毕竟不甚圆满，无怪汉人要推翻他"（梁启超）。

即便在汉族官僚的主领下促成了中华帝国的现代君主立宪的转型，但以儒术一王大法作为整合和凝聚大中华民族的意识形态力量，使中国在民族国家的竞争中成为强者，依然面临一个根本困难：自由民主的法治宪政与儒术的一王大法无法调和。在这种语境中，出现种种华夏文化优位论也就可以理解了：所谓中国文化是早熟的、现代之后地高超的（梁漱溟），所谓实体的认知不如圆融的认知（熊十力），所谓中国"智的直觉"大彻大悟，"西方无此传统"（牟宗三），所谓"中国的智能"审美地高明（李泽厚）。

为什么中国的民族主义话语无不出自儒教思想，华夏文化优位论甚至成为儒教知识人的现代性身份的标志？中国的佛教知识人和道家知识人可能会有强烈的民族性政治—文化意识，却根本上无从建构一个民族主义。从社会学的观点看，儒生是自觉承负华夏文化理念和政治制度统绪的担纲者，就像那些现代犹太教士，在被放逐的语境中为三代统绪寻找新的辩护。[①]在中国文化民族主义思想的资源中，佛家思想是一极为重要的、有时甚至是最终的资源：佛家思想已成为汉语民族思想的结核之一。[②] 现代儒生只有从现代欧洲的"主义"中找出以其人之道还治其人之身（以夷制夷）的精神理念，而现代欧洲的"主义"并非一种，因此，中国的现代性历史哲学问题首先是选择哪一种"主义"。

　　无论选择哪一种"主义"，都是为了民族国家的选择，却免不了陷入现代性历史哲学的麻烦。中国的现代性历史哲学问题既有民族性负担，也有纯粹现代性历史哲学的负担，即便直觉相当好的中国士人，也很难感觉出两者的微妙差异和复杂纠缠。比如，梁漱溟读了不少当时学界翻译的西方政、法书籍，以西人为参照大讲中国特有的人心和社群精神。按梁子的理解，自由主义法理就等于"西方"法律"传统"，梁子想来想去，尽管服膺，最终还是以个人权利政制不合国情而弃如敝屣。移植个人权利的法理被讥为拾西人"唾余"。

---

　　① 文化民族主义也见于现代犹太教思想家，如拜克（Leo Baeck）、罗森茨维格（Franz Rosenzweig）、布伯（Martin Buber），参 A. H. Friedlander，《拜克的生平与学说》，München，1990；N. Clatzer，《罗森茨维格的生平与思想》，New York，1953；Martin Buber，*On Zion：The History of an Idea*，New York，1973。

　　② 参李向平，《救世与救心：中国近代佛教复兴思潮研究》，上海：上海人民出版社，1993。

西方法律并非只有自由主义法治理论，19 世纪德国法学大师萨维尼（Savigny）开创的历史法学和基尔克（Gierke）提出的社团法理论，就与自由主义法治理论针锋相对，称个体权利法理不过近人的向壁虚造，民族共同体精神和宗法伦理才是西方法理的渊源。梁子并不清楚西方 19 世纪以来自由主义与保守主义的论争，不清楚即便像罗马基督教大公主义的政治统绪，同样也以民族神话精神来对抗从自然权利中产生出来的个人自由主义和社会民主主义，因此，他当然自觉不到自己的一套所谓中国特色的政治与经济、政治与宗教"天然要合一"等等，不过是西方也有的保守主义"唾余"。

在这样的历史哲学问题面前，基督教与中国的关系问题变得相当复杂。汉语的基督神学的言说位置始终在于与黑格尔所谓离中国人很远的"精神"的关系，如今，这个"精神"被看作欧洲现代强权国家的符号，而这种"看法"基于中国作为后起主权国家所需要的民族政治意识。现代语境中的汉语神学便面临着这样的基本问题：如何在现代中国的民族政治意识与所谓基督教强权国家的生存紧张之中走近基督教精神。一直到今天，这种生存紧张还没有成为过去。

冷战之后，世界精神的领导权之争重新回到传统的符号，以欧洲精神的担纲者自居的西方政治思想家声称："西方远在现代化之前就是西方，使西方区别于其他文明的主要特征产生于西方现代化之前"（亨廷顿）。他们警告自己所属的西方世界，如果不"从自己的传统中寻找力量，以抗衡因儒学复兴而释放出来的精神上和体制化文化的巨大冲击"，就会"不辨方向、无所作为，而只能不断怨天尤人"。① 基督教仍然被作为欧洲精神—文化—政治形式的虚拟符号，在新的世界精神的领导权冲突意识中，黑格尔的那个"精神"似乎真的重新与国际政治领导权问题连接起来了。如果不把汉语神学与中国现代的民族政治意识和民族文化意识的关系搞清楚，汉语神学的发展前景很可能还是不明朗的。

按照某些社会理论家的说法，中国传统社会的国家政治形态是"文化取向"的，似乎西欧传统社会的国家政治形态不是"文化取向"的。② 事实上，所有传统帝国的政治形态都是"文化取向"，问题在于，所有这些古老帝国的政治形态的"文化取向"在现代化过程中成了民族国家之间冲突的价值依据。即便那个神圣罗马帝国的"文化取向"——帝国神学，也成了现代保守主义的价值实质。夷夏文化论成为文化民族主义，与神圣罗马帝国的神学成为德意志的文化民族主义、俄国东正教神权政治论成为现代斯拉夫主义一样，都是对抗所谓西方（英美法）的国家理由。③ "尊王攘夷、孔门相传、确有此义"（吕思勉），现代儒生非要把这孔门承负解释成"文化取向"，以便抹去儒教的民族主义传统。其实所谓"文化取向"

---

① 亨廷顿，《文明的冲突与世界秩序的重建》，周琪等译，北京：新华出版社，1999，页60；Reg Little/Warren Reed，《儒学的兴起》，范道丰译，北京：商务印书馆，1998，页153。

② 参艾森斯塔德，《帝国的政治体系》，阎步克译，贵阳：贵州人民出版社，1991，页57以下，尤其页232以下。

③ 参贾泽林等编译，《"欧亚主义"思潮与俄国的走向》，见《哲学译丛》1996，1-2期，页2-33。关于俄国东正教神权政治思想的现代复兴，参徐凤林，《索洛维耶夫》，台北：东大图书公司，1995，页143-170。

恰是某种政教制度及其价值理念的普遍性，与现代民族国家主
权中的民族性问题不完全是一回事。

　　现代化过程中中国士人强烈感受到的所谓"中西冲突"，
并不是独特的。在欧洲民族国家间的冲突中，同样有"德西"
冲突、"俄西"冲突。无论"德西"冲突、"俄西"冲突还是
"中西冲突"，所谓的"西方"，并不是笼而统之的欧洲精神，
而是近代资本主义的政治—经济—伦理精神。无论在德国、还
是俄国和中国，知识人一开始都服膺这种现代精神。差别在
于，欧洲民族主义的冲突没有突破基督教的框架，显得是内部
宗派冲突。在欧洲，基督教与民族国家的紧张，是民族国家建
构的具体历史中教派间的紧张：英国的基督教国教化与罗马基
督教的冲突、美国新教个人主义与罗马大公主义的冲突、德国
新教权威主义与罗马教廷主义的冲突。

　　复兴德国神话（瓦格纳）、德国习惯法（基尔克）、德国哲
学乃至语言的优位性（黑格尔），显然与同英、法、俄的国族对
抗相关。德国知识人心目中的德意志性与英、法的所谓文化—
政治冲突，就像中国知识人心目中的中西冲突。然而，在德国
知识人的民族主义理念构造过程中，同样会遇到民族主义理念
与传统基督教普世理念的矛盾。黑格尔在其历史哲学中想通过
他设想的精神演化史来解决浪漫主义的"文化"观念必将导
致的民族性多元政治价值，同时为他所信奉的基督教精神保留
地盘。据黑格尔说，民族精神是"形而上学的个体"，但就像
现实中的个体一样，民族精神也有是否达到自身的完满的问
题。什么叫个体的完满？实现了自身本质的"自由"就是完
满。基督教精神是这种自由的真实表达，但这一精神从来还没

有在历史中充分地实现。这一精神在世界历史中的完满实现，命中注定要落在某个"形而上学的个体"——民族精神身上，这就是欧洲民族："各日耳曼民族在基督教的影响下，首先取得了这个意识，知道人类之为人类是自由的：知道'精神'的自由造成其最特殊的本性"。[①] 通过把基督教精神解释成"自由"精神，德国与现代精神的紧张就和缓多了。

但对于汉语神学，问题就来了。

黑格尔所说的离中国人很远的"精神"原来就在那些欧洲民族身上，而它们恰恰是中国的敌人。在中国，基督教与民族国家的紧张成了作为民族国家的现代中国与整个基督教的紧张。明末大儒驳天主实义的话没有失效："若天何主乎？天即理也。今以为别有一主者。以生天而生人物，遂令人不识祖宗、父母，此其说讵可一日容于尧、舜之世！"（刘宗周）这里可以找到中国文化与基督教精神确切的不可调和的位置。据人类学家说，"无论在任何时候，各个群体都不仅把其他群体看作其争取政治权力和经济权力的对手，而且在界定真理、正义、美和道德规范等现实本质的权利方面，也将其看作竞争对手。他们之间的苦斗一直在激烈地进行着，而且事实上也一直不受正规政治制度的指导"。[②] 如果中国与所谓西方的文化冲突过去没有避免，今后大概也不可避免，那么，汉语神学的真正困难就在于所谓西方文化与儒教的关系。

人类学意义上的民族性和文化理念上的民族体与基督教信理

---

① 参黑格尔，《历史哲学》，前揭，页 19 及以下。
② Clifford Geertz，《意义的政治性》，见氏著《文化的阐释》，前揭，页 361。

的冲突，是基督教在所有传统文化民族中都会遭遇的。基督教与中国社会和文化的冲突，一直被视为西方与中国的冲突。可是，难道基督教与西方就不存在冲突？从文化人类学方面来看，基督教一开始就与犹太习俗（如割礼）和希腊、罗马的身份制相冲突——保罗作为犹太人明确反对犹太习俗对信徒身份的限制（参《罗马书》2：25以下）；在文化哲学方面，难道基督教不是一开始就与犹太、希腊、罗马的价值观念和文化思想相冲突——如克尔苏斯（Celsus）与俄利根的论争？① 基督教与中国的冲突，实质上是儒教与基督教在生活形式上的冲突。然而，基督教与儒教礼法的冲突或价值理念的冲突，并非基督教在中国的独特际遇。人们不同样可以说，西方远在基督教化之前就是西方，使西方区别于其他文明的主要特征难道不是产生于基督教化之前的西方？

　　基督教的福音必然与所有原初的民族性宗法相冲突，基督教共和国出现的地域，绝非鲁宾逊去的那种没有"本土"宗教的地方。② "经过经院神学解释的罗马法"与欧洲各蛮族的民族性习惯法的冲突，从来没有消失过，以神圣罗马帝国的躯壳扩张的日耳曼民族继受的恰恰是罗马法，以至于德国法学家可以说，"一个伟大的民族为了一个外国的、异国语言的、千年之久的法典而放弃了自己祖国的法律"（拉德布鲁赫）。辜鸿铭在抨击西方传教士的同时，高度肯定《新约》的精神理念，没有把历史—国家现实中的基督教会与基督信仰本身混为一

---

　　① 参 C. Andresen 的《律法与道》（Tübingen，1962）对俄利根《驳克尔苏斯》的著名研究。

　　② 参 Jean Pierre Martin，《中欧、西欧的罗马行省和社会宗教》，刘增泉译，台北："国立编译馆"，1995。

谈，甚至能看出旧约的上帝与新约的上帝不同："这些现代清
教徒是无神的清教徒。无论如何，他们的神，我说过，与
《旧约》圣经中犹太人的神差不多。……他们不懂得也不承认
《新约》圣经里的神：爱和仁慈"。[①] 据说辜鸿铭很懂西方，他
的这一看法显然来自其个人的阅读感觉，其理解恰恰不是西方
的。西方基督教大教会传统的奠立在于把《新约》圣经中耶
稣基督传告的上帝与《旧约》圣经中犹太人带有造物神性质
的创造神扯在一起，这正是基督教的要害。[②]

　　明代至清初的基督教与中国文化的冲突位置,在人类学方面
(礼仪之争)和理念方面(耶儒之争),这才是基督教与中国之冲突的真
正实在性位置。当今的汉语神学是否值得重新回到这一位置呢?

　　问题端在于，中国文化与西方文化的冲突是否就等于与基督
教的冲突? 是否可以将基督教精神与西方文化分解开来? 汉语神
学思想没有想到过这种分解，当然也没有考虑过这种分解的意义。
汉语神学不来考虑这样的问题，谁来考虑呢? 如果把现代化过程
中西方民族国家与中国的政治冲突同基督教文化与中国文化的冲
突混为一谈，像五四时期的中国基督教界卷入现代化过程中的民
族国家之争,[③] 并且在这种冲突语境中设定神学思想建构的前提，
以本色化或本土化论作为一种政治的宗教和解方案，汉语神学思
想的伸展方向至多可以掩盖、却不可能解决基督教与儒教的冲突。

---

　　① 辜鸿铭，《清流传》，前揭，页54。

　　② 参 Adorlf von Harnack，*Marcion*：*Das Evangelium vom fremden Gott*（《马克安：异在上帝的福音》），Leipzig 1924/Darmstadt 1996，页 30 – 152。

　　③ 参叶仁昌，《五四以后的反对基督教运动》，台北：久大文化公司，1992，页113 以下。

汉语神学之现代语境的社会学观察

在讨论汉语神学的当前论题意识问题之前，还有必要简厄回顾中国基督教的现代历程。不过，前面的讨论已经确立了不同的着眼点，一般地谈论民族国家与基督教的关系没有多大意义。如果要分析基督教在近代中国社会遭遇到的种种事件（各种教案），单纯的反教或护教的辩护或历史学的描述都远远不够。中国现代化过程中民族国家与基督教的紧张，不仅是一个史学和文化研究的问题，也是历史哲学问题，涉及中国现代化的历史个性，作为民族国家的现代中国的文化含义以及现代基督教在中国的历史样式。本稿无意从历史学的角度来讨论中国基督教在现代中国文化和社会变迁中的位移，但有必要结合中国基督教会的历史社会学位置，来考察过去近大半个世纪以来汉语神学论题意识的形成和变化。之所以采用社会学的观察角度，乃因为我们一再面临这样的解释：历史社会处境使得教会及其文化策略不得不如此。我想询问的是，汉语神学的论题意识是否应该随中国现代化历程的政治结构的嬗变而变？汉语神学的文化策略不稳定，究竟是历史社会处境限制的结果，还是由于缺乏一个自在自为的单纯学术的建制层面？

中国的现代化行动起于晚清洋务运动，其时，中国的现代化主要由有限的政治精英推动，并没有广泛的社会总体性动员。政治精英仍将传统儒教理念作为政治—经济—文化改革的正当性根据和思想资源，"在戊戌变法之前，所谓变法，还是从中国的旧路上着想的"（吕思勉）。民族国家间的紧张尚受到国内民族（满汉）关系的制衡，满清统治集团对国内政治的担心远甚于对国际政治情势的警觉。在这一阶段，基督教在中国的主要活动者是传教士，中国的牧职人员还没有制度化地培养出来，汉语神学的论题仍然停留在晚明东传教士的旨趣上。即便清末西教士传教活动与殖民扩张的关系引发了新的社会政治冲突，并没有引出思想文化领域的主流士人对基督教的关注。

戊戌维新前后，中国现代化进入新阶段：制度外的新兴知识人群体代替政治精英集团中的改革分子，成为现代国家建构的主要推动者；政治改革的正当性根据和思想资源发生了根本转型，西欧启蒙运动以来的政治思想和社会知识渗入传统（儒道释）的理念资源，政治认同和制度理念与传统理念发生了内在断裂。一旦民族国家的建构在理念上被纳入现代性思想的框架中来考虑，必然出现制度选择的思想冲突：建立什么样的民族国家——先是君主立宪与民主共和之争，随后是资本主义与社会主义之争。汉语神学正是在这个时候进入现代语境，不仅基督教已经成为中国士人的政治思考中的一个理念因素——《时务报》时期的章太炎亦与康、梁"张孔教，以与景教、天方教敌"（吕思勉），而且出现了中国基督徒的政治活动家和文化论者——马相伯、吴雷川。

新兴知识人阵营在急遽变动的政治处境中结集—分化—结集，康、梁、章的"主义""都是从士大夫阶级产生出来的，孙中山的民族主义，则实从太平天国的余波迤演而来，可谓出自平民阶级"（吕思勉）。在辛亥革命以后至五四时期形成的极为分化的思想文化结构中，基督教一度成为思想文化的冲突焦点。激进青年将基督教视为帝国主义列强的帮凶："现代社会的组织，是资本主义的组织。一方面有不劳而食的有产阶级，他方面有劳而不得食的无产阶级。……基督教及其教会就是帮助前者掠夺后者，扶持前者压迫后者的恶魔"（《上海非基督教学生运动宣言》）。基督徒文化人则宣称，"基督教在中国的前途——就是中国民族复兴的前途——不但是有它的地位，更将要发生密切的关系，有它特殊的效用，并且当此困难严重的期间，基督教应该当仁不让，为国家、为民族，准备着自己所当负的责任"（吴雷川）。当今一些教会史论者批评的所谓"实用主义"，早在五四时期的教会神学中就已经出现了。

　　不过，基督教成为冲突焦点也意味着，基督徒文化人已经成为中国思想文化的现代冲突中的一个结构性因素，无论在社会层面还是在文化领域，中国的基督教均已形成教会建制化的力量。这是由于逐步建立的神学院陆续培养出中国的牧职人员，出现了"全国基督教协进会"等教会性社会组织，使中国教会的建制力量向社会文化—政治性的中间集团发展，以教会的政治文化身份对现实的历史事件作出反应。快速发展的各教会大学为汉语神学的生存和发展提供了建制性保障，中国神学家（梅贻宝、吴雷川、赵紫宸、徐宝谦、韦卓民等）以学者的身份参与文化界的论争。

　　基督徒文化人——汉语神学家——群体的形成与教会建制的政治文化身份的扩展分不开，但清末以来，新教的传入是教派性的，各欧美民族国家的差会纷纷在中国各地自寻据点，而差会所属教派都有其现代性立场——所谓自由派、基要派、保守派，从而导致中国基督教的教派多元格局，汉语神学话语随之出现分化，甚至神学思想发生冲突，也就可以理解了。① 从五四时期教会神学家们的应时言论来看，可以发现其基本的论题意识与当时中国教会神学家们面临的三个方面的难题有关。首先是因现代化过程中民族国家间的政治冲突而强化了的基督教与儒家文化主义的冲突，汉语神学家为此提出自立和本色化的主张，力求化解这一冲突。然而，汉语神学家不但持续面临儒教的攻击，同样面临来自西欧近代科学思想的挑战——五四前后留洋归国的中国知识人对基督教的攻击，其理论资源多为西欧启蒙运动以来的种种哲学主张。汉语神学界不敢——也没有思想学术力量像欧洲保守主义神学那样拒绝启蒙精神，他们在"政治正确"的压力下力图靠近西欧近代科学思想，却没有意识到自身其实与欧美基督教共同置身于现代性的历史语境。不仅如此，由于中国基督教（主要为新教）内部不同宗派之间的神学理念、教会理念乃至政治—文化理念的冲突，自由派（吴雷川、吴耀宗）、基要派（王明道、倪柝声）、文化派（赵紫

---

① 参吴利明，《基督教与中国社会变迁》，香港：基督教文艺出版社，1981；邵玉铭编，《二十世纪中国基督教问题》，台北：正中书局，1980；林荣洪，《风潮中奋起的中国教会》，香港：中国神学院，1980；唐逸主编，《基督教会史》，北京：中国社会科学出版社，1983。

宸、韦卓民）之间的纷争，构成了教会性神学的内部冲突。[1]

　　基督教与儒家思想和西方近代科学思想的冲突是决定性的，而教会神学家们大都持调和论：所谓基督教精神与儒家所代表的中国文化精神相通——甚至同质，与西方现代科学精神也不抵触。1921 年，一位基督徒文人称："若问基督教将如何救中国？则答曰：基督教将以基督教的人格来救中国。基督教的人格是：忠、诚、仁、义、舍己、为公、虚心、贞洁、协力、合群、负责、尽责、坚毅、永不绝望，为国家为义理奋斗至死"（简又文）。[2] 这所谓的基督教人格显然是儒家的人格。汉语神学的论题意识难以摆脱儒教和科学主义的规定，是政治处境压力的结果，还是基督徒文化人真的就如此信奉呢？的确，如果谁主张基督教与中国文化的差异，就有被指为卖国贼或洋奴的危险；如果谁认为基督教与现代科学精神相抵触，就有被指为封建、蒙昧的危险。然而，基督徒在世的危险不是从来就有？为什么可以不畏政治强权的压力，却可以畏惧儒教文化和启蒙精神的压力？

------

　　[1]　原始文献的汇编，有偏重教会神学论的林荣洪选本（《近代华人神学文献》，香港：中国神学院，1986）和偏重基督教与中国文化之关系的张西平、卓新平选本（《本色之探：二十世纪中国基督教文化学术论集》，北京：中国广播电视出版社，1999）。致力重新清理清初中华帝国与基督教之关系的著名思想史家朱维铮先生编《马相伯文集》（上海：复旦大学出版社，1997）和中国近现代史学者马敏教授编《韦卓民基督教文集》（香港：道风书社，1999）等专集表明，文献的选本和专集编辑还大有开拓余地。研究文献参吴利明，《基督教与中国社会变迁》，前揭；林荣洪，《王明道与中国教会》，香港：中国神学院，1982；林荣洪，《赵紫宸》，香港：中国神学院，1994。

　　[2]　引自林慈信，《先驱与过客：再说基督教新文化运动》，加拿大福音证主协会，1996，页 96 –97。

汉语神学非要与启蒙精神和儒教文化站在一起，多半是自觉自愿。20 世纪 90 年代以来，尽管出现了新的政治格局，民族国家间的冲突样式有了根本性改变，反帝、反殖民的政治文化压力明显不复存在，基督教与儒家思想为主的中国文化的紧张仍然没有消失，启蒙思想虽然因受到后现代主义的攻击而变得相对化，不再统领独一文化领导权，但是，汉语思想文化界的主流仍与五四时期一样，以欧美现代反基督教的种种哲学——人文思想为圭臬，汉语神学迄今并没有改变自己的论题意识，自觉想融入儒教文化传统和启蒙或后现代精神。至于教会性内部冲突，正如我们即将谈到的那样，则因出现新的政治文化格局而持续扩展，尽管方式有所不同。

殖民主义扩展和世界资源争夺引致的两次世界大战，使得分裂的"中华民国"被卷入激剧的全球性政治纷争，很大程度上改变了中国的政治结构和政治意识。两个军事性政党及其政制选择冲突使得中国现代化出现了三种不同的社会形态——全权社会主义（中国大陆）、极权资本主义（台湾）和殖民资本主义（香港）。中国基督教及其汉语神学随之出现地域性差异，变化最大的，当然是大陆的教会。

1949 年以来，至 70 年代末，社会主义运动改变了中国基督教的社会状况，这就是基督教会的国有化和在思想—学术领域的全面萎缩。从历史社会学角度看，所谓教会国有化指基督教归属社会主义政治文化，带有这种政治文化色彩的天主教爱国会和新教三自会成了教会的实际权力机构，规范教会的组织形态和活动。除了基督教并非成为国教外，教会国有化显得与英国基督教的国教化没有实质差别，好像是民族国家建构的当然行为。然而，问题在于，教会国有化是大陆所有社会中层组织（青年团体、工会、农会）国有化的组成部分，并非教会的独特际遇。出人意料的是教会作为一种特别的社会建制毕竟与其他中层组织不同，教会国有化导致了教会的建制性分裂：天主教方面出现了世界天主教会中独一无二的分裂状况——两个天主教会；新教方面，尽管国有化教会宣称基本消除了宗派状况，实际上还是出现了新的宗派分裂——认可或不认可三自爱国会的宗派分裂。如果从护教社会学的观点看，这些情形当然为教会史增加了新的史料，但从民族国家的形成及其与基督教会的关系史来看，究竟有多少特别之处呢？

　　现代主权国家要求的教会支配权或教会本身贴近自己所属的主权国家，欧洲早就经历过了。[①]也许，基督教的中国国有化，不过是罗马大公教权衰落和新教分裂及其民族国家化的余波。可是，欧洲的基督教会国有化基本上是政治的宗教事件，而不是宗教的政治事件，国家并没有代替教会的社会功能和宗教功能。与欧洲的基督教会国有化不同的是，社会主义的国家接过了由基督教会分担的社会功能和信仰负担，政教关系发生了变化——是中国传统的政治和宗教关系的现代转化。

　　1949 年以前，中国基督教的文化能力主要由基督教会的文化杂志和大学建制内的宗教学系及诸神学院来支撑。50 年代初的社会主义改造运动和院系调整取消了大学建制内的宗教学系，而神学院在政治运动中已经丧失自持力，中国基督教的

---

　　① 参彭琦，《中西政教关系史比较研究》，北京：首都师范大学出版社，1998，页 205－223。

文化能力陷于停滞。[①]

在这一历史事件中，中国基督教所承受的，首先是现代西方反基督教的政治文化因素——社会主义的人本主义。然而，如果仅仅看到这一点，恐怕就过于短视了。按韦伯的看法，宗教担纲者要么是巫师（民间宗教）、要么是祭司（先知宗教）、要么是文士（贤人宗教），中国传统宗教主要由受过儒教经籍教育的士大夫和乡绅阶层来支撑或由巫师实践来经营。[②] 士大夫—乡绅的宗教性趋向儒教普遍主义，与国家政权结合抑制巫术性宗教。道教并非就不可以成为一种国家宗教——事实上，中国历史上道教的政治伦理的确曾经成为国家宗教。[③] 问题在于，儒教的政治伦理与道家的政治伦理相当不同，前者依据的是族国历史中的道义，后者依据的是自然中的法理。教会国有化是社会主义的国有化，社会主义的政治伦理是由政党成员来承担并实践的，从政治社会学来看，社会主义改造运动像一场深刻的新精神道德运动，因而好像是历史的道义伦理重新夺得国家道德的领导权。

70 年代后期以来，大陆和台湾的社会政治结构发生新的变化，逐渐推行制度性的改革，汲纳新的经济—政治机制的因素，日常生活机体的变化逐渐形成了新的社会处境。国家修改

---

① 参刘小枫，《金陵与神学》，见《读书》，1994（5）；杨东平，《中国高等教育的苏联模式》，见《东方》，1994（3）。1949 年后大陆的神学文献，可参精心挑选的《金陵神学文选》，南京：金陵神学院，1993。

② 参韦伯，《宗教社会学》，简惠美译，台北：远流出版公司，1993，页 158。

③ 参何建明，《道家思想的历史转折》，武汉：华中师范大学出版社，1997，页 71 - 196。

曾分别有效控制社会的政党伦理（共产主义和三民主义）的全权
或极权的理念后，控制社会机体的道德力量大为减缩。大陆的
经济改革是现代中国的再一次重大转型，经历了从思想解放运
动、文化热、经济改革到社会结构性分化的历史过程。思想解
放运动解除了极端左派政制理念的文化领导权，政党伦理出现
了新的调整变化，从而有文化热的出现。文化热表达了政治状
况变动过程中思想文化转型的燥热，新兴知识人在新的社会冲
突中寻求新的理念。[1] 国家主持的经济改革不断扩大市场机
制，导致日趋广泛的社会分化，强烈冲击既存社会结构，社会
形态自行解除全权化道德秩序，国有化的社会机制开始松弛，
非国有化的群体组织兴起。在这样的语境中，宗教的复兴与其
说是所谓"信仰"危机的表征，不如说是社会解魅的结果。
在社会分化和社会形态非国有化的过程中，基督教会相当程度
地恢复了活动空间，国家的政党伦理退出社会中间组织后留下
的伦理空白需要填补，社会中重新出现对教会的社会功能和信
仰承担的需求就是自然而然的。可是，经过几十年改造的教会
遭受的损失一时难以修复，以至于大陆基督教会仍处于漂浮状
态。相比之下，巫术型民间宗教（如气功教）、佛教的伸展能力
远大于基督教会。

　　四十余年来，大陆社会机体的大众化带来的结构变化，使
被政党伦理取代了的精英伦理难以恢复对社会的控制力，因而
一旦政党伦理萎缩，大众伦理就会占支配地位。新的政治文化

---

　　① 参甘阳编，《当代中国的文化意识》，香港：三联书店，1990；林道群编，
《告别诸神》，香港：牛津大学出版社，1993。

语境事实上是一个诸教竞争的处境。知识人尽管同样受到大众伦理侵蚀，但仍然企求修复精英伦理，从未中断抗衡大众伦理的诉求，然而这个集团本身却已经在新经济—政治秩序中分化了。知识人修复精英伦理的诉求已开始在儒家、佛学和现代西方的"主义"中去找寻伦理的精神资源，追随西方现代思想的知识人和儒家、佛家知识人活力焕发。相比之下，基督教界因极其缺乏知识人层，所以无力应接精英层的需求。

回到本节开始的问题，可以说，即便已经形成一个开放、多元的政治文化语境，汉语神学也未必会进入新的论题意识——如果汉语神学知识人没有一场彻底的自我反省的话。

现代思想论争结构中的汉语神学

在新的思想历史时机中，汉语神学的论题意识如何找到自己的位置？要进入这一问题，需要对汉语学术思想的当今格局有明确的认识，对于基督教神学的时代处境有明确的把握。

特洛尔奇问过：现代思想中"什么东西可能取代基督教的地位，并承当起对于我们的生活总体起的作用"？这一问题是因应近代以来出现的种种生活观—世界观——所谓基督教的"对抗思想"而提的。基督教世界观和生活观对生活总体起的作用已经被排挤了，在这样的时代处境中，对于特洛尔奇的"自由基督教"构想来说，问题在于如何使基督教世界观仍然保有对生活总体的发言权。对于汉语神学来说，问题在性质上相同，差别仅在于，基督教世界观从未对汉语世界的生活总体有过发言权，因此问题不是"仍然"，而是"尚未"。但无论"仍然"还是"尚未"，基督教世界观面临的都是现代世界观的竞争处境。汉语神学的论题意识，得自对于汉语的现代世界观竞争处境的清楚认识。没有疑问的是，基督教不可能恢复中古式的对生活世界总体的教会一统性领导权，在中国也不可能去寻求建立基督教世界观的独一领导权。但同样没有疑问的是，基督教世界观必须与其他世界观竞争，寻求公共—沟通的权利。

生活观—世界观对生活总体的作用的现实形式首先是政治伦理，按特洛尔奇的分析，支持现代民族国家的生活世界的政治伦理大致有四种：自由主义——要求精神、社会、经济生活不受国家支配，限制国家在社会生活理念方面的支配权力；社会民主主义——寻求普遍平等和广泛的政治参与，关注提高社会生活的道德状况，从社会公义和道德方面改造国家；保守主义——要求遵从传统贵族化自然秩序，主张伦理化的国家；民族主义——要求民族共同体的整体价值成为国家伦理。[①] 社会民主主义与自由主义都是启蒙理性主义，分歧在于政治理念的重点——自由优先还是平等优先；保守主义的政治伦理反对启蒙理性主义，主张传统伦理价值优先，自由主义的政治伦理则对宗教世界观持所谓中立化立场，使得一个民族国家很难形成某种共同的内在伦理价值。自由主义、社会民主主义、保守主义是现代性历史哲学的古典冲突，民族主义是在这种古典冲突结构之外突起的现代世界最有力量的政治伦理，并经常与保守主义结合，为具体的民族国家提供同质的伦理价值——民族集体价值理念。

　　基督教伦理同这些相互冲突的现代政治伦理是什么关系？

　　基督教本质上是一种宗教伦理，而不是政治伦理。与犹太教和儒教不同而与佛教一样，基督教的宗教伦理根本上关注的只是个人生命的得救，而不是群体的生活道德秩序和社会的公义或平等，基督教能够提供的不过是个人绝对价值的观念和上帝为世界安排的自然秩序的观念。因此，基督教伦理如果要转变成一种政治伦理，就得与某种现世的政治原则结合。在古代，西方基督教与斯多亚自然法结合，形成了西方基督教自己

---

① 　参 Ernst Troeltsch，《政治伦理与基督教》，前揭，页 348 以下。

的政治理念。与东方基督教只有纯粹的神学不同，西方基督教
除了纯粹的神学，还有纯粹的哲学和法学。[①] 近代以来，基督
教启示信仰与斯多亚自然法的结盟中断了，只能在各种冲突的
现代政治伦理中重新寻求新的结合。

　　趋向自由主义的特洛尔奇希望将基督教伦理的位置安放在
自由主义政治伦理近旁，他提出的理由是，基督教有从个体人
身的自主原则限制国家意志的传统，要求个体有不受国家支配
的道德自由和参与公共生活的权利，因而与不认可国家本身为
首要目的的自由主义相契合。但特洛尔奇看到，基督教伦理本
质上也靠近保守主义政治伦理，因为教会伦理坚持要求信徒在
服从教化性权威的同时服从现世历史中自然形成的统治秩序，
并不把国家降低为单纯维持法律秩序的守夜人，而是要求国家
成为提高人类生活的道德境界的看护人。虽然特洛尔奇明显有
针对性地指出，"只要教会和神学坚持以教条观点对待圣经的
启示并对其作字面理解，就完全无法找出福音书的政治含
义"，除非到"《旧约》及其所记载的犹太国更为低俗落后的
文化之中"去挖掘。

　　19 世纪末以来，仍然有不少基督教神学家从《旧约》圣
经中发掘出先知原则，并依据福音书中上帝国的教诲来支撑社
会民主主义政治伦理——所谓基督教社会主义。基督要求国家

──────────

　　① 关于东西方基督教政治思想的差异，参 James H. Burns 编，*The Cambridge History of Medieval Political Thought*：*350 – 1450*（《剑桥中世纪政治思想史》），Cambridge，1988；关于东方基督教及其政治形式，参 Par Alain Ducellier，《拜占廷帝国与东正教世界》，刘增泉译，台北："国立编译馆"，1995；Francis Dvornik，*Early Christian and Byzantine Political Philosophy*：*Origins and Background*（《早期基督教与拜占廷的政治哲学：起源与背景》），Washington D. C.，1966。

服从上帝的国而废除现世国家的自足性，既可以支持个人主义的精神价值——"只有基督教才在整体上力图从个人精神的价值来理解世界"（特洛尔奇），也可能激发对国家结构的社会民主的革命性改造，而终末期待的坚忍伦理又要求信徒服从上帝安排的以自然秩序为基础的现世权力。于是，基督教伦理显得可以同任何现代性政治伦理结盟——即便同民族主义政治伦理结盟，在某些神学家那里也显得"合符圣经"。①

由此看来，基督教伦理的政治性质相当漂浮，对于神学家来说，采取什么样的基督教政治伦理完全由其个人的现世政治伦理立场决定，论争谁更忠实于圣经或福音书几乎不会有什么结果。对于当今汉语思想中的政治伦理冲突来说，除了意识形态的马克思主义和右派儒教外，基督教思想资源似乎可以为各种冲突的政治伦理所用——甚至当今的左派儒教士也可以借助当代西方的政治神学来重构所谓公羊家式的"政治儒学"。

---

① 保守主义政治伦理几乎就是西方中古基督教政治神学的现代版，其思想潜力在 19 世纪可谓相当壮观：德国的 Novalis、Gentz，英国的 Coleridge，法国的 Bonald、Maistre、Chateaubriand，西班牙的 Cortes，其政治伦理的尖锐表达，参 Donoso Cortes, *Essai sur le catholicisme, le liberalisme et le socialisme*（《论大公主义、自由主义和社会主义》），Bouere, 1986。基督教社会民主主义和社会主义的政治伦理，参 Reinhold Niebuhr，《道德的人和不道德的社会》，蒋庆、王守昌等译，贵阳：贵州人民出版社，1998；Paul Tillich，《政治期待》，徐钧尧译，成都：四川人民出版社，1989；Leonhard Ragaz，《上帝国的信息》，朱雁冰、李承言译，北京：华夏出版社，2006。至于基督教与民族主义政治伦理的结合，看看中国的情形就够了：吴耀宗的基督教社会主义其实是民族主义，当今台湾所谓"草根神学"或"乡土神学"明显具有民族主义的政治诉求，参王宪治等，《台湾乡土神学论文集》，台南神学院，1988；黄伯和，《本土神学与本土宣教》，台南神学院，1993。因此毫不奇怪，《台湾神学期刊》感兴趣的首先是台湾民间宗教和民间基督教会。

生活观—世界观对生活总体的领导权的现实形式还体现在社会伦理方面，亦即体现在对于个人精神生活的引导能力中。无论自由主义、社会民主主义、保守主义还是民族主义的政治伦理，都不可能根本解决个人生命的意义问题——保守主义声称能解决生命的意义问题，不过因为它自身就包含着传统基督教的伦理，而自由主义的政治伦理甚至要放弃过问生命的意义问题。个人生命的意义问题仍然还要留给传统的各种宗教和现代的"替代宗教"来解决，由于唯一的绝对宗教已经被启蒙理性和浪漫主义的多元伦理取缔了，各种传统宗教和现代的"替代宗教"便处于"诸神之争"状态，基督教只是诸绝对宗教中的一种绝对宗教。

从中国的语境来看，基督教社会伦理的主要竞争对象是马克思主义以及其他现代的人文"主义"的新传统和以儒教伦理为主的老传统。马克思主义学说本身是现代主流大理论之一，以作为现代思想的一大主流的历史主义哲学为支撑，其思想的基本问题意识与世界性的现代化问题（资本主义与社会主义）和现代性问题（现代社会的文化批判）交织在一起。在马克思主义意识形态全面掌握大陆学术思想的同时，现代性问题以及启蒙理性的历史主义哲学—社会学意识和思想方法改变了大陆汉语学界的问题意识和思想方式。

20 世纪 80 年代以来，虽然思想学界事实上逐渐脱离了意识形态化的马克思主义，但作为一种社会思想的马克思主义并没有从学术思想界的学理背景中消失，某种程度看甚至反而转换为新的思想动力。因此，马克思主义与大陆学术思想结构的关系，远不同于三民主义意识形态与台湾学术思想结构的关

系。三民主义并非一种现代性大理论，而是一个民国的正当性
理论甚至一种政党伦理，一旦思想学术界从政治上摆脱了其文
化领导权，它在学术思想领域就什么也不是了。相反，认信马
克思主义的知识人仍然可以跟随德里达说，"当教条的机器和
'马克思主义'的意识形态机构（国家、政党、党支部、工会和作
为理论产物的其他方面）全都处在消失的过程中时，我们便不再
有任何理由——其实只是借口——可以为逃脱［反复阅读马
克思］的责任辩解"。①

　　即便如此，马克思主义在中国很难视为一种宗教伦理，其
魅力似乎已无可挽回，其思想力量主要来自社会民主的政治伦
理诉求。由此来看，基督教思想与马克思主义并不构成实质性
的竞争关系。马克思主义作为一种仍有生命力的政治伦理自有
其竞争对手——自由主义，近代西方的科学主义作为一种
"替代性宗教"伦理才是基督教信仰的真正竞争对手。"五四"
时期就被汉语知识人用来攻击"西方"基督教的科学精神以
及源于希腊精神的不可知论、怀疑论、审美人本主义等等，本
身就是一种信仰和生命伦理——即便一无所信也信仰一个虚
无。这些人文主义和科学主义在当今的汉语思想界仍然精力充
沛，它们与基督教思想的冲突，看起来就像在汉语思想历史中
发生的"西方精神"反对"西方精神"的斗争。

　　西方的保守主义既是政治伦理又是宗教伦理，其宗教伦理
方面的精神资源恰恰是基督教的。并不奇怪，汉语思想的保守

① Jacques Derrida，《马克思的幽灵：债务国家、哀悼活动和新国际》，何一
译，北京：中国人民大学出版社，1999，页21。

主义在宗教伦理方面的精神资源是传统的儒教，而儒教从来不会把解决"中国人"的生命意义问题的领导权拱手让给任何其他宗教伦理。当代所谓"儒学第三期"的思想行动之一是，极力提高儒教思想的超越性宗教的层次。这并非因为汉语思想界已经出现了令当代儒生感到紧迫的基督教思想压力，而是对儒教思想面临的西方思想的挑战作出的进一步反应。真正深谙儒教天理的思想者完全明白，儒教天理与基督教信理根本不相容，"西方之教行于中国，道之贼也"（刘宗周），必将搅乱中国的"天道八风之气"，所谓融合完全是无稽之谈。儒者的使命是，通过重新解释儒教义理的超越性来增强儒教思想对基督教的抵制能力，一如宋学通过重新解释儒教心性义理来增强对佛教的抵制能力。

　　尽管佛教和其他民间混合宗教作为一种宗教伦理在社会生活层面起的实际作用远大于儒教伦理，儒教思想仍然是基督教信理在汉语思想领域的主要竞争力量。无论在大陆、台湾还是香港，儒教传统思想学术的血脉都没有中断。儒教传统思想学术毕竟有悠久的历史积累，不是某种一时的全权政治可以清除干净的。在纳粹时代，全权意识形态对学术域的钳制亦没有完全中断德国近代形成的学术传统，这要归功于纳粹时代之前就已经建立的较为稳固的大学建制和学界已积累起来的理性化的知识体系。[①] 即便在大陆改革开放前的时期，传统的汉语思想学术仍然有可值评价的发展。以为大陆学界中断了中国传统学术，乃一大误断，"文革"十年并不等于中国大陆的四十年。

----

① 参巴伯，《科学与社会秩序》，顾昕译，北京：三联书店，1991，页87。

系统全面的古籍文献整理（例如《二十四史》校勘标点本）是在
政府主持下完成的，学界不仅从马克思的历史主义哲学—社会
学视角全面重述中国古代社会、历史和思想，而且已经发展出
与新理学和新心学不同的马克思主义儒学，与台、港的黑格
尔、康德主义儒学不过形成了家族内的竞争。何况其许多文化
—政治制度不过是儒教宗法政治文化制度的现代变种，以新的
名义延续了儒教传统的士大夫政治道德统治。某些欧美学者对
中国大陆马克思主义儒学思想的关注点过于狭窄。①

　　基督教如果要在汉语思想的多元论争结构中成为有竞争能
力的思想力量，只能依靠自己的学术力量成为一种有参与能力
的伦理话语。但基督教思想和学术在汉语文化学术界从未取得
过有分量的思想史位置，五四时期的汉语神学不用说了，即使
在当今台湾和香港这样延续了新文化运动时期文化结构的地
区，基督教思想学术也极为单薄，而且事实上处于思想文化
边缘。

　　20 世纪 50 年代至 70 年代，整个汉语学界都处于窒息时
期。战后的政治格局和国际冷战状态，使大陆和台湾这两个汉
语学界的主要集聚地处于政党意识形态的控制之下，马克思主
义与三民主义分别领导着大陆和台湾的学术思维。在大陆，为
了将政党伦理转化成国家意识形态，对知识人实行深入的思想

---

　　① 参麦克莱伦，《马克思主义以后的马克思主义》，余其铨等译，北京：人
民出版社，1986，页 286 以下。关于儒教政治传统与中国马克思主义的亲缘，参
刘小枫，《儒家革命精神源流考》，见拙著《儒教与民族国家》，北京：华夏出版
社，2007；西方学人关于毛泽东主义与基督教的可笑对比，参 G. Weth，《毛泽东
与耶稣之间：中国的大革命对基督教的挑战》，Wuppertal，1970，页 50 以下。

改造，要求获得大学建制的社会主义领导权。① 国民党在台湾同样加强了政党意识形态对思想文化领域的领导权；在香港，饱经战乱、劫后余生的学人在殖民统治和艰难的生存环境中维持糊口的思想学术自由。所谓中国"资本主义的黄金时代"（30至40年代）形成和积累的学术传统、问题意识和大学建制——所谓"清华传统""西南联大传统"——纷纷中断。政治结构上的压力固然是原因，但汉语学术的现代建制本身积累不足、过于脆弱同样是重要的原因。

可以理解，从1949年至70年代末，整个汉语神学都谈不上有论题意识上的突进，除非把大陆神学界50年代初的社会主义化神学言述和70年代台港神学界再次本土化的神学言述看作论题意识上的发展。1949年南迁香港的基督教徒学人没能像儒家学者那样重新结集，崇基学院虽保存了基督教教育机构，在文化思想领域的伸展力明显不及新亚书院。虽然香港和台湾的教会建制没有遭遇改造之运，基督教学术和教育却全面退缩到教会以内。

在欧美国家，尽管有政教分离，基督教思想仍然作为精神—价值资源的储备支配和影响着思想文化。相反，在台湾和香港，尽管各色教会可以自由活动，基督教却与思想文化没有关系，没有成为现代文教制度的结构性资源。直到70年代，台湾辅仁大学宗教系、香港中文大学宗教系才使基督教的人文学术基地稍有转机。随着现代学术的分化和知识学化，儒学在中国与基督神学在西方的处境一样，从一统性霸权地位跌落为人

① 参李洪林，《中国思想运动史：1949—1989》，香港：天地图书，1999。

文学中的一门学科。

然而，即便作为一门现代人文学科，儒学与基督教神学的学术建制处境也不可同日而语。表面看来，儒学在大学建制中并未像基督教神学在欧美学界中那样还保留了一个独立学科的位置，无论大陆还是台、港的大学建制内，都没有一所大学有儒学系。儒家从来没有一个分化的教化建制作为其社会基础，在古代，儒学的教化建制就是国家官僚体制本身。在现代化过程中，国家官僚体制的转型，使儒学的教化基础被取消了，儒学成为所谓"游魂"（余英时）。自清末废除科举，引入新学，儒学的官僚政治基础不复存在，新学的建立，是按欧美现代大学的学科分类原则和体系来设置的，从而导致儒学与政制的制度性中断。欧美古老的大学多由神学院转变、扩展而成，神学得以保留自己的地盘。即便在中国，基督教会及其牧职体制也能继续供养众多神学院。当国家支持的大学建制不能给儒学以充分独立的地盘和充足的学术制度性空间时，儒学只有重新寻回历史上为对付佛学的挑战而开创的书院传统。

从学术建制类型来看，儒教书院与基督教神学院是同一类型，即在"国立"的学术和教化建制内得不到足够的发展空间时自立发展，但无论在大陆、香港还是台湾，新亚书院一类的儒教书院在数量上远远不及新教和天主教的神学院。然而，这种从数量上看神学院在汉语世界的扩散远甚于儒学院的现象完全是一种文化假象，丝毫不能证明基督教神学比儒学有更大的教化参与能力。事实上，在整个汉语世界的文化知识界中，儒学的思想和文化效力远非基督教神学所能相比。虽然儒家思想在社会层面的影响力因其结构性社会基础的丧失而遭削弱，但其精英知识群体在现代学术的制度建制中仍得到养育和繁衍。儒学被作为哲学和古代文学的一个门类包容在学术建制之内，从而能制度化地薪传儒学思想，儒学作为中国的传统学术思想有两千余年的知识积累并不是唯一的原因。

在汉语世界里，基督教神学并没有在大学建制中占有哪怕有限的学术建制性空间。整个汉语世界中，仅有香港中文大学、香港浸会大学和台湾辅仁大学有基督教神学的有限空间，此外，香港的神学院也最多，集聚了不少受过神学专业训练的汉语神学学者。尽管如此，香港神学界也并没有出现具有思想史意义的神学思想意识，领思想风骚的仍然是现代新儒家的"游魂"。汉语基督神学仅在神学院系统发展其教会神学，大大限制了基督教神学在思想—知识界中的对话地位和话语势力。现代教化的载体是以大学和研究院为主的文教制度，其基础是制度化的学术研究。思想表达是个体性行为，在现代社会中依赖于学术建制的养育和传衍，作为思想势力的汉语神学须依赖作为学科的汉语神学的支撑。无论基督教在社会中发展了多少教会，建立了多少神学院，如果汉语神学不着眼于自身作为一种制度性学科的建设，基督教思想就不可能进入汉语的文教制度，也不可能成为汉语思想史的成员。任何一种思想传统势力，都要求有自己的精英知识群体担当其思想的传承人。现代社会的大众民主化过程，大大缩减了精英伦理的治权，倘若一种思想传统不致力维系其赖以存活的知识群体，它的消亡就指日可待。[①] 如果中国基督教不能形成自己的精英知识群体，汉语神学不在大学和国家建制的研究所制度中发展其学究的基督教研究，基督教神学在汉语思想学术域的对话力量就不可能增长，不可能担当在现代文化思想处境中发展汉语神学的时代使命。

---

① 关于精英知识群体与精神文化及其社会结构之实在基础的关系，参曼海姆，《变革时代的人与社会》，刘凝译，台北：桂冠出版公司，1990，页61以下。

汉语神学的释义学热情

80 年代后期，大陆学术界出现了试图系统翻译西方基督教学术文献的计划——无论从宗教学角度或从神学角度，其翻译的选题方向都与台、港甚至大陆教会学界的翻译不同，不是教会取向，而是文化取向。从文化社会学角度来看，这些由学界推动的西方基督教学典翻译的社会功能是文化性而非教会性的，如果考虑到汉语文化根本还谈不上经过了基督教的洗礼，学典翻译行动就好像是没有传教士的基督教再次东传。随基督教学典翻译行动而来的是，晚近十年在大学和研究院建制内逐渐形成了基督教学术研究，并开始影响更广泛的文化领域（文学、艺术、公众文化）。这一文化事件会给汉语神学的发展带来什么呢？应该怎样来认识大陆学术界中出现的基督教文化研究动向——或者，这一精神行动应该怎样来认识自己？

基督教研究不等于基督神学，尽管它事实上离不开耶稣基督的上帝。传统的基督神学基于对耶稣基督的上帝的个体认信关系和教会传统，从事基督教学术研究则不一定要有这种关系和依循某种教会传统，基督教研究的学者当然也并非一定得是信徒，认信与否或者教会传统在这里都与研究深度无关。事实上，大多数基督教学术研究是从作为一门现代人文—社会科学的宗教学出发的，宗教学不是神学。现在的问题是，没有个体性认信关系和教会传统，是否也可以从事基督神学研究。基督教研究并不等于基督神学，首先不在于研究者是否有个体认信和置身某种教会传统，而在于其学理基础是宗教学而不是传统基督神学。个人的认信旨趣和教会传统，与学术思想的论题及其学理基础并不是一回事，学问是否为纯粹的基督神学乃在于其论题和学理基础是否属于已经成为传统的基督神学论题，而不是人文学（哲学、历史学、语文学）、社会学、人类学的论题。

不带基督认信的学问同样可能基于各种思想旨趣进入纯粹的神学论题，尽管这些论题从历史来看原本是由置身教会传统的认信者发展出来的。确如 Rothe 所言，哲学思辨源于"我思"之"我"，神学思辨源于"我信"之"我"。① 但这是就传统的基督神学形态而言的，如今，不能从认信旨趣来区分神学与哲学和宗教学，神学思辨也可能源于"不信"之"我"乃至疑信之"我"。这种情形并非基督教神学才有，事实上，一个根本没有犹太教信仰的中国学者同样可能研究犹太教神学，而一个有基督信仰的西方学者同样可以研究佛学和儒学。

就当今中国的基督教学术研究来看，其动机结构相当复杂，研究热情大致由三种不同的旨趣来支撑：单纯学术的旨趣、认信的旨趣和介乎两者之间的旨趣，学者中不仅有基督徒，也有认信的疑惑者——与单纯职业学术兴趣不同，疑惑已经在认信感觉之中。有的学者在文化信念上根本拒斥基督教，做的却可以是纯粹神学论题的研究，而且相当有深度。相反，有的基督徒则从宗教学角度研究基督教，与神学毫不相干——基督徒或认信的疑惑者并非一定要通过基督神学研究来表达或解决自己切身的信仰问题。事实上，在基督教研究中正在出现

---

① 参 Martin Kähler，《19 世纪新教教义学史》，München，1962，页 104。

一种人文旨趣的基督神学——那些真正涉及基督教神学论题传统的研究。所谓神学在这里首先是作为一门思想历史的释义学问来理解的，而所谓人文旨趣则意味着教派或宗派中立（甚至可能信仰中立）的学问样式。

宗教学旨趣的基督教学术研究与本文论题无关——因为与汉语神学无关，值得关注的是这一学术发展中可能会形成的人文旨趣的神学。人文旨趣的汉语基督神学的基础不受教派或宗派传统的教义规约，是教派或宗派中立（甚至可能信仰中立）的神学，决定其神学样式的，是人文—社会思想的学术语境。这种作为一种学术（所谓 Wissenschaft）的基督神学在欧美学界已有近一百年的历史，是否也可能成为汉语学界的一个学术目标呢？① 如果人文旨趣的汉语基督神学定位在建设汉语的现代文教制度中的神学学术，就会通过大学—研究院建制为基督教思想—学术生产知识人，扩展基督教思想学术的传承能力和参与现代思想对话的能力。事实上，人文旨趣的汉语基督神学已经开始与种种现代"主义"的人文—社会思想构成论争关系。

西方的基督教人文神学的教派或宗派中立的基础是由启蒙

---

① 近百年来，传统的作为教会文化的神学日益面临所谓现代学术原则的压力，自由派的教会神学家甚至主张神学的宗教学化或宗教哲学化（如特洛尔奇），保守派的教会神学家坚决抵制（如巴特），希望不偏不倚的神学家则寻求神学的学术性与教会性的平衡。参 G. Sauter，《神学作为学术》，München，1971，页 9 - 72；Wolfhart Pannenberg，《系统神学》卷一，Gottingen，1988，页 11 以下；Eberhard Jüngel，《学术与认信的紧张中的神学》，见氏著，《相契：上帝、真实、人》，München，1986，页 37 以下；T. F. Torence，《神学的科学》，阮炜译，香港：道风书社，1998；Gerhard Ebeling，《神学研究：一个百科全书式的定位》，李秋零译，香港：道风书社，1999。

后的人文主义奠定的。① 然而，台湾、香港的基督教学界同样经受过启蒙后的人文主义的浸染，何以没有形成教派或宗派中立的神学？大陆学界出现人文神学的社会文化机制是什么？

中国现代化进入社会主义方向后，思想层面的社会主义改造建构了实际上相当西化的现代性文化机制。马克思主义毕竟是欧洲思想——甚至其本身就出于资产阶级思想（熊彼特），而且隐含着基督教的人文主义传统，大陆学界的马克思主义化——无论其以如何特别的方式——本身就是一种进入西方古典文化的方式。以为共产党文化制度中只有马克思主义和毛泽东思想，是一大误识——牟宗三就知道得很清楚，共产党文化制度的一大罪过就是西化。共产党的思想文化政策中有吸收古代"优秀文化遗产"一项，由政府的学术机构支撑的西方古典著作的计划性翻译，是大陆的文化思想现代化的组成部分，在翻译质量和规模上远非台、港学界所能及。由于强调马克思主义的思想来源，翻译的重点自然落在 19 世纪及以前的西方文典上。即便如此，20 世纪的哲学、文学乃至宗教文献，亦以内部限制阅读的方式翻译和传播。② 五四以来的西学翻译在大陆不仅没有中断，而且因被纳入国家文化规划而系统化了。70

---

① 人文主义基督教思想主要指近代以来教会传统外的基督教思想，参 J. Sellmair，《基督教的人文性：基督教人文主义史》，München，1953。

② 主要的翻译资源有：商务印书馆的哲学、政治学、经济学名著翻译，《哲学译丛》（50 年代末创刊，原名《现代外国资产阶级哲学资料》），人民文学出版社的西方古典文学名著翻译，上海人民出版社的"资产阶级哲学资料选辑"（专著系列）；《现代外国哲学社会科学文摘》（60 年代初创刊）；专门译载近现代外国文学作品的《译文》杂志（50 年代初创刊）；这类翻译和出版，"文革"初期中断，70 年代初又陆续改头换面恢复（如上海的《摘译》丛刊）。

年代末实行开放政策以后，不仅从前的内部读物纷纷转为公开读物，而且有广度上的推进。西方历代思想文献（尤其西方古典著作和古典文学）的翻译，为人文学界出现基督教研究提供了思想资源。

无论香港还是台湾，要说西方古典著作和古典文学的翻译也并不缺乏，甚至从政治文化的角度看，接受西方古典人文主义比大陆更为直接。为什么就没有产生教派中立的人文主义趋向的神学？原因当然在于社会主义的日常生活结构方面：社会主义的制度化改造限制了教会的自由，教会文化实际上已经不复有力。社会中自然出现的认信冲动只有在教会文化以外去寻求精神救援，激发基督教兴趣的只能是西方古典文学和哲学著作，而不是教会中的讲道和神学院的神学。相反，在教会文化能够充分活动的地方（台湾和香港），基督教认信冲动自然而然就被教会文化完全吸收了，即便对教会文化不满，也很难摆脱其强有力的影响。

由此可以理解，为什么大陆与香港、台湾的教会神学家对于人文旨趣的神学会有不同的态度。大陆以外的一些一心惦记教会传统的教会神学家对共产党文化制度中出现的基督教学术一再提出的问题是：研究者是否有信仰？是否与教会有关系？没有信仰的基督教学术是否会对教会神学不利——是否会对教会生活不利？教会神学家很少意识到，中国与西方文化的关系是中国现代性思想问题的关键，需要"从现代中西文化冲突的演化这一大背景来看待基督教学术在共产党文化制度中形成的历史含义"。① 人文旨趣的基督神学的解释学视域是自身在中国文化的现代思想命运中的历史使命，与教会神学所担负的教会传统和现实社会中的教会生活的历史命运不在同一个解释学视域，其思想文化的实践性并不承担教会的学理反省的任务。

毕竟，人文神学与教会神学的分化是现代性的结果。西罗马帝国衰落以来，西方基督教的教会文化曾经替代希腊文化和罗马文化成为一统各种蛮族习俗的文化制度，教会性就是人文的普遍性。近代兴起的欧洲民族国家借希腊—罗马文化之尸还民族文化之魂，导致公教一统权威文化丧失了文化领导权，教会文化就像梵蒂冈教廷那样，成了独立主权国家中的一块飞地。如果基督教文化要走出飞地处境，就必须进入具有独立主权的现代世俗文化王国，获得现代文化处境中的对话能力。但基督教同时又必须保持自己的独立主权，而不是让自身完全消失在现代世俗国家的王权之中。

教会神学服务于教会，通过神学院建制为教会培养牧职阶层，维持和扩展教会的生存能力。教会是社会中的一个特殊分化的信仰群体，既在社会之中，就有社会参与的诉求，种种与特定的社会—政治处境相关的教会神学言述是教会生活的生命体现。教会神学的神学基础受传统教派或宗派的规定，宗派立场决定了教会神学的基本样式（如在社会参与或文化取向上的开放或保守的不同趋向）。因此，传统的基督教神学分化为人文神学

---

① 刘小枫，《共产党文化制度中的基督教学术》，见杨熙楠编，《文化基督徒：现象与论争》，香港：道风书社，1998。

和教会神学，恰恰是基督教在现代语境中的生存需要，汉语基督神学的发展同样需要这两种不同维度的神学。中国文化具有贤人式宗教的传统性格，佛教进入中国后自然分化为民间的和士大夫的佛教，各自成为社会的大众伦理和思想的精英伦理的精神资源。基督教会及其教会神学的发展会加强基督教与中国其他大众伦理（民间宗教）的竞争力，然而，中国深厚的文士精神传统（一如希腊—罗马的精神传统）仍是精英伦理的主要资源；基督教同样应该进入这一传统发挥其精神效力。历史学家反而比教会神学家清楚，"以文化竞争而言，西方传教士在中国的成败不仅在于使多少中国人皈依基督教，而且在于是否使更加众多的中国人改变思想方式"。① 至于汉语教会神学是否要承担以及如何承担汉语思想文化的历史使命，对基督教思想和制度作出文化解释，当由教会神学家自己来决定。

　　汉语人文神学的问题根本就不在于考虑如何协调与教会神学的关系，而在于搞清楚自己的使命：自己的思想热情应该在哪里定位？

　　汉语人文神学的基本问题仍然在于与中国传统文化——尤其儒家思想传统的关系。汉语神学从士大夫基督徒起就一厢情愿地想要调和儒教与基督教，迄今汉语神学家们依然沉浸在这一"补儒"传统中。而从古至今的儒学大师并不领情，明末学贯儒佛的高士指"伪尊儒而实乱其道脉""阳排佛而阴窃其秕糠"（钟始声）。无论当代儒学或黑格尔化或康德化还是马克思主义化，从来没有忘记辟耶使命，而且笑看汉语神学没有像

---

　　① 罗志田，《民族主义与近代中国思想》，前揭，页123。

样的学术力量与儒学鼎立。汉语人文神学首先应该考虑的就是，是否应该与自己的"补儒"传统决裂。

当代西方基督教学界中的某些神学家想把各现存宗教关于神或终极之在的学说汇入一门学科之中，提出所谓诸宗教的神学，为汉语人文神学的"补儒"传统提供了新的理论资源。据说，各种传统宗教有其本己的信仰实在的学说，这些学说当然是信仰性的，因此可以称为神学。这种所谓"宗教神学"当然会进一步助长汉语神学家调和儒教与基督教的思想旨趣：你看人家西方神学家如何如何。① 的确，各传统宗教思想都不同程度地积极汲纳理性化的哲学和现代人文学，从而可能建构一种类似神学的思想。可是，基督教神学即便与犹太神学、伊斯兰教神学也不能达成所谓"宗教神学"的共识，遑论与佛学、儒学达成共识——章太炎早就据儒佛道智慧驳斥了基督教"无始无终、全知全能、绝对无二、无所不备"的"众生之

---

① 在基督教学界，英国神学家 Hick 试图以不可知的绝对之在、对绝对之在的观念预设和文化—宗教经验三者的建构样式来解决诸宗教对绝对实在的理解的差异。参 John Hick，《诸宗教之多样性中的上帝认识》，见 R. Bernhardt 编，《跨越视域：多元的宗教神学》，Gutersloh，1991，页 60 以下；John Hick，《信仰的彩虹：与宗教多元主义批评者的对话》，王志成译，南京：江苏人民出版社，1999。美国的新教神学家南乐山甚至兴致勃勃地大谈要"成为儒家"，参 Robert C. Neville，《在上帝面具的背后：儒道与基督教》，辛岩、李然译，北京：社会科学文献出版社，1997。公教神学家、同时也是佛学（尤其禅宗）专家的 Hans Waldenfels 从当今所谓多元宗教的"神"观出发来重建公教的基本神学，参 Hans Waldenfels，《语境中的基本神学》，Paderborn 1988。Hans Waldenfels，《文化相遇的诠释：基督宗教与中国思想：个案研究》，见卓新平主编，《宗教比较与对话》，第一辑，北京：社会科学文献出版社，1999，页 28 – 49。

父"。①这不是 cujus regio, ejus religio［在什么地方就信什么宗教］，而是 suus cuique mos［各人有各人的习惯］，两种宗教之间只有 tertium non datur［非此即彼］。汉语基督神学如果在现代多元宗教处境中首先想成为"宗教神学"，即可能任何传统宗教的学说都不需要的一种一厢情愿和稀泥的神学，就是忘记了本己的任务——基督神学谈论的上帝是耶稣基督的上帝，而非任何别的上帝、神或终极之在；也忘记了一个人类生活和信仰中的基本实情，即宗教之间的冲突是恒在的、不可调和的。儒家自唐以来就辟佛不辍，清儒还说，"程、朱之辟佛氏，其说虽繁，总是只在迹上；其弥近理而乱真者，终是指他不出。明儒于毫厘之际，使无遁影"（黄梨洲）。

儒佛真的调和了？如果调和了，何以熊子要出佛入儒？

汉语基督神学与中国传统文化的关系根本是一个现代性历史哲学问题，亦即在汉语思想的历史处境中，从基督教立场出发，来理解中西方文化的差异以及历史中的冲突。自从浪漫主义思想突破了启蒙主义的理性普世性理念，提出文化多元性问题以来，社会—政治制度和人心—精神秩序的正当性基础已受到根本动摇，"人应该如何生活"的问题面临新的宗教冲突。

① 日本京都学派从其创始人西田几多郎、经西谷启治、久松真一到晚近代表阿部正雄，都力图从佛教思想对终极绝对的理解出发，来挑战西方形而上学和基督教神学的神性终极。西谷启治还学着尼采—海德格尔的声调说，基督教柏拉图主义的必然结果就是虚无主义，要克服它唯有依靠佛学智能。参西田几多郎，《善的研究》，北京：商务印书馆，1964；西谷启治，《什么是宗教?》，东京，1965；吴汝均，《京都学派哲学：久松真一》，台北：文津出版公司，1995；阿部正雄，《禅与西方哲学》，上海人民出版社，1987。晚清以来，中国儒生辟耶同样多据佛学，原因显而易见：佛学有与西方基督教神学相当的思辨。

儒佛道坚持自己的"人应该这样生活"的教化传统，是理所当然的事。汉语基督神学的使命——同时也是其困难——正在于，使基督教的教化传统突破儒佛道对"汉语"的支配，使汉语思想得以进入现代性历史哲学问题的底层。尽管有过五四新文化运动，汉语思想界基本上还站在现代性历史哲学问题的门外。① 汉语学界还老是记住启蒙与没有启蒙的事，不晓得 20 世纪的思想问题不再是启蒙以后，而是浪漫主义以后；不是康德以后，而是尼采以后。不了解基督教思想，也就不可能深入理解西方思想中的尼采以后，遑论进入现代性历史哲学问题的底层。

汉语人文神学的当务之急，首先是负担起系统翻译基督教历代思想文献这一汉语学界数百年以来一再被耽误的重大历史任务。不错，新教、天主教和人文学界过去都有基督教文献的翻译，并各自有其选择取向。新教方面的"基督教历代名著集成"计划是第一次基督教思想文献的系统编译，选题较为全面，可惜生不逢时，而且汉语表达未见其功，未能在整个汉语学界产生实际影响。即便如此，此计划乃是由美国传教士设计和推动的，不能算作汉语神学家的丰功伟绩。领导人章文新博士去世后，资金转向"东南亚神学教育丛书"，计划随即流产。"历代名著集成"变成"神学教育丛书"后，选题方向转向教派性需要，不再以历代基督教思想著作为主，而是以神学院教育的教科书为主，不再负担思想文化功能。

---

① 我在别处说过，牟宗三对现代哲学问题了无感觉，指的就是他对现代性历史哲学问题没有感觉。

人文学界自 30 年代零星翻译基督教论著，其取向从人文思想着眼，没有教会神学的限制（例如 William James 的《宗教经验种种》、考茨基的《基督教的本质》），这一取向 1949 年后受到马克思主义哲学史观影响，虽然注重西方思想史上的要著，毕竟眼界狭窄。① 令人费解的倒是，天主教方面翻译基督教思想文献最为薄弱。现代天主教神学是经院神学的当然传承者，本来，从基督教的历史传承和汉语基督教的历史来看，人们最有理由期待天主教方面主持系统的古典基督教学典汉译工程。台湾天主教学界虽然零星翻译了奥古斯丁、托马斯·阿奎那、波拉图文纳和某些现当代的天主教信理著作，却从来没有系统的、精心设计和组织的翻译计划——中国天主教学界的学术精力用到哪里去了？除了传介西方哲学就是"补儒"。

即便汉语天主教学界设计系统的文典翻译计划，可以指望的，至多恐怕也只是中古基督教文献的汉译积累不至于像现在这样几乎等于零。翻译就是超出自身所站的位置（über-setzen, a trans-position），使思想原来的立足点发生根本性位移，绝非仅仅是思想传介。因而翻译选题本身就是一种汉语思想释义学的超越行动，不是传教士可以代替的。

---

① 商务印书馆的西方学术名著汉译计划包括基督教文献，如奥古斯丁的《忏悔录》、托马斯·阿奎那的《政治论著集》、帕斯卡尔的《思想录》、尼古拉·库萨的《论有学识的无知》、大卫·施特劳斯的《耶稣传》、休谟的《自然宗教对话录》、黑格尔的宗教哲学著作、怀特海的宗教哲学著作、柏拉图的主要对话录、斯宾诺莎、费尔巴哈的神学著作、马利坦的宗教哲学著作、穆尔的《基督教简史》等，以及《哲学译丛》《现代外国资产阶级哲学资料选辑》中的零星基督教神学、哲学的翻译。拙编《二十世纪西方宗教哲学文选》（上海：上海三联书店，1991）有部分辑录。

教会神学界的翻译目光，仅仅盯住教会神学自身的论题传统。近代以前的神学文献的构成相对而言比较单一，新教出现以后，基督教思想的面目变得相当复杂多样，以至于从某一宗派或教派的立场来看，本来属于基督教思想史的重要文献，就会被视为非基督教的文献——有教会神学家对我说，基尔克果的著作不是基督教的；有教会神学家问我，夏多布里昂的《基督教真谛》是什么时代的；有教会神学家大谈基督教与自由主义政制理论的关系，却不晓得胡克的《教会法制论》。

大陆基督教学术圈在这方面同样不成熟，翻译目光要么搞不清神学与宗教学和宗教哲学的差别，要么追随种种时论，而不知道何谓基督教思想的基要文献。无论教会神学还是人文学界宗教学的目光，都缺乏对现代性问题意识的感觉。显然，没有必要要求教会神学或宗教学的目光在这方面成熟，但对于人文神学来说，从现代性历史哲学的根本问题出发深入开掘基督教思想史研究和文献翻译，则是本己的任务。进入基督教历史学典，超出教派和教会神学视野，将会从其视野的死角发现基督教思想史上相当重要的文献：马克安神学、莱辛神学、约阿希姆神学的思想史意义，公教神学家看不到没有什么奇怪，新教神学家也看不到，就匪夷所思了。至于20世纪的研究进展，比如施特劳斯对斯宾诺莎的圣经批评的研究，沃格林对诺斯替教派传统的研究，以及洛维特对于19世纪德国哲学中的基督教批判的研究，不仅教会神学界视而不见，基督教学术圈也不知其轻重。

这一历史的翻译行动属于汉语的基督教思想历史解释学，汉语人文神学根本上就是这种历史解释学——在汉语思想中解释基督教思想史，通过这种思想史的释义，使汉语思想成为基督教思想。

　　20 世纪西方思想在直面现代性历史哲学问题时，已然转变为思想历史的释义学，重新理解自己的老传统（希腊及中古思想）和新传统（近代思想），以便重新理解已经根本动摇了的由苏格拉底—摩西—耶稣提出的"人应该这样生活"的遗训。这种重新理解既是内在释义的（狄尔泰、海德格尔、施特劳斯、福柯、布鲁门贝格、德里达）、也是比较解释的（黑格尔、特洛尔奇、韦伯、舍勒、沃格林）。① 无论哪种解释方式，都会触及通盘重新理解基督教精神及其文教制度，这种解释学的触觉甚至使欧洲教会神学界在面对——比如布鲁门贝格独出心裁的——中古神学解释学时，也难免张皇失措。②

　　西方哲学的思想历史解释学转向还有其深刻的哲学原因：人们一直要寻找的客观真理被浪漫主义勾销后，获得真理的意志就成了"解释"生命和历史的意志。从尼采的"解释"意志出发，海德格尔认定解释活动是在者出自属己的历史命运的生存活动。既然从生存论来理解的解释根本不知道有什么永恒不变的终极实在，有的仅是对某种东西的意向，思想就不过是历史中的具体生存、是在体的历史性命运。因而，理解成为一个所谓基本本体论的概念，基于人的生存命运的历史释义。这

---

　　① 参特洛尔奇，《克服历史主义》，刘小枫编，黄瑞成译，北京：华夏出版社，2009；Eric Voegelin, *Order and History*，五卷，Baton Rouge/London, 1956 – 1987。

　　② 参 Peter Behrenberg, *Endliche Unsterblichkeit：Studien zur Theologiekritik Hans Blumenbergs*（《有限的不朽：布鲁门贝格的神学批判研究》），Wurzburg, 1994。

种生存意向来自历史中的在者的处身性，并规定了理解—解释的活动，以至于它就像是历史中的在者本身的生存结构的表达。在海德格尔那里，哲学的所谓本体论—认识论整个儿变成了哲学史的解释，具体的思想就在历史的解释行动中。对于过去的文本，需要解释的恰恰不是被解释者已经说出的东西，或者说字面上的东西，而是没有说出的（das Ungesagten）东西，要理解在当下历史中的文本没有说出的东西。如此用哲学史解释取代哲学，本身就显得是一种哲学的历史主义化。海德格尔的学生们在追随他"把一个贫乏时代的要求变成一种理解力的美德"的同时，力图拒绝哲学的历史主义化，以便进入现代性历史哲学问题的底层。①

仅用哲学的历史主义来看待海德格尔用哲学史解释取代哲学的行动，仍然是短视的。柏拉图的哲学就是在解释过去的思想中展露的，海德格尔用哲学史解释取代哲学，实际上回到了西方思想的本源。柏拉图"从没有以自己的名义说话，严格意义上并不存在柏拉图哲学"，这种写作方式本身就是一个深刻的哲学问题（施特劳斯）。

加达默尔是海德格尔的学生中最缺乏理解力的。他提出了一套看似周全的解释学理论，强调原初含义的语境意义的变化和所谓前理解不可避免的偏见，却对历史哲学问题的理解不得要领——《真理与方法》看到浪漫主义以来的根本问题就在

---

① Karl Löwith, *The Interpretation of the Unsaid in "Nietsche's Word 'God Is Dead'"*（《释"尼采的话'上帝死了'"一文中的所未言》），见 Karl Löwith, *Martin Heidegger and European Nihilism*（《海德格尔与欧洲虚无主义》），Columbia Uni. Press, 1995，页 98 – 105。

于历史主义的挑战，其思路却并没有进入问题的要害。施特劳斯的解释学重新发现隐微写作的意义，尽管令加达默尔"茅塞顿开"，但他仍然以为那不过是"相对于通常的、甚而一般的正常情况而言罕见的极端例子"，不足以成为一个解释学原则。① 对于历史哲学问题根本缺乏感觉的加达默尔，不懂得隐微写作事关哲学与现世的关系、哲学家在社会中恒在的危险处境。作为一种生存政治论原则，隐微写作恰是理解欧洲思想问题的要津。施特劳斯重新发现的这一解释学原则正是对海德格尔生存解释学的重大发展，真正切入到现代性历史哲学的要害。施特劳斯不仅通过大量具体的解释行动承继了海德格尔将哲学还原成哲学史解释的哲学行动，而且重新发明，哲学史本质上是政治哲学史。为什么？与施特劳斯的哲学立场可能根本不同但同样献身西方知识史的解释行动的福柯有一言可以用来回答："哲学问题就是我们所处的这个现在的问题。这就是为什么今天的哲学完全是政治学、完全是历史学。哲学是内在于历史学的政治学，是政治学不可或缺的历史学。"② 侈谈解释学原则的加达默尔哪里懂得这话背后的历史记忆和生命意向。

施特劳斯在受到德国政治—文化包围的犹太人群体中长

---

① 参 Leo Strauss, *Persecution and the Art of Writing*（《迫害与书写艺术》），Uni. Of Chicago Press, 1988, 页 22 – 37。关于 Leo Strauss 的释义学，参 Paul A. Cantor, Leo Strauss and Contemporary Hermeneutics, 见 Alan Udoff 编 *Leo Strauss' Thought: Toward a Critical Engagement*, Boulder & London, 1991。关于加达默尔不得要领的评论，参加达默尔，《解释学与历史主义》，见《真理与方法》卷二，洪汉鼎、夏镇平译，台北：时报文化出版公司，1989, 页 450 – 459。

② Michel Foucault,《必须保卫社会》，钱翰译，上海：上海人民出版社，1999, 页 267。

大，年轻时他就开始考虑这样一个问题：犹太文化与源于希腊的西方思想文化已经交融了两千多年，为什么无论在政治上还是精神上都无法彻底与西方文化打成一片？施特劳斯不是不知道，自犹太文化与希腊文化遭遇以来，犹太思想人一直有两种态度，要么极力与西方文化（希腊精神）相融合（一如汉语神学思想传统中的"补儒"或化儒），要么驳斥西方文化或干脆不予理睬（原教旨主义）——就像儒生一再高歌中国智慧高于西方智慧（包括基督教）。

　　施特劳斯觉得，这两种态度都不能最终解决处于西方政治—文化包围中的犹太精神的处境问题。融合或不予理睬都归于失败，犹太信仰及其历史传统与希腊精神和柏拉图的基督教传统的冲突根本不可调和。所谓欧洲精神的活力，在施特劳斯看来，正来自于两种相互冲突的"自然"的根本张力：一种"自然"是希腊精神意义上的形式或理念，一种"自然"是希伯莱精神意义上的宗法——约定的律法。由此而有自然法与习惯法的区别：公正要么是自然而然的，要么是约定的。两种"自然"及其政治形式的冲突，涉及两种不可调和的关于"人应该如何生活"的规定。苏格拉底的思维方式对于每一事物都提出"什么是……"的问题，"这种提问的方式意味着要阐明所问事物的自然（本性），即事物的形式或特征"。这一思想方式与希伯莱精神要求的无条件顺从祖先所得的启示真理无法相容。①

犹太文化与希腊文化的冲突不可能解决，是人的问题不可能解决的一个样板。霍布斯说过，人的自然状态就是"一切人反对一切人的战争"。施特劳斯似乎想接下来说，人类精神的自然状态就是"一切人反对一切人的战争"——人类的精神依群体而分，不同群体的精神之间的关系就是对抗、冲突。我甚至觉得，人类的精神是依性情而分的，不同性情的精神之间就是对抗、冲突。只不过个体性情的精神之间的对抗、冲突显得不如群体精神之间的对抗、冲突来得那么历史地惊心动魄。然而，思想正是在这种对抗和冲突中得到发展的。

施特劳斯的解释学——而非加达默尔的解释学对于汉语神学才堪称要津，因为，汉语基督神学所置身的信仰和历史传统与基督教和希腊精神的冲突同样无法调和。与加达默尔相反，施特劳斯强调，要按文本作者的原意来解读文本。原初意蕴无论在何种语境中都有不可更改的实质含义，并非都是由历史中的读者解读出来的；毋宁说，历史中的解读是在与原初意蕴的实质含义的冲撞中产生出来的，而文本中的原初意蕴反过来会加深解释者对自身历史经验及其思想问题的理解。所谓的"解释学循环"是一种历史—生存的动力因素，任何新的解读都是在历史语境与原初意蕴的张力中伸展的。如果原初意蕴不是实质性的，总是相对于历史—文化语境而存在，对于解释行

---

① 参 Leo Strauss 等，《政治哲学史》，李天然等译，上卷，河北人民出版社，1993，页 5；详参 Leo Strauss, Jerusalem and Athens: Some Preliminary Reflections《耶路撒冷与雅典：几点初步的思考》，见 Leo Strauss, *Studies in Platonic Political Philosophy*, Thomas L. Pangle 编，Chicago Uni. Press, 1983。

为来说就不会带来自身语境的任何变化，不会使自己与其先前的语义有所不同。基督教思想史的汉语解释不仅受自身的历史语境限制，也因为被解释者——基督教思想史的原初意蕴闻所未闻的实质超逾了规定汉语思想自身的历史语义结构，将异国异族的、另一种语言的精神带入了自我理解。

异样的、陌生的思想对于解释者，是一种冲突的自我理解。如果仅仅强调原初的基督思想在汉语思想自身的历史语义结构中不可避免的新理解，就会忽略原初意义同样参与了汉语思想的历史语义结构的开放。生存理解往往不是线性发展的，而是断裂性的突破。基督教思想产生于某个特定的历史语义结构，当在汉语的历史语义结构中被重新解读—重述时，重要的是，解释者——汉语思想——在解释过程中对于自身有了新的理解，使自身的历史语义结构产生新的意蕴，而不是什么对原初意义有了超出原初语义的解释。汉语人文神学通过对于异在的思想史的汉语解释，将会带来自身思想传统的断裂性转变，并在自身中承受冲突的张力。

文化基督徒现象：一个值得追究的"谣言"

　　90 年代初我在香港天主教月刊《鼎》上发表《"文化"基督徒现象的社会学评注》①以来，不断有人要求我讲"文化基督徒"。以致一天终于有人问：文化基督徒在哪里？算过究竟有多少人？

　　关心有多少人信主的人，自然十分热心这样的问题。一旦不可能给出明确的数据，或者指名道姓列出一份名单，"文化基督徒"就可以理所当然地被判为某人制造的谣言。某些海外教会界人士跑到北京，亲自问某些研究基督教的学者：你是"文化基督徒"吗？结果招来强硬的否认。于是，"文化基督徒"谣言得到进一步证实。

　　教会界人士显然自己找错了人。"文化基督徒"指的并不是大学和学术建制中从事基督教历史及文化研究的人士，而是指经历过个体信仰转变的知识—文化人。认信基督方可称为基督徒，而非从事基督教文化研究即是基督徒，这是不言而喻的。从基督徒的认信来讲，文化基督徒与一般基督徒并没有本质上的不同。一开始我就说，文化基督徒之称更多是一个社会学含义的称谓，指知识人阶层中的基督徒，他们的社会身份、文化教养和伦理担当，决定了他们的认信旨趣。由于这些基督

---

　　①　见刘小枫，《这一代人的怕和爱》，北京：三联书店，1996，页 215 – 229。

徒或从事学术研究，或从事艺术创作，他们的认信表达就不仅只是生活行为的，也是学术或文人式的。

这样的说法显然不能令人满意。

不能令谁满意？关注基督教信仰的教会传统的人士。然而，这种不能令人满意的说法原本恰恰就是想要避免这些人士的不满意。"文化基督徒"的命名是大陆教会领袖赋予的，同样想要避免某种纠缠。某些教会领袖当然知道，从教会归属上看，文化基督徒的特定含义指无教会归属——或未受洗，或不归属于特定教派或宗派——的基督徒，在具体的信理问题上，他们与教会式的教派信理有相当的距离。某些教会领袖并不想拒斥这种形式的认信，不将他们排斥在认信基督的大家庭之外。现在看来，想要避免关注教会传统的人士的不满意不过是一厢情愿，"文化基督徒"的称名隐含的信仰问题无法回避。

既然如此，就直接面对这一信仰问题。

文化基督徒的称名受到国内、国外部分教会基督徒的强烈抵制：既然这些人没有教会归属，又在信仰方面与教会信仰有差异，就不应称为基督徒，最好用别的什么名称。这种抵制反映出汉语基督教会中多样派别的存在（通常所谓的基要派、福音派、自由派），抵制主要来自基要派和部分福音派人士。前面已经说过，从事基督教学术研究的学者中，据我所知，有参与教会生活（甚至相当保守的教会）的基督徒，因此，用"文化基督徒"来称呼他们，与用这一名称来称呼那些根本与基督信仰不相干的基督教学术研究的学者，同样是搞错了。"文化基督徒"似乎真的是一个谣言。

不过，这一谣言并非空穴来风。

　　1992 年，德国东南部的信义宗神学院邀请我在一个留德学生和旅德华人聚会上演讲，他们中有基督徒、非基督徒甚至反基督徒，组织聚会的神学院当然希望这些人相互沟通。我刚讲完"文化基督徒"的事，就遇到基督徒的激烈抨击："文化基督徒"根本不是"基督徒"，甚至自称"文化基督徒"也不可！随激烈抨击而来的是反基督徒阴冷的表态：你的观点太基督教，即便你装扮成"文化"的基督徒，还是基督徒，我们并不想与你为伍。

　　多么刺激的处境：一些人说，你不是基督徒，另一些人说，你太基督徒。我发现自己不得不采取这样一种两面派立场：对于那些基督教徒，我得说自己不是基督教徒，对于反基督徒，我要说自己就是基督徒。反基督徒的中国知识人蔑视基督信仰有两种不同的理由：要么以为现代科学和理性的时代还信仰耶稣基督当然可笑，要么以为作为说汉语的中国知识人就不应该信奉耶稣基督。面对这样的蔑视，我就是要作为一个汉语知识人自称基督徒。相反，对于那些基督教徒来说，教会归属才是基督徒的标志，他们依据这种归属有权判定谁是、谁不是基督徒。面对这样的权力和判定，我不得不说自己不是基督教徒。

　　为什么我面对这样的判定说自己不是基督教徒？这样的判定来自某些（而非所有）教徒所依据的教会归属，我没有教派归属，当然没有资格争辩基督教徒的名分。但为什么我又要对另一些人称自己是基督徒？没有教派归属是否就不可以宣称自己认信基督？教会有权力判定教徒身份，但是否有权力决定我认信基督的可能？

第一批基督徒的身份并非以教会归属为尺度，耶稣基督给门徒的诫命简朴而又高超：

> 我给你们一条新命令：你们要彼此相爱；我怎样爱你们，你们也要怎样彼此相爱。如果你们彼此相爱，世人就知道你们是我的门徒。(《约翰福音》13：34－35)

这一诫命不就给世人认信基督的可能？基督的品质就在于爱，耶稣的爱是简朴的——爱基督上帝和爱世人就是基督徒，基督徒的爱基于上帝爱人，而不是（比如儒家以血缘根据为基础的）人爱人：

> 只要爱属于上帝的本质，只要宗教性的拯救过程不是以人的自发行为，而是以上帝的爱为出发点，"对上帝"的爱就必然始终同时包含与上帝一起爱人乃至一切造物——在上帝之中爱世界，这是不言而喻的。[1]

这一诫命也是高超的，它对个体生命提出了太高的要求：不是像人爱人那样爱世人，而是像上帝爱人那样爱人（*καϑὼς ἠγάπησα ὑμᾶς ἵνα καὶ ὑμεῖς ἀγαπᾶτε ἀλλήλους*……我怎样……你们也要怎样）。

这一诫命对于认信基督的人乃是人生之不可能，而非自认已达的状态。成为基督徒的可能性不在人身上，而在上帝的救

---

[1]　舍勒，《爱的秩序》，香港：三联书店，1994，页23。

恩行动中：上帝爱世人，世人才可能爱基督的上帝。这种爱对于个人是一种不可能的可能。

> 对上帝的爱不是人的一种已在的、现有的、明显的品性，既不是个性的也不是普遍的，既不是习得的也不是继承的或天生的素质。严格地说，没有什么"基督徒"，只有永恒的、对所有人都既可及又不可及的机会：成为基督徒的机会。①

基督教徒也是人，他自己成为基督徒的可能性都不在自己手里，别人成为基督徒的可能与否怎么就会在他手里呢？从教派归属出发判定基督徒的名分是否正当，我不知道。但我知道，自己是否能成为基督徒的可能性不在教会手里，而在基督身上。

我自称基督徒当然是很冒险的事，但这是个人生命的冒险——帕斯卡尔所谓的生命赌注、基尔克果所谓的生存跳跃，与教会有什么相干？基督徒的名分问题早就起了纠纷，于是有了"尼西亚信经"。第一"尼西亚信经"含三项认信：信独一天主全能的父；信独一主耶稣基督；信圣灵；第二"尼西亚信经"增加了两项认信：信独一圣而公之教会和永生信仰。② 即便按第二"尼西亚信经"，没有教会认信，其他基督信仰的认

---

① Karl Barth，《〈罗马书〉释义》，魏育青译，香港：道风书社，1998，页333。

② 参徐怀启，《古代基督教史》，武汉：华中师范大学出版社，1988，页180－181。

信是否就等于不真或全无？作为认信内涵，教会可以等同甚至代替独一上帝、基督、圣灵和永生的义涵？即便趋向教会严律论的加尔文也在其教会论开宗即指出：基督徒的身份是以信基督而非信教会来确定的。①

判定我不是基督徒的基督教徒以教会的名义（教会是否真的实际授予他这种权力尚为可疑）把自己摆到了"人神"的位置，反基督徒则以为自己"是一把大铁锤，新宗教意识是一块易碎的玻璃。谁都觉得大锤只要轻轻碰一下玻璃，就能把它打得粉碎。然而它用自身全部重量压下去、打下去，玻璃却没有碎。身位的启示不是玻璃，而是新宗教意识的纯钢。关于人的身位中上帝的争论就是关于神人——基督的争论。请反基督者们考虑一下基督吧；请人神考虑一下神人吧"！② 基督徒之为基督徒，就在于认信这一个基督！

上帝成人给此世带来的是全新的个体生命品质，而不是为了创立教会，教会反而是为了维护这纯属个人得救的生命品质而存在的。然而，教会是一个历史中的社会—政治群体——初代基督徒受到严酷的政治迫害，必须团聚起来。历史中的基督教分裂成三大教派和诸多小派，新教又生发出许多宗派，都与历史中的社会—政治状况相关。产生"文化基督徒"，从中国的社会—政治状况来看，又有什么好奇怪？

基督教会毕竟有一千多年的历史，教派分裂是西方的历史政治的产物，形成了种种教会的规定，有教徒无法接受文化基

---

① 参加尔文，《基督教要义》下卷，香港：基督教文艺出版社，1986。

② 梅烈日科夫斯基，《病重的俄罗斯》，李莉、杜文娟译，昆明：云南人民出版社，1999，页52。

督徒的称名并不是没有根据的。然而，基督教诸宗派是基督信仰形式的历史形态——所谓看得见的教会，而非理想形态——所谓看不见的教会，基督教徒名分的争执本身毫无意义。"一种宗教观念是否可以感觉到自己是基督教观念，是否可以将自己称作基督教观念，首先必须由这种观念自己作出决断：即要看它是否真正感觉到自己是从基督教精神之中产生的"（特洛尔奇）。是否成为基督徒，关键在于个人的生命感觉是否因信耶稣基督死而复活的爱而发生了改变。这种认信的生命感觉的改变是否一定得是加入教会团体的生活呢？我时常听见教会牧师说，一些教徒徒有教会生活，生命感觉并没有因信而发生改变，又是怎么回事？我之所以一直从文化社会学来解释"文化基督徒"现象，正是为了避免这类无谓的争端，把着眼点放在理解这一现象的文化意义方面。可是某些教会神学家非要纠缠，他们像特洛尔奇抨击的那种自视为基督教殿堂的守门人一样，把基督教当作"一个俱乐部，无需容忍那些不再赞同其章程的成员"。即便教徒有这样做的理由，如果一个人的生命与基督的救恩发生了关系，是否被确认为基督教徒又有什么紧要？所以我终于还是决意对那些教徒说：我不是"基督教徒"。

在刚才提到的那次聚会上，我孤身只影吗？并非如此（即便如此又怎样？）。在两种不同的拒斥面前，当场有人愿意与我站在一起，称自己为文化基督徒。"文化基督徒"无需掩盖其实质，它的确是一个信仰现象——对于教会来说可能无法接受或令人担忧的信仰现象，基督徒与基督教徒的差异因文化基督徒现象而历史地突显出来。

即便"文化基督徒"只是一个谣言，它引出的问题仍然有效。人们也可以问——而且实际上已经问过，哪里有儒教徒？有多少？当代儒生从来就懒得搭理这类可笑的问题，而谁也无法否认，儒教信仰迄今仍然活在汉语思想文化的血脉中，这难道与社会学统计数字相关？"文化基督徒"纯然是一种精神—文化现象：我们的文化制度中萌生了基督教精神的信仰旨趣。这与晚近十年出现的基督教学术研究热并不是一回事。"文化基督徒"是信仰性的文化现象，基督教学术研究仅仅是学术性的文化现象。教会神学把上帝的圣言的权威与人的（教会的）传言（宣道）的权威搞混了，以为宣道者（无论个人还是教会体）就有上帝圣言的权威。

如果"文化基督徒"是某个教会内部出现的现象，教权性思想的抨击是有效的。可是，"文化基督徒"并不是一个教会性、甚至不是社会性的宗教现象，而是一种思想文化性的倾向，只在思想学术领域运动。我们的文化制度中出现的"文化基督徒"现象是自发生长的，并非西方传教士的成果，从中国思想文化的"大历史"来看，其历史意义还不够深远？教会神学家根本不需去认识这样的"历史含义"，辨认信仰是否正统、属灵才是教会神学家的本务。既然如此，也就没有必要与教会神学家们来讨论"文化基督徒"现象了。

为什么与"教徒"的争端是无谓的？与"教徒"或者反基督徒可以沟通吗？我在巴塞尔时，大学神学系组织了一堂与巴塞尔极端保守的"自由基督教神学院"学生对话的实践神学课。结果，我们神学系的学生根本无法与"自由基督教神学院"学生对话。那情形就像1991年我在美国加州碰到一个台湾神学家——一个基要主义者的经历。我问起什么是基要主义信仰，他对我说，因为有太多的自由信仰，基要主义主张判别基督信仰的真伪，其标准如下：是否相信上帝创世、是否相信童贞受孕、是否相信圣经中的每一句话都是上帝的话（而不是仅仅包含上帝的话）、是否相信死而复活、是否相信……我说，除了相信圣经中包含上帝的话（而非其中每一句话都是上帝的话）与你不同，表面上，我的相信与你没有不同。但是，我们对于上帝创世、童贞受孕、死而复活的理解显然不同。如果我们之间无法在这些信理的理解上达成共识，是否可以依耶稣基督的诫命——爱上帝、爱世人——作为判别基督信仰的基准呢？如果基要主义的目的就是要持守原初的教旨，那我愿意称自己是新基要主义——依耶稣基督的诫命代替旧的判教标准，其原初的教旨就是耶稣基督的爱的诫命，这是基督信仰唯一的基点。

　　我的提议当然遭到断然拒绝。

　　如果把中国大陆的文化基督徒现象置于整个基督教的现代性景观中来考察，就可以看到，"文化基督徒"并不是中国的独特现象，而是基督教信仰的现代性现象：自启蒙运动以来，无论在社会层面还是思想层面，基督教生活于其中的语境发生了很大变化，初期基督教时代和中古时期的社会结构、思想资源与当时的基督教形态相适应，近代以来的现代化过程不断更改基督教生活的语境，出现了新的基督教生活和信仰样式——"一种被认为不局限于教会之中、与之并立且又高踞其上的外在于教会的宗教"（特洛尔奇）。俄国在上个世纪末就已经出现了"文化基督徒"，并延续到 40 年代，教会中立地发展了基督教思想、文化乃至学术；薇依对受洗的迟疑和教会建制的批评，在现代语境中并非寥若晨星。① 即便从当今欧美社会的信仰状况来看，宗教社会学的调查也表明，许多人不再有教会生活，并不等于根本没有基督信仰。启蒙运动以后，不仅基督徒信仰的个体性加强了，甚至信仰的个体性成了现代性的表征之一。② 基督教信仰不得不面对信仰中立（宗教宽容）的问题，不得不面对世界宗教的多元化对基督教绝对性的挑战。

　　天主教认为只有天主教教义才是真理的学说以及传统新教认为唯独圣经才是真理的基督教学说，在公众意识中已经不再有立足之地。取而代之的是宽容的要求，继而则是对基督教的所有历史形态具体的相对化。在这种宽容和相对主义之中暗藏着一种超越一切具体历史形态的立场。这种立场之所以超越了一切历史形态，仅仅在于它本身不是存在于历史之中，而是存在于当下的信念之中，正是这种信念构成了评判和容忍各种相对价值的基础。③

　　自由主义神学拒绝宣道者自然就有圣言的权威这回事，拒

---

① 参克拉克/霍奎斯等，《巴赫金》，语冰译，北京：中国人民大学出版社，1992，页 150 – 179；薇依，《期待上帝》，香港：三联书店，1994，页 3 – 15；亦参刘小枫，《走向十字架上的真》，香港：三联书店，1990，页 195 以下。

② Thomas Luckmann，《无形的宗教》，覃方明译，香港：道风书社，1996，第五章；Georg Simmel 从社会学和宗教哲学上讨论了基督教生活的个体性，参 P - O. Ullrich，《内在的超验：Simmel 的后基督教的宗教哲学构想》，Frankfurt / Main，1981。

③ 特洛尔奇，《信仰与历史》，见特洛尔奇，《基督教理论与现代》，前揭，页 269；参 Hermann Lubbe，《启蒙运动后的宗教》，München，1981，页 216 以下。

绝教会思想对个体思想的管制正当性，这种正当性来源于教会思想自视为上帝之言在尘世的代理人。教会权威思想的确有其教会法权的理由，但仅仅是在教会内部，而不是在公共文化领域。

基督教信仰在启蒙时代之后已经不再是具有统摄力和教权性的文化价值，在历史相对性的多元文化秩序中，传统的教权式神学论述不再具有可沟通性，人文知识的共通性取代了教会知识的共通性。随着新教及其分化的各教派的出现，基督教世界内部已经丧失了共通性。从前，教会文化是整个社会文化的天穹，联系和维系各种文化差异的群体的纽带，如今，教会文化的一元体已经变成了多元体，相反，个体良知道德（启蒙主义原则）及其文化价值可以勉为其难地负担起精神沟通的媒介。基督教信仰的传统教义要能在现代文化语境中保持生命力和竞争力，就必须转化为一种文化理论，并同其他文化理论一样，经受文化批判的检验。基督教神学并不因为其中内涵上帝信仰，就有豁免经受文化批判的权利：

> 在科学和批判的时代，信仰必须在与未经批判的时代完全不同的条件下求生存，它面临的斗争也与未经批判的时代强加给信仰的斗争迥然不同。[1]

这样的问题就出现了：是否可以不从教会形式来理解基督

---

① 特洛尔奇，《信仰与历史》，见特洛尔奇，《基督教理论与现代》，前揭，页273。

信仰？19世纪的新教神学家洛德（Rothe）已经提出，基督教会只是基督精神的一个历史阶段，在现代，基督精神进入了社会生活时代，不再仅仅以教会形态为基督的身体，而是把整个社会生活当作自己的身体，因此基督教需要脱下刚进入世界时的教会外衣，当今的系统神学和历史神学并没有对这一问题置之不理。①"文化基督徒"如果可以发展信仰辩难的批判性的神学文化理论，也就不失其历史意义，汉语神学的发展样式将会因此出现新的思路和言路，汉语学术的思想结构亦因此会出现重大改变。

---

① 参 T. Rendtorf, *Christentum ohne Kirche*（《没有教会的基督教》），Stuttgart, 1986。

基督神学的"汉语"问题

如何走近离中国人"很远"的基督精神这一问题一再因为"汉语"而被打断。我相信迄今仍然有、以后还会有汉语思想者认为,"汉语基督神学"的提法本身就荒谬,因为它竟然想使"汉语"承负的精神走近决然异样的基督精神。

讨论汉语神学无法避免的语文问题,本身就是一个神学的语文学问题。神学语文学有两个最基本的但相当不同的层面:神学言述与言述对象(上帝)的关系,民族—历史的具体语文与基督神学思想的关系。前一问题是神学语文学的所指方面,莱辛所谓偶然的历史真理与永恒的理性真理的关系:上帝之在是不可言说者,神学思想如何可能言说不可言说的上帝?神学言说尽管谈论的是上帝的真实,自身毕竟仍然是偶然的历史言说,并不就成了永恒的上帝之言本身。神学语文学在这一层面的问题与哲学语文学的所指论问题一样,是人类思想的古老主题。民族—历史的具体语文自己所有的那个终极实在的性格不同,各自也就有其思想语法的所指论,无论汉语古代思想、古希腊语思想、拉丁语思想都思考过这种思想语法问题。基督教神秘主义神学同历史中的各种民族性宗教思想的神秘主义一

样，尤其关注这一语言与终极实在的关系问题。① 然而，基督
神学语文的思想语法有其特定的方面——能指方面，"语法告
诉我们一个东西是哪一类东西——神学就像语法"（维特根斯
坦）。基督神学语文作为一种思想语法，其特定的能指论方面
的问题源于这样的实情：作为一种独特的实质语法，神学言述
呈现的终极实在不仅不同于经验科学和形而上学陈述的实在，
而且不同于民族神话—宗教的神圣在者。

既然任何基督神学语文作为一种历史中的语文都是民族
性的，而其终极实在——基督的上帝——又与自身民族—历
史的具体语文所有的终极实在不同，那么，不仅汉语神学是
否可能是一个问题，希腊语的基督神学、拉丁语的基督神
学、英语、德语、法语等民族语文的基督神学是否可能，都
是一个问题。

任何民族性语文的基督神学语文都不是"土生土长"的，
而是教化的。民族性语文的基督教化就是脱离民族性语文自身
承负的民族性"大理"，进入基督上帝的在体。这一点通过对

---

① 思想与语文的基本关系之历史陈述，参 M. Geier，《哲学家们的语文游
戏：从巴门尼德到维特根斯坦》，Hamburg，1989；B. L. Whorf，《语文—思想—
实在：论元语文学和语言哲学》，Hamburg，1990。神秘主义的比较宗教研究，参
Walter Terence Stace，《冥契主义与哲学》，杨儒宾译，台北：正中书局，1998。基
督教方面关于语言与上帝之关系的一般论述，参 Th. Bonhoeffer，《神学语言》，见
《历史与现实中的宗教［百科全书］》，Tübingen，1981，卷六，页 272 以下。基督
教神秘神学关于语言与上帝的关系，参托名狄奥尼索斯，《神秘神学》，包利民
译，香港：道风书社，1996；G. Senger，《形而上学的语文》，见 K. Jacobi 编，
《论尼古拉·库萨》，München，1979，页 74 以下；E. Jüngel，《隐喻与神学》，见
《道风：汉语神学学刊》，7（1997）；E. Jüngel，《隐喻的真实》，见氏著，《相
契》，前揭，页 103 以下。

下面这样一件事情的理解就会变得清楚起来：为什么现代西方思想格外关注思想与语文的基本关系？回答看起来并不困难：因为对实在——尤其所谓终极实在——的理解出现了现代性分裂。

　　如果人们看到这一现代性分裂的一个重要面相，问题就马上变得不那么简单了：近代以来，西方思想不断想从基督上帝的话语秩序中抽身出来。据解构思想家说，上帝的言说通过圣灵刻写在人的心灵中的语言具有"逻格斯的特权"，由一个秩序的隐喻支撑起"一种永恒的真理"。这种"永恒的真理"就是尼采所说的那个对于欧洲民众而言就是基督教的柏拉图主义的欺骗，它作为上帝的话语必须被抹去，以便人可以书写自己的语言。柏拉图主义不就是一种希腊语的基督神学语文吗？基督信仰当初不正是盗用了这个（希腊）民族性的语文吗？不正是用基督上帝取代了柏拉图的造物神吗？希腊教父克莱门（Clemens）、俄里根（Origenes）等为了使基督思想在希腊语思想域中确立起来，采纳了新柏拉图主义为基督神学的语文框架，开基督思想希腊化之先河，以至于后来不断有人抱怨其后果是抹杀了基督信仰体验的新异性："随着异教徒教会的扩展，以及在与诺斯替和其他教派的斗争中，基督徒们迫切要求在概念上确定某个固定的学说内涵，新的上帝体验和世界体验就不得不在希腊哲学的概念结构的牢固大厦中去占一席之地，而不是从自身建立一座完全适合自己的新大厦。"①

————————

　　① 舍勒，《爱的秩序》，前揭，页19。亦参 A. von Harnack，《教义史》，前揭。

如今，这个基督教化的柏拉图主义传统被看成"由自然和上帝的文字组成的书，特别是在中世纪。在这些话语中作为隐喻而起作用的一切都确证了逻格斯的特权，发现了'原初的字面'意义，然后又被给予文字：意指某一能指本身的某一符号本身，意指一种永恒的真理，在与在场的逻格斯接近中被永恒地思考和谈论"（德里达）。对于解构的思想家来说，终极实在的现代性分裂意味着，那由上帝的隐喻命名的自然和普遍的书写应该让位给感性的、过去被看成"偶然性体现的存在伎俩或某种有限生物的狡猾"书写："符号和上帝有相同的出生时间和地点，符号时代一定是神学时代，这个时代也许从未结束过。然而，它的历史末日也被规划好了。"① 无论是当初基督教信仰借希腊思想语文的表达，还是如今的分离，都表明希腊语的基督神学是否可能从来就是一个问题。

这种要动摇基督上帝话语的企图不是新的——甚至不是尼采才有的，在克尔苏斯就有了。据现代人说，克尔苏斯就是2世纪的尼采，他已经看到，基督教信仰进入希腊语文必然导致希腊思想的"大理"破裂。② "汉语"土生土长地就是"中国之大理"的体现，基督教思想成为"汉语"的，导致汉语思想的"大理"破裂何足为奇？基督事件（上帝的话语）与任何原初的民族性思想及其语文经验的关系都是紧张关系，基督事

---

① Jacques Derrida，《书的死亡、写作兴起：苏格拉底从不动笔》，尚杰译，见《哲学译丛》，1995 年第 51 期，页 44 – 45。

② 参 Friedrich Wilhelm Korff, Vorwort zum wahren wort des Celsus（《克尔苏斯的真言》），见 Celsus, *Gegen die Christen*（《反基督徒》），München，1984，页 9 – 45。

件对人类的民族性思想不仅过去是、现在是、将来仍是闻所未闻和不可思议的信息，任何民族性思想语文要转向基督事件，都会发生根本性分裂。基督事件的福音消息带来的人的生存体验结构之转变，是"绝无仅有的人类精神的革命"，是生存意义认识上"完成的一次彻底的转向"。①

基督事件引起早已经胀满民族性神话想象的乳汁的思想体系强烈抵触，毫不足怪。早期希腊教父和拉丁教父在描述基督身位时的分歧以及语词上的惶惑，既是人的神学言说的天生局促，也反映出犹太—希腊—罗马民族性思想语文的裂变。②

保罗早就清楚地说过，十字架的信息不仅与东方的智慧——犹太人的智慧，而且与西方的智能——希腊的智慧相抵触：

> 上帝运用他的智慧，使世上的人不能够凭借他们自己的智慧去认识他；相反地上帝决定，借着我们所传那"愚拙"的信息来拯救那些信他的。犹太人要求神迹，希腊人寻求智慧，我们却宣扬被钉十字架的基督。这信息在犹太人看来是侮辱，在外邦人看来是荒唐。可是在那些蒙上帝选召的人眼中，不管是犹太人或外邦人，这信息是基督，他是上帝的大能，上帝的智慧。(《哥林多前书》1：21－24)

---

① 参舍勒，《爱的秩序》，前揭，页18－20，以及页191以下。
② 参凯利，《早期基督教教义》，康来昌译，台北：中华福音神学院出版社，1988，页80－92；M. Werner，《基督教义的形成》，Stuttgart，1959，页127－161；Von A. Adam，《教义史通论》卷一，Gutersloh，1965，页92－105；A. Sacchi，《保罗思想中的犹太影响和希腊化影响》，见陈村富编，《宗教与文化论丛》，前揭，页66以下。

儒家要求成仁，道家寻求得道、佛家追求佛陀的圆融，这些思想的语词带有自身的信仰特性，如果十字架的基督对于它们来说是侮辱、荒唐、愚拙，又有什么值得奇怪？奇怪的倒是，汉语神学竟然想修改侮辱、荒唐、愚拙，以便合儒家成仁、道家得道、佛家圆融的口味。

据叔本华说，19世纪有个德国汉学家声称，"在中国、在汉语中，找不到一个词来表达神的神学概念"。显然，这不等于汉语思想中没有自己关于神、上帝或神性的终极之在的言述。神性的终极之在可以有不同的名称，佛教的"空"、道家的"道"，乃至儒教神秘主义的"天道"，都指涉"终极实在"。① 尽管如此，那位德国汉学家（也许他原本就是传教士）的话的意思是，按西方的神学理解，神学是关于基督上帝的理性化言说，"上帝""神"或终极之在是神学的主词，但并非任何关于"神"的言说都可称为神学。关于"神"的言说只有在形成一套理性化的知识系统时才成其为神学，即理性之言说与神话（或者关于神的想象）的结合。②

------

① Karen Armstrong，《神的历史》（蔡昌雄译，台北：立绪出版公司，1996）详细讨论了三大一神宗教——犹太教、基督教、伊斯兰教的"神"的观念史，并与印度教、佛教和柏拉图的"神"观比较。关于汉语思想中的"神"名的语源学分析，参刘翔，《中国传统价值观念诠释学》，上海：上海三联书店，1996。此外，中国民间宗教中有大量关于"神"的言说，参吕宗力、栾保群编，《中国民间诸神》，两卷，台北：学生书局，1991。
② 参Ernst Troeltsch，《神学和宗教哲学中的逻格斯与神话》，见特洛尔奇，《基督教理论与现代》，前揭，页119以下；Gerhard Ebeling，《神学的概念史》，见《历史与现实中的宗教［百科全书］》（RGG），第三版，前揭，页754以下。

　　这种说法马上会让人想起所谓西方中心主义的神学定义。民间诸神的知识也许谈不上理性化的知识系统，但如韦伯已经说过的那样，基督教、犹太教、印度教、儒教、道教都是理性化的重整世界的知识系统，不同的只是它们对于世界的态度的方向。

　　如此说来，实际存在古希腊神学、古罗马神学、印度神学（印度教、佛教）和中国神学（儒家、道家）。① 拿儒教来说，西汉今文经学（董仲舒）把民族生成史（《春秋》）说成天道的体现，以《春秋》为代表的五经被传言为内蕴天道，其神学体系的优美已堪与希腊化犹太教神学（斐洛［Philo］）相比，近百年来，现代儒教士就是在这个体系的基础上不断提出新的儒教思想体系。至于道教，南北朝时期的士人参与民间道教，改塑民众神仙知识，搞出了玄微幽隐的信仰知识体系，整理出道家的经教体系，不可以说是另一样态的中国神学？② 如果按康熙皇上的理解，汉语神学难道不应该是这种儒教和道教的神学？如果基督神学成为"汉语"的，"神学"这个词与土生土长的"汉语神学"的差异首先就在于其随身携带的终极实在不是儒教—道教的终极实在。但如果"汉语"本身据说不可能脱离儒教—道教的终极实在，"汉语基督神学"的表达就仍然是一个矛盾、一种不可能。

　　汉语基督神学的可能就在于这不可能，就在于对"汉语"

---

　　① 关于印度教与佛教的神学，参埃利奥特，《印度教与佛教史纲》卷一，北京：商务印书馆，1981。将儒教思想神学化尤见于当今的儒教士，参蒋庆，《公羊学引论》，沈阳：辽宁教育出版社，1995。

　　② 参卢国龙，《中国重玄学》，北京：人民中国出版社，1993，页19以下；汤一介，《魏晋南北朝时期的道教》，西安：陕西师范大学出版社，1988；李刚，《汉代道教哲学》，成都：巴蜀书社，1995。

的、由"天道"支撑的原初隐喻秩序的解构。汉语神学为了能理解上帝的话语必须对汉语思想施行的解构，就是汉语思想理解上帝话语的行动，就是汉语基督神学的历史的释义学问题——偏离自身原初的终极实在、转向上帝的话语本身就是认信基督的信仰事件。

基督神学的语文以一个历史地、个体性地发生的救恩传言为基础，这一救恩传言是一个后宗教事件：基督事件是在诸民族的神话体系和古代帝国的宗教体系圆满之后发生的，它势必与所有民族的神话体系和古代帝国的宗教体系发生根本冲突。一个民族及其思想认信基督发生在民族—帝国的宗教之后，是上帝的可能性，不是人的可能性。民族性神话想象和宗教秩序才是人的可能性，"宗教最后的可能性在人性的土壤里生长"，"宗教的界限是死亡线，这条死亡线使人类的可能性与上帝的可能性、肉与灵、暂时与永恒泾渭分明"。[1] 既然人的思想只可能在既有的思想语文的可能性中承纳上帝的话语，承纳的可能性本身就表现为既有的思想语文的危机——基督事件导致的危机。从危机中，民族的思想语文可能体认到民族生存中个体人自身的欠然罪性，并看到自身的欠然罪性恰是承纳上帝恩典的资格。

民族性思想语文的可能性及其危机，就是基督神学的历史具体的发生条件。因此，应区分具体民族—历史的基督神学与

---

① 参 Karl Barth，《罗马书释义》，前揭，页309。

理想型态的基督神学。① 任何具体的民族历史的基督神学都并不等于理想型态的基督神学——上帝的话语本身，只有上帝自己拥有其理想型态的神学，任何民族—历史中的基督神学都是受民族性语文经验规定的历史具体的思想表达，因而始终是危机中的神学。正如挚爱是基督上帝的品质，并不等于历史中的基督教会或生活中的基督徒都完美地体现了其应该体现的挚爱。民族—历史的基督神学以上帝亲身的历史启示（基督事件）为前提，民族—历史的思想语文经验是民族—历史的基督神学发现其可能性的深渊。

基督事件

基督神学（理想型态）

（历史型态）希腊语神学——拉丁语神学——欧洲各民族语文的神学——汉语神学

就基督神学的理想型态与历史型态的垂直关系（信仰关系）而言，汉语基督神学与其他历史中的神学的关系是共在关系。闻道无先后，历史中的诸基督神学是信仰性思想事件，共在关系达成基督思想语文经验的共同积累。就汉语基督神学

---

① 孟德斯鸠的社会哲学思想已尝试运用理想型的分析方法，以便从现有的多样性历史材料中抽出某种逻辑建构。韦伯的社会理论完善了"理想类型"的分析方法："理想类型不是对现实的描述，而是把某种特定现象的本质属性而非一般属性加以集中的理性构造。"参斯温杰伍德，《社会学思想简史》，陈玮、冯克利译，北京：社会科学文献出版社，1988，页12，尤其页149以下。

的可能性而言，并没有所谓中国化问题。基督神学的中国化问题看起来源于这样的实情：汉语基督神学出现之前，西欧各民族语文的神学已经有相当的积累，"西方"的基督神学不可避免带有其民族语文性，基督神学的中国化就是要摆脱基督神学的"西方性"。

基督神学的中国化问题，基于如下论点：基督神学是西方的神学。这一论点虽然长期支配着中国知识界和神学界，却是一个基本误识，它是现代化过程中民族国家政治文化语境的产物。对汉语基督神学的可能性而言，根本问题是汉语思想自身与理想型态的基督神学的垂直关系，即汉语思想语文经验如何承纳、言述基督事件和认信基督。汉语基督神学在经过数百年延误之后必须考虑其言述的重新奠基：从本色化或中国化的思维框架中走出来，直接面对基督事件。

转向基督上帝的话语对于汉语思想意味着什么呢？是从汉语思想的原初隐喻秩序中找寻基督信息的类比吗？基督事件是上帝的救恩行动亲自定位的自我在场，是所有神学言述的最后指涉，超逾了所有民族—历史的原初隐喻秩序。上帝的话语当然不是语言之外的，而是活生生的言说，是使所有历史中的书写都背负了罪名的圣灵言说本身。圣灵的言说为所有违背自己民族神话和（理性或非理性）宗教的言说者共同所有，是正式的、正当的上帝子民的团契共享的原初话语。没有圣灵语言的声音在场，所有认信的言语都会招致毁灭。圣灵的言说不可避免带有排他性力量，导致了人的——民族神话、国家精神的——语言的分裂和冲突。正是在人类民族神话和国家精神的这种分裂和冲突中，上帝的言说显出其充分的意义，并通过民族语言的纪录、传达、纪念转变成现实的生命力量。

　　在各种民族的语言即人的活生生的言语中，上帝的言说也进入了可能被扭曲的危机四伏的处境——所谓基督神学的本色化或中国化恰是这样的危机。所有历史中的基督神学都是上帝的言说在其中可能被扭曲的危机，汉语基督神学与历史中的其他基督神学——西方或东方的基督神学——的关系是危机中的历史的传承关系。闻道无先后，述道有先后，西方和东方的基督神学思想历史就是汉语神学自己的思想史前史，汉语神学必须进入这一历史，传承其多端的统绪。汉语神学的思想史开端当然在新约全书和希腊—拉丁教父，而非在六经和先秦诸子百家。将西方基督神学的语文经验完全看作西方的而予以排斥，很可能是汉语思想中的民族魂借助本色化施展的"理性狡计"。

　　从历史型态看，基督神学经历了原始语文（希伯莱语、古希腊语和拉丁语阶段）和传译语文（基督神学在现代民族性语文中的伸展）两个不同阶段。[①] 佛教的情形与此相似，佛教的原始思想语文是古典梵语、佛教混合梵语、巴利语，传译思想语文是藏语佛教、汉语佛教及日语佛教。[②] 原始语文经验建构起历史的

---

　　① 参 J. Barr，《圣经语言的语义学》，Oxford，1961；A. N. Wilder，《末世论与福音书的言说模式》，见《时间与历史：Bultmann 纪念文集》，Tübingen，1964，页 19 – 30；W. Schneemelcher，《古代教会中的语言问题》，见同一作者编，《神学与教会中的语言问题》，Tübingen，1959，页 55 – 67；A. Harnack，《教义史》卷一，Tübingen，1986；Chr. Mohrmann，《基督教拉丁语研究》卷一，Rom，1961；希伯莱语和希腊语及其思想的分析研究，参 Th. Bomann，《希伯莱语思想及其与希腊语思想的比较》，Stuttgart，1959。

　　② 参吴汝钧，《佛学研究方法论》，台北：学生书局，1983，页 14 以下；梁晓虹，《佛教词语的构造与汉语词汇的发展》，北京：北京语言学院出版社，1994，页 127 以下。

基督神学的原始型态，经历了从单纯福音（基督事件）向福音传言（诸使徒和初代教会）的转换。基督神学的早期和中古期历史型态主要在希腊和拉丁思想语文的织体中发展起来，基督神学的丰硕无可否认地借助于希腊—拉丁语思想自身的深厚资源，同时，基督事件对希腊—拉丁语思想的冲撞也拓宽了其思想经验的维度。近代以来，随着民族国家的生成和扩展，基督教思想向传述阶段转型，基督神学向更多的民族性语文扩展，圣灵的言说征服了更多的民族性原初话语秩序。路德的圣经德语不仅是现代德语的典范——"与路德的《圣经》相比，几乎所有的其他一切都不过是印刷品"（尼采），而且给圣经理解带来新的思想经验。当 19 世纪末出现现代的所谓知识分子时，梅烈日科夫斯基说：他们"还没有与基督同在，但基督已经与他们同在了"。[①]

汉语基督神学处于基督神学的传述阶段的历史型态。与德语、法语、英语等民族性思想语文相比，汉语思想语文的历史资源远为深厚，与犹太—希腊—拉丁语一样，一早形成了一整套与语文之结构特性相关的思想经验，以把握世界和历史的基本意义。"在一个民族所形成的语言里，从人们对世界的看法中产生出了最合理、最直观的词，而这些词又以最纯粹的方式重新表达了人们的世界观，并且依靠其完善的形式而能够极为灵便地参与思想的每一组合。"[②] 汉语思想极为丰富的语文经

---

① 俄国东正教思想家亦强调俄语及其思想特性对基督神学的意义，参布尔加柯夫，《东正教》，董友译，香港：三联书店，1995。

② Wilhelm von Humboldt，《论人类语言结构的差异及其对人类精神发展的影响》，姚小平译，北京：商务印书馆，1997，页48。

验迄今为止尚未像古希腊语和拉丁语思想那样，经历彻底的基督洗礼——或因基督事件导致的根本性分裂，更谈不上转身成为基督思想经验的言述。汉语思想的语文行态与古希腊语和拉丁语不同，没有历史的中断，只有历史的衍化。[①]　看起来，"汉语"的历史延续性恰恰反映了其原初思想话语秩序的延续性——经学史就浓缩了汉语思想与语文经验的极为丰富的延续性。然而，即便在这种没有中断的历史转变中，也发生过因为信仰事件（信佛）导致的思想转变和语文的更新。如今，汉语基督神学就处于这样的历史时刻。

民族性思想的语文经验之共同织体（个体只能在其中思想）与基督事件的精神性相遇，自然会形成基督思想的民族性语文表达。

基督神学是对上帝话语的信仰性理性反省和言述，这种反省和言说作为认信事件发生在具体的民族——历史的语文经验中，从历史型态来看，不外两种基本样式：要么以民族语文既有的思想体系及其言述概念来建立基督神学，要么在既有的民族性思想体系以外寻求认信基督的生存经验的语文表达。汉语思想与希腊语思想及拉丁语思想一样，原已积累了丰厚的民族性思想资源，如早期和中古神学家用新柏拉图主义和亚里士多德的思想体系及语文经验来建构基督神学一样，从第一批士大夫神学家到当今，不少汉语神学人前仆后继以儒家、道家或中国佛学的思想体系融糅西语的基督神学来表达基督认信，效法汉语中古思想者用儒、道概念来传释佛教思想，所谓从"中国思想的背景来斟酌处理基督教"，要"承袭孔、孟、老墨、

---

① 参王力，《汉语史稿》，上册，北京：中华书局，1980，页 20–44。

朱子、王阳明的适宜思想来建构那更配合炎黄儿女脾胃的中国神学"（谢扶雅）。[1] 借用康熙皇上的说辞，不妨称这种基督神学建构方式为民族大理式的。

自从德尔图良发出"雅典与耶路撒冷有何相干"的吼声后，出现了反民族大理式的——反理性形而上学化或反希腊化的——基督神学样态，拒绝采纳既有的民族性思想体系来理解和阐释基督事件，而是突破民族性思想体系和宗教传统，直接从生存语言出发表达对基督事件的认信。[2] 这种可称为在体（ontic）释义式的基督神学的建构方式，打破了民族性语文与民族性"大理"看似牢不可破的原初结盟和同体关系，导致民族性思想语文的原初秩序破裂。从基尔克果到舍斯托夫、布尔特曼的所谓生存神学和巴特、布鲁纳的辩证神学传承了经过路德传回的德尔图良的声音，仍然坚持打破基督信仰的体验与民族性大理的神学关联，甚至想要拆除大理式的形而上学，以便让生存性的言说直接呈露。

---

[1]　参戴密微，《佛教和道教的诺斯》，见崔瑞德、鲁惟一编，《剑桥中国秦汉史》，杨品泉等译，北京：中国社会科学出版社，1992，页 903 以下；汤用彤，《论格义》，见汤用彤，《理学·佛学·玄学》，北京：北京大学出版社，1991，页 282 以下。参谢扶雅，《基督教与中国思想》，香港：基督教文艺出版社，1971，页 6 及 308；刘小枫编，《道与言》（上海：上海三联书店，1994）中的部分文章。

[2]　参德尔图良，《护教篇》，香港：道风书社，1999；W. Glawe，《基督教与希腊异教的关系》，Berlin，1913；J. Hessen，《柏拉图主义与先知主义：对古典精神世界与圣经精神世界的结构性比较研究》，München，1955，页 216 以下；刘小枫，《走向十字架上的真理》，前揭，页 30 以下；E. Brunner，《上帝与人》，Tübingen，1930，页 8 以下；F. K. Schumann，《上帝思想与现代的崩溃》，Tübingen，1929，页 322 以下；当代神学仍然未忘记拒斥柏拉图主义，参 Ernst Jüngel，《死论》，林克译，香港：三联书店，1992，页 57 以下。

　　无论柏拉图主义抑或亚里士多德主义言路，还是儒家心学、道家无学或佛家空学言路，都是已成系统的关涉世界及生存状态及其意义的"大理"，这些"大理"论说与基督事件带来的福音信息和基督徒的生存体验根本上不相容。在原初的生存状态及其意义的体验结构中，而非在原初的民族性"大理"中，基督事件的福音消息直接与人的原初性生存体验相遇，才可能建构出超越原初的民族性"大理"的、属于基督理解的生存叙说——在体性的基督论（ontic - christological）的生存体验和意义言说。基督事件的福音消息是对个体的原初性生存体验而诉说，基督上帝的"道"要接济的是民族历史中的个体生命，而不是民族性的"大理"；对基督事件的理解，当植根于个体直接的原初生存经验，而非植根于民族性世界观和人生观之中；基督神学当是上帝之言与人之生存经验的相遇，而非与民族性思想体系相遇的结果。

　　大理式的基督神学在西方和汉语的神学思想历史中当然均已有丰富的积累，尽管如此，我仍然要选择在体释义式的基督神学，而拒绝大理式基督神学。大理式的民族性思想都是异教的桂冠，基督的神学不需要这样的桂冠来加冕。生存释义性的汉语基督神学的建构基础，不是基督事件与既有诸民族性"大理"（无论犹太教、古希腊神教、罗马自然神教抑或儒道"天道"思想）或现代种种"主义"式"大理"的融糅，而是与处身于民族语文织体中的个体性原初生存经验的相遇。

　　这并非是说，绝不可采纳儒道释或西方古代—现代哲学的术词，而是拒绝种种出于人的可能性的"大理"式思想体系。采纳作为个别语词——如"道"以释上帝之言，并不等于汲纳儒、道两家的道论，反倒可能是对道论的突破；采纳现代人文—社会科学的言述方式和知识性反省，并不等于汲纳种种主义式思想体系，反倒可能是对主义式思想体系的突破，尽管这样的采纳始终有陷入"大理"式思想体系的危险——蒂利希采纳"存在"语词而走向了存在本体论式的神学建构，宋泉盛采纳中国民间叙事，提出汉语故事神学的构想，其神学建构倒像是民间叙事的大理式叙事，赵紫宸的汉语神学尝试采用古典诗词的语文资源，一不留神就走进了钱穆视为中国历史上三大高人之一的陶渊明的寂静主义怀抱。问题关键在于神学思想的意向：生存释义性的汉语基督神学的意向呈现突破民族性思想语文系统，把积聚在其中的原初生存经验从民族性大理中剥离出来，以表建基督信仰的新体验结构。

终极实在的现代性分裂问题在浪漫主义以后已经变成了一个思想历史的解释问题，汉语基督神学的语文学问题首先是一个通过思想历史的解释展开的生存解释学问题，使汉语思想在不可能的解释中成为可能走近上帝话语的意志：走出儒教—道教的终极实在，与基督上帝的话语维系在一起。不可能中的可能意志是历史具体的信仰语言，基督神学作为信仰语言无可避免"不断地在传统语言和当代言语责任之间的张力中运动"（艾伯林）。如果基督神学的"汉语"之路离不开积聚古往今来汉语的个体生存经验的思想语文，那么，汉语基督神学就是汉语思想作为具体的民族语文在历史的信仰言述中的重生性解释，它使汉语思想亲身成为基督信仰的言说。

汉语思想已经不可能对所谓终极实在的现代性分裂袖手旁观，可汉语思想能理解这样的问题吗？如果能理解，就差不多已经能理解上帝的话语——抹去了上帝的话语，人的言说就没有那个可以依赖的终极实在。像德里达说的那样：所有人类的书写都是孤儿，没有永恒真理的父亲，所有人类的言说，都是随风飘游的隐喻——偶然的历史比喻，没有原初的所指——人的生活不再是一个能指，也无需有一个所指。

能成为孤儿，恰恰因为有一个失去了的父亲，孤儿的能指就在于他的丧失所指。[1] 美国精神似乎对自己的父亲——自然神论的上帝还表示孝顺，欧洲思想则想要寻回自己的生身父亲——民族性的神话"大理"，认信基督的汉语思想却坚定地要破碎民族性的"大道"，以便走近那个据说离中国人"很远"的精神——quod petis, hic est［你所寻的就在这里］。

"西方之教行之于中国，道之贼也"——我就是"道之贼"。

---

① 以为解构主义等于抹去了上帝话语的痕印，显然是肤浅的。持这种观点的人不妨读读 John D. Caputo 的 *The Prayers and Tears of Jacques Derrida：Religion without Religion*（《德里达的祈祷和眼泪：没有宗教的宗教》），Indiana Uni. Press，1997。

圣灵降临的叙事

——论梅烈日柯夫斯基的象征主义

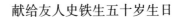献给友人史铁生五十岁生日

　　只有音乐能感动我，能使我去追思实际生活中没有发生过的事情。……什么时候，我才能弹奏我经常听到而稍纵即逝的东西呢？

——吉皮乌斯

　　据搞文化史研究的专家说，象征主义在俄国的出现，标志着俄国现代主义的诞生。[①] 可是，按今天的眼光来看，俄国的象征主义像是"现代主义"批判，认真说来该算是后现代主义的诞生。梅烈日柯夫斯基的"象征主义"就是一个例子。

　　梅烈日柯夫斯基（Dimitrij Sergeevic Mereskovskij, 1866—1941）二十出头步入文坛时是个诗人，后来成了开一代精神风气的思想人物。这个人通常被看作俄国象征主义文学的先驱之一：1893 年，梅烈日柯夫斯基发表了《论俄国现代文学衰微的原因及各种文学新潮》，"试图解释象征主义学说"。仅从题目来看，梅烈日柯夫斯基的这部"评论文集"就是批判现代主义的。但文化史家说，这部文集是俄国现代主义文学的宣言书。[②]

　　梅烈日柯夫斯基是多产作家，写诗、小说、剧本、评论、

---

　　① 参 Christa Ebert, *Symbolismus in Russland*（《俄国象征主义》），Berlin 1988，页 18 – 19。

　　② 梅烈日柯夫斯基在俄国现代主义文学和思想发展过程中的先驱作用，参别尔佳耶夫，《俄罗斯思想》，雷永生、邱守娟译，北京：三联书店，1995，页 215 – 222；西人兰珀特所撰《俄国现代主义》一文对梅烈日柯夫斯基的描述（见布雷德伯里、麦克法兰编，《现代主义》，胡家峦等译，上海：上海外语教育出版社，1992，页 115 – 116）轻浮、平泛，不得要领。

散文（游记、书信）样样在行，还翻译过古意大利小说、古希腊悲剧。但如果梅烈日柯夫斯基仅仅是作家，至多不过算天才文人辈出的所谓"白银时代"中的一位才子罢了。梅烈日柯夫斯基的主要著作是小说体人物传记和传记体思想评论，这些所谓"历史小说"和传记体"评论"不仅占有详实的史料，有丰厚的学问功夫，而且明显在表达某种哲学—神学思想，并非单纯的文人写作。无论就文学评论还是小说叙事而言，梅烈日柯夫斯基的传记写作都不同寻常。

如果梅烈日柯夫斯基的传记写作写的都是俄罗斯历史中的人物，就像某些汉语作家写孔子传、孟子传或李自成、曾国藩传，也不会让人觉得有什么特别。梅烈日柯夫斯基笔下的传记人物除俄国作家和俄国历史上的君王外，好多是西方历史上的精神人物（达·芬奇、奥古斯丁、圣方济各、路德、加尔文、但丁甚至耶稣）。①从这些传记的文体来看，的确可以说梅烈日柯夫斯基在写小说和评论；但就其小说叙事和文学评论融化了大量哲

---

① 《基督与敌基督》是梅烈日柯夫斯基的第一部大型三部曲象征主义小说，其中的两个主要人物是西方的。描写达·芬奇的《诸神复活》为其中的第二部，40年代初已有中译本（绮纹译），北京三联书店1988年重版；近年来，其中的另两部也有了中译本：《诸神死了：叛教者罗马大帝尤里安》（附有梅烈日柯夫斯基的《自传随笔》节译和《1911—1913年版全集序言》），《反基督：彼得大帝和皇太子》（刁绍华、赵静男译，黑龙江人民出版社，1998）。也许，三部曲中最重要、对我们来说可能也最有趣的，是记叙搞改革开放的彼得大帝的第三部《反基督》。

近年来刊行的梅烈日柯夫斯基传记小说中译本还有：《路德与加尔文》（杨德友译，上海：学林出版社，1998）、《但丁传》（刁绍华译，沈阳：辽宁教育出版社，2000）。梅烈日柯夫斯基最著名的传记体评论是多卷本的《托尔斯泰与陀思妥耶夫斯基》（杨德友译，沈阳：辽宁教育出版社，1999，系节译）。凡引以上著作，仅注书名（或篇名）及页码。

学—神学研究而言，梅烈日柯夫斯基又像在写宗教哲学论著（梅烈日柯夫斯基也写文论、政论甚至神学论文，无不带有文人气）。[①]一位俄语作家几乎用自己的毕生精力研究众多西方的精神人物，然后用小说叙事和文学评论的方式展示这些人物的灵魂经历，似乎要走向某种西方精神，难道这就是所谓俄国文学的象征主义转向？

梅烈日柯夫斯基不仅是作家、诗人，也是 19 世纪末至 20 世纪初俄国知识界出现的精神更新运动的主将，三个"宗教—哲学社"中最大的"彼得堡宗教—哲学社"（另两个是"莫斯科宗教—哲学社"和"基辅宗教—哲学社"）的中心人物。倘若梅烈日柯夫斯基仅仅是个文人，仅有会讲故事的语言才华，却没有学问、思想贫乏，那他怎么可能在"宗教—哲学社"这样的圈子里成为人物？

梅烈日柯夫斯基如果也是有学问的思想家，他提出的象征主义就不会仅是一种文学主张，更有可能是一种思想主张。思想论述采用小说叙事和文学评论的方式，并非出于文人考虑，而似乎是因为"市井俗人喜看理治之书者甚少，爱看适趣闲文者特多"（曹雪芹语），所以要让理论或思想性的东西读起来轻松易懂（象征主义的叙事读起来易懂？）。只要梅烈日柯夫斯基算俄国象征主义中的一个人物，俄国象征主义就并非仅是一场

[①]　近年刊行的梅烈日柯夫斯基文集中译本有：《永恒的旅伴》（傅石球译，上海：学林出版社，1999）、《病重的俄罗斯》（李莉、杜文娟译，昆明：云南人民出版社，1999；其中包含梅烈日柯夫斯基的另一部文集《未来的小人》）、《先知》（赵桂连译，北京：东方出版社，2000）。凡引以上著作，仅注书名（或篇名）及页码。

文学运动。象征主义运动几乎与精神更新运动同时出现并交织
发展，但作为文学流派的象征主义似乎在 1909 年就过去了。
1928 年，象征主义女作家彼得罗芙斯卡娅开煤气自杀，诗人
霍达谢维奇写了篇纪念文章《列娜塔之死》。按这位同时代诗
人的说法，象征主义作为文学的时代精神，不过是 1903 年到
1909 年一段时间的"抒情即兴曲"，领了几年风骚而已。据这
位诗人说，这并没有什么好奇怪，因为，象征主义诗人要么是
些"僧人"、要么是些"吝啬的骑士"，最终"纷纷死于精神
的饥饿——死在装满各种感受的袋子上"。①

　　这话用在勃留索夫一类象征主义诗人身上，还算合适；如
果用在梅烈日柯夫斯基这样的象征主义代表人物身上，就离谱
了。梅烈日柯夫斯基的象征主义与精神更新运动一起，经历了
近半个世纪。十月革命以后，这场精神运动从俄国流亡到西欧
——以巴黎为中心，一直持续到践行精神更新的一代人相继去
世。1941 年，梅烈日柯夫斯基并非死于精神的饥饿，而是精
神的劳累（写完《但丁传》之后）。②

---

　　① 参霍达谢维奇，《大墓地》，袁晓芳、朱霄鹏译，上海：学林出版社，
1999，页 1 – 14。

　　② 十月革命后，梅烈日柯夫斯基流亡西欧，1941 年客死异乡巴黎。在流亡
的十余年间，梅烈日柯夫斯基著述不辍，其主要著作的西文译本流传比俄文本更
广（有些著作的西文译本直接从手稿迻译，如长达 1200 多页的传记体小说"耶稣
三部曲"的后两部——《来临者耶稣》和《死与复活》）。90 年代初笔者在巴塞
尔旧书店搜寻所得，均为当年的初版。关于梅烈日柯夫斯基丰富多彩的一生，与
其共同生活五十余年的妻子、诗人吉皮乌斯 – 梅烈日柯夫斯卡娅的《梅烈日柯
夫斯基传》（施用勤、张以童译，北京：华夏出版社，2001）有剪影式的描述，
亦参徐黎明，《宗教性的种子：梅烈日柯夫斯基与俄国"新基督教运动"》，见
《道风：基督教文化评论》（香港），13（2000），页 203 – 225。

　　象征主义作为一个文学流派与作为一种思想是有分别的。当年以"阿克梅派"代言人身份出来挑战象征派的诗人古米廖夫也承认，象征主义曾"令俄罗斯出版界的野兽们即使不尊重［传统中］伟大的名字和思想，至少也会在他们面前感到恐惧"，至于它"作为一个文学流派是否应该存在下去"，则是另一回事。① 别尔佳耶夫在回顾 20 世纪初俄国思想的嬗变时说过，法国象征主义仅是文学思想的突破，俄国象征主义更是社会思想的突破。在《论俄国现代文学衰微的原因及各种文学新潮》的讲演中，梅烈日柯夫斯基明明说：

　　　　从失掉灵魂的实证论迈向神性的理想论，在宗教和哲学上与不可认知者和解的时代来临了……社会小说和市民小说不堪卒读、令人厌倦；必须在诗和散文中去寻求表达，诗和散文打开了进入永恒的门扉。只有一种文化是真实的，这就是寻求上帝的文化，只有一种诗是真实的，这就是象征主义的诗。②

---

　　① 参见古米廖夫《诗的生命》，见王守仁编，《复活的圣火：俄国文学大师开禁文选》，乌兰汗等译，广州：广州出版社，1996，页 13；古米廖夫对象征派的批评，参其《象征派的遗产与阿克梅派》一文，亦见《复活的圣火》，页 19 - 23；关于作为文学流派的象征派，参见勃留索夫，《自传和回忆录》，朱志顺译，上海：学林出版社，1999，页 88 - 98；勃洛克，《关于俄国象征主义的现状》，见氏著，《知识分子与革命》，林精华等译，北京：东方出版社，2000，页 125 - 140。
　　② 梅烈日柯夫斯基，《论俄国现文学衰微的原因及各种文学新潮》，引自 Fedor Stepun, *Mystische Weltschau: Funf Gestalten des russischen Symbolismus*（《神秘的世界观：俄国象征主义五杰》），München，1964，页 7 - 8。

很清楚，这不仅是文学宣言，也是思想宣言。这一"宣言"提出"寻求上帝的文化"，正值晚期俄罗斯帝国现代化的社会转型期，各种革命思想暗流涌动；如果革命思想是现代的，"寻求上帝的文化"的象征主义是不是就应该看成后现代的呢？俄国象征主义运动与晚期俄罗斯帝国最后二十年复杂、剧烈的思想冲突中出现的宗教精神更新运动迭合，引出了一个值得探讨的问题：作为一种社会思想，俄国象征主义的思想史（而非文学或批评史）意义是什么？

本文来探讨这一问题，并非要为我国学界的俄国文化研究提供另一种可能性，似乎想提请俄国思想史研究关注文人，或提请俄国文学史研究关注哲学和宗教。这里的问题旨趣属于中国现代思想史：如果俄罗斯思想在进入现代性的惶惑旅程时产生出既令人惊异、又让人困惑的精神突进，在民族的和西方的思想基础上深入到现代性问题引致的人类精神困惑深处，遭遇过相同命运的现代汉语思想刚好可以把俄罗斯现代思想作为自己的一面镜子。

十月革命前，俄国象征主义精神就已经传到西欧，对欧洲现代思想产生了相当广泛的影响——德语神学家巴特的《〈罗马书〉释义》（1919）多次引用梅烈日柯夫斯基，就是例证。十月革命后，在苏联"无产阶级专政"的文化政局中，宗教精神更新运动被视为"反动思想"，象征主义精神当然没有可能持续下去。不过，在十月革命精神传入中国的同时，俄国象征主义也传到中国。事实上，革命精神与象征主义精神在三四十年代曾经争夺过中国知识人的灵魂（《诸神复活》初版［1941］的"译者序"说，梅烈日柯夫斯基"在旧俄时代与高尔基齐名"）。了解思想史的人都清楚，晚期俄罗斯帝国时代已经发生过类似的争夺知识人灵魂的思想冲突。与后来在中国知识界发生的情形一样，象征主义精神在这场思想冲突中彻底失败，许多知识人（包括作家、诗人）的灵魂被革命精神领走了。

象征主义精神真的失败了？新宗教文化运动宣称自己是一场"内在的精神革命"，这场精神革命发生在激进的社会革命之前，两个革命之间有没有什么社会思想上的关系？评价曾经有过的某种思想的历史意义，恐怕不能仅从社会功利角度着眼，不然，又该如何看待在苏维埃文化制度中残喘的新宗教文化精神（帕斯捷尔纳克、阿赫玛托娃、巴赫金）？[①]何况，当激进民主主义的社会革命诉求弥漫文化思想界时，有些知识人转向个体性宗教想象是否要不得，还是一个问题。

引入兴味的思想史问题因此并非是：为什么象征主义精神必然失败。通过思索历史中出现的思想事件，思想史提出的问题毋宁是：难免遭遇历史迷乱的个体精神究竟应该在哪里找到自己的家园。

从思想史角度探讨俄国象征主义，至少可以问这样一些问题：在斯拉夫文化派与西欧文化派对立、自由主义与社会民主主义冲突的思想格局中，精神更新运动的历史含义是什么，"寻求上帝的文化"与"象征主义的诗"、新的宗教精神与社会民主革命精神及自由主义精神是什么关系？

梅烈日柯夫斯基虽然通过小说叙事讲了好多神学思想，却

[①] 巴赫金在汉语学界尽管声誉卓著，其思想中的基督教精神因素却很少受到关注。巴赫金与精神更新运动的关系，参见 Katerina Clark/Michael Holquist，《巴赫金》，语冰译，北京：中国人民大学出版社，1992，页150–179及页303以下。

不是教会神学家，而是自由知识人。近两百年来，作为自由知识人的基督思想大家代不乏人。就富于文人气质的大思想家而言，梅烈日柯夫斯基之前有基尔克果、之后有薇依。前者属于新教背景，后者属于大公教背景，梅烈日柯夫斯基则有东正教背景，尽管他们没有哪一个真正属于这些教派，算不上正统的教派思想家、甚至正统的教徒。如果自由知识人式的基督教思想不是个别的现代文化现象，这一现象与现代性批判或所谓后一现代精神有什么关系？

值得搞清楚的问题最终是：在梅烈日柯夫斯基那里如果有一种所谓自由的"基督精神"，其含义究竟是什么？

"神圣的泥土"、"内在的流浪汉"与小说类型

表面看来，俄罗斯帝国最后二十年社会演变的基本格局与晚清帝国有些相似：尽管帝国政府推行了一系列君主立宪的政治改革，最终还是没能避免激进民主主义的社会革命。自1861 年解放农奴法令以来，沙俄帝国统治者不遗余力改革地方行政、司法制度、教育体制乃至军事体制，比晚清戊戌事变之后的改革早不到半个世纪。但俄罗斯帝国并未很快变得强盛，同样尝到过像中华大帝国那样被一个东亚小国战败的国耻滋味。资本主义工业化和带有自由主义趋向的立宪改革导致的社会混乱，也使得知识人十分不满国内的政治—社会状况，不满改革后的帝国作为现代民族国家在国际竞争格局中的地位。正是在这样的现实历史处境中，思想界极度分化，社会思想冲突迭起，社会革命顺时而兴。

晚期俄罗斯帝国从现代化改革转向现代化革命，必然还是偶然？

如今，不仅俄国学界、甚至汉语学界也在问这样的问题。[①] 不管怎样，晚期俄罗斯帝国思想状况之复杂，与晚清帝

---

① 关于俄国革命，参山内封介，《俄国革命运动史》，卫仁山译，上海：太平洋书局，1928，卷五；当今的历史学—社会学—政治学研究，参安启念，《东方国家的社会跳跃与文化滞后：俄罗斯文化与列宁主义问题》，北京：中国人民大学出版社，1994；苏文，《传统、改革与革命：1917 年俄国革命再认识》，见《二十一世纪》，1997（5）；刘淑春、翟民刚、王丽华编，《"十月"的选择：九十年代国外学者论十月革命》，北京：中央编译出版社，1997。

国的思想状况实际上不可同日而语。俄罗斯的现代化进程得从彼得大帝的改革开放算起，西欧的现代思想早就进入了俄国知识界。[1] 如果康熙皇帝与罗马教廷的关系没有闹崩，他本人坚持把拉丁语学下去，中国知识界的情形可能就不同了。晚清时期，中国思想界才开始惶然面对西欧近代思想，而 19 世纪末的俄国知识界与西欧现代思想打交道已有两百年历史，启蒙后的各种"主义"早已成了俄国思想土壤中的肥料。

社会历史学家一般将晚期俄罗斯帝国的知识人分为三大类：改革派、保守派和革命派。[2] 这种划分可能过于笼统。民粹主义、无政府主义和马克思主义知识人都属于革命派，但相互之间似乎仍然有分别；属于改革派的自由主义阵营亦不统一，歧见纷扰——有启蒙主义者，也有反启蒙的现代主义者。新宗教精神运动的知识人大体上属于自由的改革派，却与启蒙理性的自由派或实证主义自由派没有多少共识。梅烈日柯夫斯基的象征主义思想既与革命派思想对立，也与保守派思想对立。如果我们稀里糊涂把各类自由主义者看成一伙人，不去辨析自由主义知识人的思想差异，对思想史的认识以至对汉语思想的认识可能都不会有什么长进。

梅烈日科夫斯基提出新宗教精神，当然意味着对旧的宗教精神不满。什么是旧的宗教精神？

表面看来，梅烈日科夫斯基针对的是传统的东正教正统教

---

[1] 参普列汉诺夫，《俄国社会思想史》卷 2 - 3，孙静工译，北京：商务印书馆，1990。

[2] 参 M. Raeff，《独裁下的嬗变和危机：俄罗斯帝国两百年剖析》，蒋学桢、王端译，上海：学林出版社，1996，页 160 及以下。

会。但正统教会与"社会小说"和"市民小说"有什么相干？所谓旧的宗教精神，一定另有所指。

梅烈日柯夫斯基提出"寻求上帝"的文化之前，即19世纪60年代以来，俄国思想文化中相当活跃的是民粹主义思想。民粹主义是对俄国化的德国思辨理性启蒙思想的反动：从别林斯基的转变，到车尔尼雪夫斯基、杜勃罗留波夫的文学批评，体现了这一思想的发展轨迹。民粹派指责资本主义工业化和城市化加深了农民的苦痛，带来种种新的社会罪恶，转而赞美农民德性、村社乡土性和所谓东方土地的道德传统。民粹主义并不反对现代化，仅仅反对资本主义式（等于西化）的现代化，主张走俄罗斯东方特色的现代化道路——基于俄国"村社"传统实现社会主义的现代化。

于是，民粹派提倡知识人"到民间去"，与农民相结合。

民粹主义"到民间去"的社会行动，与通过文学（尤其小说和特写）叙事和文学批评形成的民粹主义政治文化相辅相存。在当时影响广泛的作品《土地的威力》中，民粹派最出色的小说家乌斯宾斯基宣称，俄罗斯"黑油油、潮乎乎的土"有超历史的道德力量，是俄罗斯人民的根。他特别强调，这"土地""不是什么比喻的或者抽象的、寓意的土地，而是你以泥巴的形式粘在套鞋上从街上带回来的泥土"。

土地性被说成具有道义力量的人民性后，俄罗斯的"土地"就成了道德的表征。土地—人民—道德这一民粹主义的三位一体论，使俄罗斯"土地"及俄罗斯"人民"（特指农民）具有了反西化恶魔的精神力量。据乌斯宾斯基说，俄国农民若不离土，就能"肩负人间一切重担，为我们所热爱，替我们医治心灵的伤痛，就会保持其刚强而温顺的天性"。

> 饰演梅非斯特或恶魔的演员的面孔，只要被火光照耀，就会红光满面。我们的人民只要从头到脚、从里到外，全身都沐浴和浸透着土地母亲散发出的光和热，就会保持本色，就会具有理智和心灵的一切可贵品质，总而言之，就会保持他们的天性，甚至保持他们的原形。红灯一灭，恶魔的面孔就不再发红。使农民脱离土地，脱离土地带来的心事和利益，使他忘记"务农"，那么，俄国人民、人民的世界观、人民发出的热便不复存在。剩下的只是空虚的人体和空虚的器官。随之而来的便是空虚的灵魂，"完全的自由自在"，亦即杳渺的远方、无垠的旷野，可怕的"爱上哪儿就上哪儿……"①

如此思想和情绪可谓浪漫民主主义的俄罗斯版本，其中心观念是共同体的人民及其德性品质。俄国民粹主义是俄国马克思主义的前驱，两种"主义"在思想质地上相同，一如卢梭思想与马克思思想质地上相通。苏维埃政权的思想史也批判民粹派，也还晓得提到列宁对前期和后期民粹派的区别对待。

民粹主义在赞美农民性的同时，没有忘记赋予同农民相结合的知识人——乌斯宾斯基所谓"人民知识分子"——一种启蒙身位，宣称知识人的精神领导是土地性—人民性—道德性

---

① 乌斯宾斯基，《土地的威力》，见《俄国民粹派小说特写选》，上册，北京：外国文学出版社，1987，页 183 - 184。

三位一体的"另一个重要因素"。

> 人，即庄稼人，在从土地、从大自然中接受道德指南
> 时，有意无意把过多的丛林倾向，过多的幼稚的丛林兽
> 性，过多的幼稚的狼的贪婪带进了人类生活。……人民知
> 识分子恰恰把这种并非动物界和丛林界中信奉的真理——
> 而是上帝的真理——带到民间去。他们扶起被无情的大自
> 然抛弃、孤苦伶仃听任命运摆布的弱者。他们帮助——而
> 且总是以实际行动帮助——人们抵抗动物界真理的过分凶
> 残的进逼。（乌斯宾斯基，《土地的威力》，页195）

既然"人民"即德性，知识人没有德性，怎么又会掌握
着"上帝的真理"？"上帝的真理"当然是宗教的真理，难道
宗教的真理与"人民"的德性不同？

现在没有必要再来想通这一问题。总之，可以看到，民粹
派知识人并没有在"人民"面前丧失所有高贵的身份，在失
去德性后，还保有一种宗教身份，而且是启蒙式的——把
"上帝的真理到民间去"。从这一意义上说，民粹主义也是近
代启蒙思想的一种类型——与卢梭的启蒙精神有点儿像、而根
本不像英格兰启蒙精神的启蒙思想。如果民粹主义也可以算作
救亡精神，那么在民粹派知识人那里，救亡与启蒙是一回
事情。

这位有真理的"上帝"是谁？

显然是道德的启蒙精神信奉的新神，而非基督的上帝。既
然启蒙精神也是一种道德精神，而"人民知识分子"就是掌

握着"上帝的真理"的知识人，他们开启沉睡在人民身上的"人民性"，那么所谓"人民性"就不过是"人民知识分子"制造出来的一种想象的德性。尽管这种德性是想象的，却具有历史—政治含义，或者说是一种解决现实问题的政治方案："村社"社会主义的人世天国。

与俄国现代思想有渊源关系的伯林看得很清楚：民粹派社会革命家的情怀是宗教情怀，他们自视为献身道义和人民的革命教士——在人民知识分子的指引下，革命之火可以消灭独裁、剥削、不平等，然后从焚烧资本主义的灰烬中建立起一个自然、和谐、公正的社会，实现尘世天国。伯林还看出，民粹派的这个世俗版本的宗教想象，与受国家东正教压制的俄国旧教徒有深厚的渊源。旧教徒传统是在 17 世纪的宗教大分裂时期形成的，一向攻击国家化的东正教正统。[①]民粹派强调共同体的价值，似乎就是俄国旧教徒穿上了现代化的衣衫，成为有俄罗斯特色的现代革命派。

梅烈日柯夫斯基的新宗教精神针对的旧宗教，首先就是这种民粹主义的宗教。"想象的共同体精神"与也许同样是想象的个体自由精神的冲突，看来是晚期俄罗斯帝国文化思想界的基本张力结构。民粹派把"村社"共同体及其德性视为东方特色的现代化道路的基点，实际上并不具有多少精神的独创性，至多算创造性地转化了斯拉夫派的文化民族主义立场，而

---

① 伯林，《俄国思想家》，彭淮栋译，台北：联经出版公司，1987，页285。

斯拉夫的现代主义是早就已经有的了。① 民粹主义与斯拉夫主义的不同在于，是否要实现"村社"社会主义的现代化。

说民粹主义的社会小说是梅烈日柯夫斯基想要抵制的一种旧宗教还算通，难道"市民小说"也可以算作他想要抵制的"旧宗教"？

在民粹激情席卷知识界的时候，屠格涅夫冷静、旁观的小说叙事守护着市民精神的"最低纲领"，以"市侩气"对抗民粹激情，讥民粹派祭起的俄国农民德性为"羊皮大衣"，还让自己笔下小说中的这类民粹分子以自杀了结。屠格涅夫的小说堪称"市民小说"的代表，属于这种小说类型的代表还有契诃夫和高尔基。虽然就小说精神的精致和深度而言，这两位小说家都无法与屠格涅夫相比，但他们在精神气质上一致，而且在九十年代名气旺盛。

高尔基怎么能与屠格涅夫、契诃夫扯在一起，他笔下的"流浪汉"形象多么生动，哪里像"小市民"的样子？梅烈日柯夫斯基会不会搞错了？

在九十年代写的评论契诃夫和高尔基的文章中，梅烈日柯夫斯基分析说，这两位小说家可谓"俄罗斯中间阶层（人数众多、最具活动力的阶层）的知识分子之中间立场的表达者"。这个阶层的构成呈梯形结构，"阶梯的底部是契诃夫的知识分子；顶部是高尔基的流浪汉。他们之间有一列俄罗斯知识分子尚未看到、但却已经走在上面的台阶"（《契诃夫与高尔基》，见

---

① 我没有采纳伯林的见解，据他说，民粹主义有别于斯拉夫主义者，因为这伙人不相信俄国民族有何特殊的性格和命运。参伯林，《俄国思想家》，前揭，页 278–279。

《先知》，页 299，311）。

契诃夫的小说艺术以细腻见称，叙事带有"化繁复为质朴"的诗意。但契诃夫的小说精神是对"没有事件发生的日常生活"的感觉，这是他所属的那个"中间阶层"特有的。"契诃夫的主人公没有生命，有的只是日常生活"，只不过契诃夫对这种"没有事件发生的日常生活"的感觉特别细腻，能看到"隐秘的寻常物，并且同时看到寻常物的不寻常"（《契诃夫与高尔基》，见《先知》，页 304–305）。

至于高尔基，梅烈日柯夫斯基以为在小说艺术方面没有什么好说的，但他的小说精神却不可小视，因为，高尔基小说中"梦想成为大作家的流浪汉"说出了这个"中间阶层"的知识分子"心的喊叫"。梅烈日柯夫斯基看得清楚，"高尔基的流浪汉们尽管有着大众化的外表，内心却是贵族。普通百姓对于他们来说是贱民。他们对农夫的仇恨和蔑视恐怕不亚于对老爷的仇恨和蔑视"（《契诃夫与高尔基》，见《先知》，页 321）。说到底，高尔基笔下的"流浪汉"是"小市民"式知识分子的精神符号，所表征的不是经济贫穷，而是精神贫穷，是"内在的流浪汉"：

> 除了外在的、社会经济的流浪汉现象以外，还有内在的流浪汉现象，心理的流浪汉现象——虚无主义的最后极限、最后暴露，精神赤裸及精神赤贫。根本不是因为人从前成了外部社会环境的牺牲品、感觉"在底层"，才使其沦为内在的流浪汉，恰恰相反：因为沦为了内在的流浪汉，他才感觉"在底层"。（《契诃夫与高尔基》，见《先知》，页 314）

契诃夫"小市民"知识分子的日常细腻与高尔基流浪汉的豪气，有着"形而上的亲和力"。"流浪汉"道德宣称"人的肚皮是最主要的事"，人要吃饭是第一哲学；"流浪汉行为这唯一的狼的真理将变成契诃夫知识分子的唯物主义、现实主义、达尔文主义或其他什么主义，但实质上，这将仍旧是同样的流浪汉犬儒主义的恬不知耻"（《契诃夫与高尔基》，见《先知》，页335）。当然，这两位小说家的精神并非一点差别没有：

> 契诃夫的知识分子就是高尔基的那个流浪汉，他身上已经"一切都蜕掉了"，除了一些勉强遮掩住最后的赤裸、最后的人之羞耻的意识上的破衣烂衫；高尔基的流浪汉就是契诃夫的那个知识分子，他连这些最后的遮掩也剥掉，是完全"赤裸裸的人"。（《契诃夫与高尔基》，见《先知》，页334）

从这"赤裸裸的人"身上，这个阶层产生出自己的宗教信仰，契诃夫和高尔基不过是这种宗教"最早的有意识的导师和先知"。

契诃夫和高尔基不是对基督教、甚至任何宗教都有冷感吗，怎么会成了某种宗教的"先知"？什么样的宗教？

没有上帝的"人性宗教"，"人性、太人性的宗教"（《契诃夫与高尔基》，见《先知》，页310），或者说"实证主义"的人生信仰。

自觉的流浪汉行为、反基督教是想要成为上帝的人的宗教。后者，当然，是欺骗。因为流浪汉行为的出发点是"存在的只有人"，没有上帝，上帝是虚无；以此类推，"人是上帝"就意味着，人是虚无。虚妄的神化导致的是人的真正的消灭。(《契诃夫与高尔基》，见《先知》，页323)

这种"人性、太人性的宗教"就是"市民小说"的精神，梅烈日柯夫斯基要抵制的另一种"旧宗教"。

梅烈日柯夫斯基很清楚，他主张的新宗教精神与旧宗教精神的冲突，不是有神论与无神论的冲突，而是不同的宗教精神的冲突。民粹精神是社会民主主义的一种类型，而在梅烈日柯夫斯基看来，整个社会民主主义就是一种"神秘主义"宗教：其"无神论前提不是批判的，而是教条的；不是批判地否定上帝问题，而是教条地肯定没有上帝"。"内在的流浪汉"精神是一种精神"实证主义"宗教，其无神论前提同样是教条的。无论这两种小说精神相互之间显得多么对立，一个带有救世热情，另一个则一副精神流浪汉的样子，实际上都是以现代无神论面目出现的现代宗教，本质上都是有神论的反面："教条式的无神论就是有神论的反面——反有神论"。有神论的反面并非就不是宗教，无神论是地地道道的宗教。

民粹派小说所体现的社会民主的"神秘主义"宗教与市民知识人的"实证主义"宗教，都是知识人的宗教，而不是老百姓的宗教。这两种摆在梅烈日柯夫斯基面前的"旧宗教"之间的内在关联，还不单单是它们共同具有的"教条式无神论"。终于有一天，高尔基发出民粹主义的感慨，成为社会民主党人的好朋友，这并不奇怪。

> "我看到强大的、不朽的人民……于是我祈祷：你就
> 是上帝，世界上将没有比你强大的力量，因为你就是唯一
> 的神，创造奇迹吧。这就像我的信仰和自白"（高尔基，
> 《自白》）。这难道不是信仰？这难道不是神秘主义？（《人心
> 与兽心》，见《病重的俄罗斯》，页44－45）

梅烈日柯夫斯基步入文坛时，俄国文学界已经有一堆大师。托尔斯泰、陀思妥耶夫斯基不用说了，民粹派小说家、后起的"市民小说"新秀，也都已经成了文坛大师。青年梅烈日柯夫斯基面临一个问题：在林林总总的文学写作方向中，应该选择跟随哪一个方向？

这并非单纯的文学趣味或偏好问题，正如已经看到的，小说感觉或小说类型就是宗教精神乃至社会思想的表达。借《论俄国现代文学衰微的原因及各种文学新潮》，梅烈日柯夫斯基表明了自己的立场：拒绝"社会小说"和"市民小说"——这两种小说类型都是俄国"现代文学"衰微的表征，从根本上说，都是现代"实证主义"和"功利主义"精神的"应声虫"。

梅烈日柯夫斯基选择了托尔斯泰和陀思妥耶夫斯基的小说叙事，它们代表的小说类型不妨称为宗教小说。如果"社会小说"和"市民小说"与其说是一种写作类型、不如说是一种知识人宗教的体现，那么，梅烈日柯夫斯基的选择就既是一种写作类型的重新抉择，也是一种宗教精神的重新选择。在现

代中国文学史上，如果撇开革命历史小说不谈，那就唯有
"社会小说"和"市民小说"堪称文学精神的最高典范，前者
以鲁迅小说为代表，后者以张爱玲小说为代表。汉语的小说叙
事，就这样达到了自己的精神高度。在随后写的多卷本《托
尔斯泰与陀思妥耶夫斯基》中，梅烈日柯夫斯基表达得再清
楚不过：

> 在俄罗斯灵魂达到《安娜·卡列尼娜》和《卡拉马
> 佐夫兄弟》这两个最高点之后，是何等突如其来的断层、
> 何等的精神塌方！有意识的文化的历史继承性何在？能够
> 把我们的今天和这样的昨天联系起来的活生生的血脉联系
> 何在？（《托尔斯泰与陀思妥耶夫斯基》，页328）①
>
> 打在我们的全部新精神现象——从退化的、变粗野
> 的、倒退的斯拉夫派到马克思主义，从颓废派到民粹派
> ——上的是什么印记！是哲学和宗教的虚弱、贫瘠，……
> 是幽灵式的抽象、孤寂……（《托尔斯泰与陀思妥耶夫斯基》，
> 页329）

《论俄国现代文学衰微的原因及各种文学新潮》提出"寻
求上帝的文化"，而托尔斯泰和陀思妥耶夫斯基的小说叙事都

---

① 我国学界的陀思妥耶夫斯基研究和托尔斯泰研究，迄今没有充分注意梅
烈日柯夫斯基的具有思想史地位的评论。《世纪文论》编委会编的《陀思妥耶夫
斯基的上帝：陀思妥耶夫斯基研究论述》（北京：社会科学文献出版社，1994年
版）和倪蕊琴编的《俄国作家、批评家论托尔斯泰》（北京：中国社会科学出版
社，1982年版）均未选入梅烈日柯夫斯基的评论文。

在讲具有俄罗斯传统的上帝，那么，梅烈日柯夫斯基新的
"寻求"有什么新鲜？

看来，梅烈日柯夫斯基唯有靠所谓"象征主义的诗"来
证明自己新的"寻求"。因此，搞懂何谓"象征主义的诗"，
对于我们理解梅烈日柯夫斯基的精神抉择也就至关重要。况
且，托尔斯泰和陀思妥耶夫斯基的小说叙事都可以说是现代的
——现代思想的表达，"象征主义的诗"既然打算通过批判来
继承托尔斯泰和陀思妥耶夫斯基，因而就是后现代的。问题在
于，所有这一切究竟是什么意思？

《托尔斯泰与陀思妥耶夫斯基》分析说，自从彼得大帝改
革开放以来，俄国知识界一直存在西化派和斯拉夫派的思想冲
突（近似上朝学界西化派与国粹派的冲突）。西化派推崇全欧文化
理念和彼得大帝的开放，斯拉夫派流连于"对往昔浪漫而模
糊的惋惜，或对未来同样浪漫而模糊的憧憬"，吟哦"已经死
亡或尚未诞生之物"（《托尔斯泰与陀思妥耶夫斯基》，页 31）。但
是，托尔斯泰和陀思妥耶夫斯基的小说叙事出现之后，俄罗斯
思想界再要坚守幼稚的西化派或斯拉夫派立场变得不可能：19
世纪上半叶俄国思想界中的那些启蒙思想家（西化派）马上显
得不过是些"德国形而上学过分顺从、胆小如鼠的小学生"，
"天真烂漫的黑格尔主义者"；而斯拉夫派"头晕目眩地迷醉
于民族虚荣心"，要回归民族精神传统，则不过是"羸弱和病
态的一代人"的精神"恐惧"（《托尔斯泰与陀思妥耶夫斯基》，页
33 – 34）。知识界面临的问题，已经不再是如何现代化或反现代
化，而是对作为一个精神难题的近代欧洲精神作出俄罗斯式的
回答。

托尔斯泰和陀思妥耶夫斯基的小说叙事超越了西化派和斯拉夫派的心态和思想情怀。对于梅烈日柯夫斯基来说，宗教小说的意义首先在于现代性问题意识的转换，而无论西化派还是斯拉夫派，都没有真正触及现代性问题。

这里的所谓现代性问题是什么呢？韦伯从托尔斯泰的小说中读出的现代资本主义"铁笼"中个体生命的意义问题，是否就是梅烈日柯夫斯基所理解的现代性问题？

梅烈日柯夫斯基注意到，陀思妥耶夫斯基和托尔斯泰已经引起西欧思想界关注，被视为俄罗斯思想对理解现代性问题作出重大贡献的思想家。但他以为，西欧思想家对这两位俄语作家的认识多半不得要领。他们大多没有看到，这两个精神人物既有深刻的共同点，也有同样深刻的精神对立。托尔斯泰和陀思妥耶夫斯基都是矛盾的思想人物，身上带有悲剧性精神冲突的痕迹。不过，总的说来，就碰触到现代性问题的神经而言，陀思妥耶夫斯基的悲剧性冲突远比托尔斯泰深刻。

何以见得？

梅烈日科夫斯基评论说，陀思妥耶夫斯基思想中的矛盾是魔鬼与上帝冲突的结果，这与尼采思想很相似。尼采堪称欧洲人中最具欧洲特质的人，正如陀思妥耶夫斯基堪称俄国人中最具俄罗斯特质的人，"他们从两个不同的、对立的方向走向同一个深渊"，不约而同提出了超人理念。尼采和陀思妥耶夫斯基的思想产生的历史背景，正是现代资本主义转向成熟的时期。这个时候，社会动荡，各种政治改制主张剧烈冲突（尤其自由主义与激进民主主义）。在如此政治文化语境中，尼采和陀思妥耶夫斯基突兀地提出"超人"问题，究竟是什么意思？

梅烈日柯夫斯基承认，要搞清楚"超人"理念的含义相当困难。但可以肯定，"超人"理念的含义无论如何不会是西方的自由派（或者俄国的西化派）以为的绝对自由，也不会是西方的保守派（或者俄国的斯拉夫派）想象的传统的民族神话精神。自由派和保守派虽然对立，其实都是现代的精神，而"超人"精神根本上是反"现代"的。

"超人"精神是否真的就是当今所谓的"后现代精神"，难以断定。但"超人"精神的提出，的确标志着现代性问题意识的根本性转向。梅烈日柯夫斯基敏锐看到，陀思妥耶夫斯基思想的意义，不在于突显了俄罗斯民族思想传统的精神特性，而在于切入现代性问题的纵深——尼采同样如此。在他们两人那里，现代性不再仅仅是一个社会—政治层面或民族国家的文化特性问题。用梅烈日柯夫斯基的话来说，这种转向标志着现代性问题从历史平面转向宗教深渊：

> 超人，是具有愤怒孤寂、离群索居之个体永恒根源的欧洲哲学伟大山脊的极点，最突兀的顶峰。没有更多可去的地方，历史之路已经走完，往后就是悬崖和深渊，或堕落或飞跃，是超历史之路、是宗教。（《托尔斯泰与陀思妥耶夫斯基》，页36）

韦伯晓得，如果不面对马克思和尼采，就不可能理解现代性问题。马克思思想和尼采思想分别突显出现代性问题的历史维度和宗教维度，韦伯似乎想站在历史之路的悬崖处观望尼采敞开的宗教深渊。韦伯清楚地看到，"诸神之争"将是现代性

无从逃避的人类命运，至于在这命运中怎么办，韦伯打算恪守
"价值中立"之道，拒绝任何先知精神，以免陷入"诸神"之
间的厮杀。对于梅烈日柯夫斯基，事情就不是如此这般。鉴于
尼采和陀思妥耶夫斯基从历史之路的悬崖处跃入了宗教深渊，
并在这深渊中提出"超人"理念，新的先知精神事实上已经
出现了。这样一来，"诸神之争"的厮杀在所难免，恪守"价
值中立"可能吗？

> 尼采为人神而与神人斗争，战胜了神人吗？陀思妥耶
> 夫斯基为神人而与人神斗争，战胜了人神吗？不仅俄罗斯
> 文化、甚至整个世界文化的前途，都取决于这一问题。

（《托尔斯泰与陀思妥耶夫斯基》，页37）

尼采和陀思妥耶夫斯基分别提出的"超人"理念表明，
人而神与神而人的冲突是"全部的世界性矛盾"。在梅烈日柯
夫斯基看来，这就是现代性——或者用今天的话说是后现代
——问题的深渊。陀思妥耶夫斯基的宗教小说以俄罗斯式的精
神力量，踏入了这个世界的现代性问题的深渊，不仅超越了西
化派与斯拉夫派的思想冲突，也超越了民粹派社会小说和旧贵
族市民小说的思想视野，把解决"尘世中可能存在的两种最
为对立的理念的冲撞"视为自己的使命。

在"诸神之争"的厮杀中恪守"价值中立"真的没有
可能？

在梅烈日柯夫斯基看来，陀思妥耶夫斯基的宗教小说已经
回答了这一问题：既然已经是"诸神之争"，每一个"神"都

是神圣的上帝，问题不可避免，即"能否以神的名义厮杀？既然每个神都是神圣的，还有何不许？"托尔斯泰也有他的"神"，像尼采和陀思妥耶夫斯基一样，托尔斯泰也陷入了"诸神之争"的悲剧性思想冲突。但托尔斯泰明确主张基督教道德论，看起来是一个纯正的正教信仰，其实不过是异端基督教的现代表达——东正教形式的敌基督。

> 国家革命的"杀戮、良心允许的流血"与伪基督教、真佛教的托尔斯泰主义的东正教仪式派信徒的"不杀戮"、"勿抗恶"，都一样浅薄、非宗教且亵渎神明。在这两个答案中，都听不出问题的深度。(《灰马》，见《病重的俄罗斯》，页 24)

对托尔斯泰有感觉、对陀思妥耶夫斯基却没有感觉的韦伯，是否还没有从尼采和陀思妥耶夫斯基那里听出问题的深度？

梅烈日柯夫斯基从陀思妥耶夫斯基敞开现代性深渊出发，企图推导一场精神的更新，所谓的象征主义大概是这种精神更新的另一种表达式。民粹主义的社会小说及其文学批评是一种政治文化，象征主义的精神更新诉求同样以文学创作和文艺批评的形式成了一种政治文化。因而，象征主义小说与社会小说和市民小说及其社会性文学批评的论争格局的形成，就成了俄国现代思想史上的重大事件：知识人的"世纪末"精神应该面对的是宗教的深渊，而非献身"神圣的泥土"。

梅氏的象征主义主张看起来不过是一种文学追求，其实带来的是社会思想和政治文化的转向：别林斯基、赫尔岑、车尔尼雪夫斯基的文学批评就是政治写作，其中弥漫着或德国历史主义或实证主义或社会民主主义的政治主张。梅烈日柯夫斯基的文学批评挑战这些"旧的"文学批评，无异于挑战德国思辨历史主义和社会民主主义的政治想象，挑战整个知识界精神上的"虚弱、贫瘠"、精神流浪汉"幽灵般的抽象、孤寂"。

梅烈日柯夫斯基发表《论俄国现代文学衰微的原因及各种文学新潮》之前，已经发表过以《象征集》为名的诗集。发表这部"评论文集"之后（1895 年），梅烈日柯夫斯基加入以佳基洛夫（Sergej Djagilev）为中心的文人、艺术家圈子，成为其中的活跃人物。19 世纪最后一年，这个文人圈子办起了一份同仁刊物《艺术世界》，正式打出象征主义旗号。梅烈日柯夫斯基和他的才华横溢而又情性贤淑的妻子吉皮乌斯（Z. N. Gippius）以及洛扎诺夫（V. V. Rozanov）、明斯基（N. M. Minskij）、彼科夫（P. P. Percov）等是主要编辑。梅烈日柯夫斯基六十多万字的大著《托尔斯泰与陀思妥耶夫斯基》找不到出版商，干脆在《艺术世界》上连载。

时光刚刚转移到 20 世纪，这个圈子中的一些人突然想到要搞一个宗教—哲学社。这一想法并非出于某种理论的精心设想，而是偶然来自某种精神感觉。一伙文人经常在一起闲扯，总会扯出些什么名堂来。吉皮乌斯回忆说："搞宗教—哲学社的想法不是诞生在洛扎诺夫家里，而是诞生在我们的一些文学美学小组中。这些小组当时已经开始解体。纯美学已经不能使人满足。新的争论和谈话早就在进行。人们想把这些家庭式的争论扩大——把彼此间的隔墙推倒。"① "托尔斯泰和陀思妥耶夫斯基把屠格涅夫从我们中间挤出去"（梅烈日柯夫斯基语）后，年轻的文人、诗人便被宗教小说领到"寻求上帝"的路上。

这帮文人和诗人追求精神性的宗教，为什么非要搞"宗教—哲学社"这样的同仁团体？俄国是基督宗教的国家，上帝就在教会之中，还需要去"寻找"？

这帮文人和诗人并非不晓得上帝就在教会中，但他们无法接受"教训人的教会"。神学——关于上帝的文化，对于他们来说"是一个新的、未知的世界"（吉皮乌斯语），充满精神性的知识奥秘。由于既不愿意进入"教训人的教会"，又渴望进入上帝的文化（神学），于是吉皮乌斯想出了搞一个"半私人性质的"宗教—哲学社的主意，通过这种形式建立知识界与教会神学界的沟通渠道，在一个双方都接受的空间一起探讨上帝的文化。洛扎诺夫联络了教会神学界的私人朋友，约请他们出面。"彼得堡宗教—哲学社"经教会当局批准成立，文人界和教会神学界人士可以自愿参加，正副会长都是彼得堡的教会主教、神学院院长。梅烈日柯夫斯基圈子的文人把学社称为"桥梁"，希望受"无神论"支配的文人界能向教会神学界迈

---

① 吉皮乌斯，《往事如昨》，郑体武、岳永红译，上海：学林出版社，1998，页137。圈子中的怪才洛扎诺夫在这件事情上大概起了主导作用，吉皮乌斯尤其在回忆洛扎诺夫时记叙了宗教—哲学社的事情。据梅烈日柯夫斯基说，办宗教哲学社的想法，最早是吉皮乌斯提出的，"她还创办了《新路》杂志（参见《自传随笔》，前揭，页373）。按吉皮乌斯记叙，办宗教哲学社的想法是她与梅烈日柯夫斯基一次谈话的结果（参见吉皮乌斯，《梅烈日柯夫斯基传》，前揭，页76 - 77）。不过，创办宗教哲学社的具体时间，两人说法不一：梅烈日柯夫斯基说是19世纪的"90年代末"，吉皮乌斯说是20世纪的头一年。

出一步，与文化知识界隔绝的教会界也多少可以走出自身的封域。

学社成立后，梅烈日柯夫斯基家和洛扎诺夫家几乎每星期天都"热闹非凡，成了小型的宗教—哲学会议"；"开展活动才一年，宗教—哲学社便得到迅猛发展"（吉皮乌斯，《往事如昨》，页 138–141）。议题多由洛扎诺夫和梅烈日柯夫斯基拟定，诸如教会与知识人、教会与国家、教会与艺术、宗教与性、宗教与民族以及教会权威与信念自由的关系之类。这些议题表明，这群知识人关注的并非教会信仰的现代命运，而是自身的精神困惑和俄罗斯思想文化的精神抉择。[①] 在教会神学界看来，这样的议题当然过于离谱。没过多久，教会神学界发现，这帮文人、诗人（尤其洛扎诺夫）在聚会中发表的"宗教见解"有违正统教义，教会根本无法控制。"知识分子与教会之间并没有发生'融合'，而是出现了对垒，且'世俗人'对教会人步步紧逼，大有降服他们之势"（吉皮乌斯，《往事如昨》，页 162），教会当局只得决定解散学社。[②]

自由知识人与教会知识人的沟通就这样失败了。若干年

---

① 参 Jutta Scherre, *Die Petersburger Religios-Philiosophischen Vereinigungen: Die Entwicklung des religiosen selbstverstandnisses ihrer Intelligencija Mitglieder* 1901–1917（《彼得堡宗教哲学社团及其知识人圈子的宗教性自我理解的发展》），Berlin，1973，页 39–85；亦参吉皮乌斯，《梅烈日柯夫斯基传》，前揭，页 77–92。

② 为此梅烈日柯夫斯基对教会提出了严厉批评（参《托尔斯泰与陀思妥耶夫斯基》序言部分及《现在或永远不》，见《病重的俄罗斯》）。不过，对教会当局的批判，不等于对教会理念本身（所谓不可见的教会）的批判。梅烈日柯夫斯基似乎区分了"教会"与"教堂"，"教堂"是不可见的教会的处所，参其《圣索菲娅》一文（见《病重的俄罗斯》）。

后，这帮文人、诗人不甘心，重新搞了一个"普通知识分子
的社团"，不再与教会神学界合作，而是在政府注册。这个
"合法的、人数众多的宗教—哲学社"拒绝"教训人的教会"
人士参加，但不拒绝认同这种自由知识人式的信仰追求的神职
人员（吉皮乌斯，《往事如昨》，页171）。①

　　彼得堡的自由知识人的基督认信遭到教会神学界拒绝，在
知识界中的命运又怎样呢？

　　《论俄国现代文学衰微的原因及各种文学新潮》提出，
"寻求上帝的文化"才是"真正的文化"。据说，"寻神派"
的名称由此而来。其实，"寻神派"并非这群文人自称的，也
不像今天人们以为的那样，是一种美誉。"寻神派"之称是敌
对知识人圈子对这伙知识人的挖苦："社会民主党人还杜撰出
'造神者'和'寻神者'的荒唐分类"（吉皮乌斯，《往事如昨》，
页22）。对于知识界和文化界的许多人来说，在国家艰难、民
不聊生的时代讲求什么"寻找上帝"、追求"自由"精神，无

────────

　　①　彼得堡的宗教—哲学社带动了莫斯科和基辅的知识人，那里随后也成立
了宗教—哲学社。这些学会与彼得堡的第一届宗教—哲学社一样，是知识界与教
会神学界的联合体。莫斯科圈子的主导者是莫斯科大学政治经济学教授布尔加柯
夫，成员主要是大学教授和其他国家建制中的知识人。布尔加柯夫关心教义神学
问题，著作大多带有教义学思辨色彩，与莫斯科东正教教廷有密切联系，他本人
还被选为教廷最高会议成员（参见笔者为布尔加柯夫《东正教神学纲要》中译本
［香港：三联书店，1994］写的导言）。布尔加柯夫神学著作的中译本还有《亘古
不灭之光》，王志耕、李春青译，昆明：云南人民出版社，1999。基辅协会的主持
人是基辅神学院院长，成员多为东正教界中较有自由思想趋向的神学家。也许因
为这两个学社中没有多少像彼得堡圈子中那样的自由职业的文人、诗人、艺术家、
哲学家，或者没有洛扎诺夫那样的"怪人"，才没有出现崩裂局面。不过，这两
个地方的宗教—哲学社的历时和规模都不及彼得堡的学社。

异于回避现实问题，看不到人民的力量。俄国的问题，岂是可以脱离"神圣的泥土"解决得了的？所谓"寻神派"的称呼，不过是说这帮文人不识时务。①然而，梅烈日柯夫斯基一帮文人要"寻求上帝"，恰恰是因为社会民主党人借"神圣的泥土"制造了新的"神"（人民）。在他们看来，社会民主主义才是真正的"造神派"，如此"造神"无异于玩危险的政治游戏。早在 1910 年，梅烈日柯夫斯基就告诫说：

> 卢那察尔斯基、巴扎洛夫、高尔基之流的聪明人知道，个把词干不了坏事，所以打算借上帝这个词大书特书。但是，在这场游戏中毫无经验可言的人民却可能相信真的有上帝或真的没有上帝。到那时，个把词就干了坏事；到那时，正如历史上曾无数次发生过的那样，流淌的将不是墨水，而是血河，游戏者将被抓住；在人民中——尤其在俄国人民中——游戏上帝，无异于在火药库玩火，是无神无人的游戏。(《人心与兽心》，《病重的俄罗斯》，页46)

火真的在"神圣的泥土"上玩起来了。

十月革命之后，"人民的上帝"玩的"无神无人"游戏解决了所有现实的问题，梅烈日柯夫斯基们的象征主义除了流亡，别无他途。

---

①　我国学界也有论者跟着社会民主党人说"寻神派"思想家逃避现实，指责他们钻进了"东正教经卷的故纸堆"，成了俄罗斯的民族文化保守主义者。其实，连别尔佳耶夫也承认，梅烈日柯夫斯基、舍斯托夫的视野很少盯住俄国文化，而是关切整体欧洲文化。

自由、革命与"民族情感的真理"

彼得堡宗教—哲学社的"文化基督教"受到教会界中的正统派和知识界中的社会民主派攻击，都不值得奇怪。值得注意的倒是，即便在宗教—哲学社内部，对"宗教"的理解也充满歧义和纷争。笼统地说，这个圈子的知识人都与民粹主义—社会民主党知识人的思想不和，然而，新宗教精神运动从来不是统一的思想运动，尽管这个圈子中的知识人都可以被称为自由主义知识人。

1904 年，一批搞哲学的——当时被称为布尔加柯夫—别尔佳耶夫"唯心主义者"圈子——加入到梅烈日柯夫斯基这伙文人圈子。这些哲学家们原来都不同程度信奉民粹主义或马克思主义，受索洛维耶夫和梅烈日柯夫斯基影响才转向宗教哲学。当时，梅烈日柯夫斯基夫妇打算去法国住几年，他们办的宗教杂志《新路》需要人接手。梅烈日柯夫斯基觉得，杂志"个人主义色彩太浓，社会气息不足"，想乘此出国机会另外找人，恰好有朋友介绍布尔加柯夫和别尔佳耶夫，便把杂志交给他们主办，指望"这些昔日的社会活动家（社会民主党人）可以走向宗教"（吉皮乌斯，《往事如昨》，页 14 – 15）。

布尔加柯夫—别尔佳耶夫圈子加入梅烈日柯夫斯基圈子，似乎表明他们已经开始意识到，马克思主义也是一种世俗宗教，并想通过寻找"真正的"宗教来摆脱世俗的革命宗教。1907 年，别尔佳耶夫、布尔加柯夫、弗兰克等一帮搞哲学的，

出版了带有自我批判及标明思想转向的《路标集》，在知识界
轰动一时。① 弗兰克的《虚无主义的伦理学》一文颇具代表
性，这篇文章看起来在尖锐批评俄国知识界的道德状况，实际
上也是对自己过去的批评。

弗兰克说，当今俄国知识人喜欢大谈道德，以道德卫士自
居，似乎道德感在他们心中"占据独一无二的地位"，其实，
这种"知识分子的道德主义只是其虚无主义的表现"。"道德
主义"宣称"一切为了人民"、为了祖国，甚至成了一种"人
民信仰"，知识人也成了"人民"道德精神的化身，却没有意
识到，恰恰在这种人民化的过程中，知识人自己已经丧失了精
神的高度和价值的绝对性诉求。② 弗兰克在文中一再引述尼
采，似乎希望借"超人"精神——在弗兰克看来这是一种
"宗教情绪"——克服虚无主义。在弗兰克的批判中，民粹主
义和社会民主党人一干人走向人民群众、把知识人精神献祭给
"神圣的泥土"，无异于把"人性、太人性的"因素绝对化了。
知识分子应该守护自己的精神高度——价值的绝对性，对精神
高度的爱有如对"上帝国"的爱。有了这样的爱，对"神圣
的土地"以及所有地上的事物的看法就会全然不同了。

无论是对俄国知识界的批判，还是将尼采的"超人"精
神与基督教思想结合起来，弗兰克的见解听起来都像是梅烈日
柯夫斯基多年前出版的《托尔斯泰与陀思妥耶夫斯基》发出

---

① 参见基斯嘉柯夫斯基等，《路标集》，彭甄、曾予平译，昆明：云南人民
出版社，1999。

② 弗兰克，《虚无主义的伦理学》，见氏著，《俄国知识人与精神偶像》，徐
凤林译，上海：学林出版社，1999，页48－54。

的声音。

1910 年梅烈日柯夫斯基从国外回来，对"路标"行动不以为然。他写了《病重的俄罗斯》，把《路标》派同颓废派相提并论（参见《灰马》，《病重的俄罗斯》，页 15），还挖苦"一个过去的马克思主义者、如今的'民族自由主义'者"（很可能指别尔佳耶夫）跟他"胡扯一通"，什么有"一本关于俄国知识分子们的书正要把俄国知识界推向最后审判"（参见《低垂的头》，《病重的俄罗斯》，页 36）。显然，在彼得堡的宗教—哲学社圈子，文人和哲学家并没有在"宗教"和"自由精神"的旗帜下走到一起。新宗教精神运动圈子的知识人固然都与民粹主义—社会民主党知识人划清了界限，主张以虔敬的"自由"精神而非"神圣的泥土"给知识人重新施洗，但这并不意味着他们对"自由"和"宗教"的理解完全一致。

如果以为凡主张宗教的"自由"精神就是一伙的，肯定会搞错。如何理解"宗教"与如何理解"自由"一样，从来都是很可能产生思想分歧的地方。如果我们仅仅看到新宗教精神运动与教会神学界以及民粹主义—社会民主党知识人的对立，忽视追求"宗教"的"自由"精神的思想分歧，就会漏掉思想史上的一些重大问题。

别尔佳耶夫等人虽然受到梅烈日柯夫斯基精神气质的影响，与梅烈日柯夫斯基一伙人一起搞研讨会、办学刊，别尔佳耶夫本人也相当钦佩梅烈日柯夫斯基的才华和博学，但实际上，至少别尔佳耶夫不大看得起梅烈日柯夫斯基圈子的人，称这帮文人不过是"搞文学的"，大多带有"期待着赞扬自己诗

作的诗人式自我中心主义"。① 别尔佳耶夫所谓"诗人式自我
中心主义"也并非乱说，看看勃留索夫的《自传和回忆录》
（前揭）就清楚了。这些话听起来像任何知识人圈子中都会有
的文人间的龌龊，或国朝学界中人自己都可以想象的学者、文
人相轻之类。

文人相轻的事情会肯定有，无论哪种类型的人搅在一起，
都会产生磨擦。但是，如果把知识人之间实际存在的思想分歧
和精神气质上的重大差异统统归结为文人相轻，显然也说
不通。

布尔加柯夫—别尔佳耶夫圈子本来是一群围绕在索洛维耶
夫思想遗产旁的形而上学家，索洛维耶夫是这帮人真正的精神
教父。② 索洛维耶夫比梅烈日柯夫斯基年长十余岁，四十多岁
的英年就与尼采在同一年下逝。索洛维耶夫与梅烈日柯夫斯基
都不是哲学科班出身，而是毕业于历史语文学系（一在莫斯科
大学、一在彼得堡大学），两人的思想兴趣同样相当广泛，但方
向却不同。索洛维耶夫是形而上学家，著述主要是哲学和教义
神学式的，开创了思辨化神秘主义宗教哲学的思想方向，以主
张一种新的神权政治哲学著称。

梅烈日柯夫斯基开始写作时，索洛维耶夫已经是学界甚至

---

① 参见别尔佳耶夫，《自我认识：思想自传》，雷永生译，上海：上海三联
书店，1997，页130及以下；亦参 Helmut Dahm, *Grundzuge russischen Denkens*（《俄
国思想家的基本特性》），München，1989，页50 – 59。

② 属于索洛维耶夫精神圈子的洛斯基在其流传很广的《俄国哲学史》中，
给了索洛维耶夫近70页篇幅，充满深情地记叙索洛维耶夫的思想生平，给梅烈日
柯夫斯基的篇幅却不到5页。参洛斯基，《俄国哲学史》，贾泽林等译，杭州：浙
江人民出版社，1999。

文化界名流，甚至受到勃洛克这样的象征主义诗人崇拜，尽管据吉皮乌斯说，勃洛克根本与索洛维耶夫的宗教形而上学"格格不入"。事实上，梅烈日柯夫斯基在年轻时也感受到过索洛维耶夫思想对知识界带来的精神冲击（参见《1911－1913 年版全集序言》，前揭，页 377；吉皮乌斯，《梅烈日柯夫斯基传》，前揭，页 63－64）。但梅烈日柯夫斯基最终没有追随索洛维耶夫的宗教形而上学，而是进入了文学性言述领域，关注个体、身体、爱欲中的宗教品质。

这两个人的思想和精神气质差异是否仅仅是哲学与文学的差异呢？

别尔佳耶夫是索洛维耶夫思想传人，梅烈日柯夫斯基与他不和也就很自然了。别尔佳耶夫的哲学论著以高张具有宗教品质的"自由精神"闻名于世，梅烈日柯夫斯基的文学作品同样高扬宗教品质的"自由精神"。在知识界的思想冲突现实中，两人碰巧走到了一起，但究竟是什么原因使得这两个人无法"私了"分歧，最终分道扬镳，甚至要以公开信的方式决斗？

别尔佳耶夫比梅烈日柯夫斯基小九岁，梅烈日柯夫斯基成名早于别尔佳耶夫。对别尔佳耶夫来说，索洛维耶夫和梅烈日柯夫斯基都算思想界的前辈。在圈子内，梅烈日柯夫斯基的威望当然高于别尔佳耶夫。但别尔佳耶夫也是青年才俊，哲学界锐气逼人的新秀。梅烈日柯夫斯基看不起他，是否因为妒忌？

真正的才人不妒忌才人。按别尔佳耶夫的说法，梅烈日柯夫斯基看不起他，对他一直心存偏见，总认为他的思想没有脱离马克思主义——吉皮乌斯在回忆中也说过，"他们〔指别尔佳耶夫等。——引者注］的'社会民主党'色彩还是太浓，我们的个人主义气息还是太重"（吉皮乌斯，《往事如昨》，页15；亦参吉皮乌斯，《梅烈日柯夫斯基传》，前揭，页166–167）。其实，与别尔佳耶夫等人的精神领袖索洛维耶夫年轻时崇拜车尔尼雪夫斯基一样，梅烈日柯夫斯基年轻时也信奉民粹社会主义，民粹派评论家米哈伊洛夫斯基和作家乌宾斯基曾经是梅烈日柯夫斯基的"两位蒙师"。受他们影响，梅烈日柯夫斯基有一年夏天沿伏尔加河和卡马河"徒步走乡串户，跟农民谈话"。后来，以手抄本流传的托尔斯泰的《忏悔录》才把梅烈日柯夫斯基从"民粹主义"的"真理"中拉出来（参见《自传随笔》，前揭，页371）。既然大家都曾经是民粹派的学生，梅烈日柯夫斯基与别尔佳耶夫一帮哲人不和，就不大可能是因为都曾有过的"火红岁月"。分歧的关键可能在于，摆脱民粹派的影响后，应该走向哪里？

从思想质料来看，索洛维耶夫深受谢林的思辨神学影响，以思辨唯心主义的思想质料来理解"自由"。[①] 别尔佳耶夫继承索洛维耶夫形而上学，转向基督教后把"自由"作为自己思想的主导观念，循思辨形而上学方向推进自由哲学，从比谢林更早的波墨那里发掘思辨神秘主义的思想质料。马克思哲学所讲的"自由"——精神的和关于未来完美社会的自由想象，通过黑格尔与波墨的思辨神秘主义有深隐的内在联系。梅烈日柯夫斯基说别尔佳耶夫的自由哲学还保留有马克思哲学的印

---

① 关于谢林的自由哲学，参见海德格尔，《谢林论人类自由的本质》，薛华译，沈阳：辽宁教育出版社，1999；亦参见古留加，《谢林传》，贾泽林、苏国勋等译，北京：商务印书馆，1990，页187–220及页325以下。

迹，看起来像马克思自由哲学的思辨神学化，可能也没有说错。这种自由哲学绝非不可以想象的——如果人们记得萨特也大讲自由哲学的话。

评论家们都说，梅烈日柯夫斯基的自由哲学是爱欲神秘论，与洛扎诺夫颇相近。洛扎诺夫的确特别关心基督教与爱欲的关系："洛扎诺夫的生命支柱是上帝和世界及其肉体、爱欲"（吉皮乌斯，《往事如昨》，页149）。①把《约翰福音》第一言改为"太初有爱欲，爱欲就是上帝"，就是洛扎诺夫的创举。但梅烈日柯夫斯基的思想真的与洛扎诺夫的爱欲基督教是一回事？梅烈日柯夫斯基曾经赞赏别尔佳耶夫不同于其他人，能清楚看到自己与洛扎诺夫"完全站在对立的末端"（《关于新的宗教活动》，见《病重的俄罗斯》，页83）。但别尔佳耶夫仍然坚持认为，梅烈日柯夫斯基的宗教思想同样注重身体和爱欲，是一种"尼采式的基督教"（参见别尔佳耶夫，《自我认识：思想自传》，前揭，134 - 139）。如果别尔佳耶夫的言下之意是，自己的宗教思想是精神性的，因而与梅烈日柯夫斯基思想不和——有如精神与爱欲不和，似乎分歧仅仅在于以思辨神秘论抑或以尼采思想为基础，那么，别尔佳耶夫恐怕就言过其实了。

无论思辨神秘主义化的还是爱欲神秘论的自由学说，倒是都与英国实证主义和功利主义的自由理念不同：前者是生存论的，恶与意志的关系是核心问题；后者是实证论的，哲学基础是经验主义和功利主义。英国功利主义哲学的自由观绝不仅是

---

① 关于洛扎诺夫的思想，参郑体武，《洛扎诺夫其人其文》，见氏著，《危机与复兴：白银时代俄国文学论稿》，成都：四川文艺出版社，1996，页321 - 345。

一种政治主张，也是一种人生价值观：这种价值论否认人生价值问题有可能最终获得解决，主张人生意义的价值是个体自决的。在人生哲学的价值论问题和人类的政治问题上，前两种自由学说与后一种自由主义完全异趣。索洛维耶夫也好，梅烈日柯夫斯基还是别尔佳耶夫也好，都明确拒绝经验实证论和功利主义。[①] 晚期俄罗斯帝国时代的知识界，也不乏英国类型的自由主义。按伯林的看法，赫尔岑流亡后就成了这样的自由主义者。[②] 既然梅烈日柯夫斯基与索洛维耶夫—别尔佳耶夫的自由哲学不同，而这两种自由主义又都与英式自由主义不同，当时的俄国思想界就至少已经有三种不同的自由主义。

如果把不同类型的"自由"理念混为一谈，对一些思想史上的重大问题就会稀里糊涂。但是，晓得了别尔佳耶夫与梅烈日柯夫斯基的自由理念不是一回事，两人之间思想分歧的真相还没有大白。可以肯定，别尔佳耶夫从马克思主义转向基督教不是假的，而且，与梅烈日柯夫斯基一样，别尔佳耶夫"寻找上帝"是为了解答俄罗斯思想面临的精神抉择问题。也许，两人的分歧来自如何理解俄罗斯思想本身以及俄国知识人在现代性问题中的精神决断的实质。倘若如此，要搞清楚两人

---

① 索洛维耶夫对实证主义和功利主义哲学的批判，参见索洛维耶夫，《西方哲学的危机》，徐凤林译，杭州：浙江人民出版社，2000。

② 参见伯林，《穆勒与人生的目的》，见氏著，《自由四论》，陈晓林译，台北：联经出版公司，1986 年版，页 279 – 340；伯林，《赫尔岑与巴枯宁论个人自由》，见《俄国思想家》，前揭，页 109 – 152。关于俄国晚期帝国时代的自由主义更详细的研究，参 Gischer, *Russian Liberalism：From Gentry to Intelligentsia*（《俄国自由主义：从绅士到知识分子》），Cambridge Mass，1958；Victor Leontowitsch, *Geschichte des Liberalismas in Russland*（《俄国自由主义史》），Frankfurt/Main，1975。

之间分歧的要害，还得先了解俄国知识人精神的现代性处境。

伊万诺夫（Wjatscheslaw Iwanov, 1866 - 1949）同梅烈日柯夫斯基年岁差不多，据说在当时的圈子中也算个全才，不仅诗写得好、懂哲学，而且在语言学甚至某些自然科学方面也颇有造诣。不像索洛维耶夫，虽能写诗，却算不上高手；也不像别尔佳耶夫那样的哲学家，对文学基本上没有感觉；或者像勃洛克、别雷一类诗人，对哲学只晓得道听途说。1909 年，伊万诺夫发表了《论俄罗斯思想》一文，从中也许可以看到这些"寻找上帝"的文人和哲学家们究竟面临着什么样的精神处境。他在文中说：

> 无论过去还是现在，在我们历史道路的每一转弯处，在面对亘古就有的、好像完全是俄国的问题（个人与社会、文化与天性、知识分子与民众问题）时，我们要解决的始终是一个问题——我们民族的自我规定问题，我们在痛苦中诞生的整个民族灵魂的终极形式、即俄罗斯思想。（见索洛维耶夫等，《俄罗斯思想》，前揭，页218）

现代性不过是历史道路的一个转弯处，俄罗斯知识人如今走到了自己时代的转弯处。然而，所谓"亘古就有的"问题现在具体成了什么样的问题？

伊万诺夫马上引述了几年前自己在日俄战争爆发时写的文字来说明这一问题：

> 战争是民族自我意识的试金石和对精神的考验，与其

说是考验对外力量和内部文化，莫如说是考验集合性个性自我确认能力的内在能量，黄色亚洲勇于承担为它准备的任务——考验欧洲精神：它的基督是否活在自己心里和对它起作用？（同上）

从这段文字来看，在日俄战争之前，经历过彼得大帝的改革开放后的俄国知识界本来似乎已经恢复了民族精神的自信。1880 年，陀思妥耶夫斯基在莫斯科普希金纪念像落成典礼上的那场著名的"纪念普希金讲演"，就是一个证明。[①]在这篇后来被看作其"精神遗嘱"的临终讲演中，陀思妥耶夫斯基代表俄国知识人表达了如下宏愿：

我们这一代人和未来的俄国人将懂得如何做一个俄国人，其含义就在于：努力使得欧洲的诸种矛盾得到化解，在自己俄国的心灵里指出欧洲苦闷的出路，把各个弟兄间的兄弟情谊带进心灵之中，最后按照基督福音的教导使各个民族间达到普遍的和谐。（《普希金讲演》，见索洛维耶夫等，《俄罗斯思想》，前揭，页 123）

陀思妥耶夫斯基讲演后，虽然出现了一些异议，俄国知识界的反映大体上是兴奋的。陀思妥耶夫斯基发表"普希金讲演"后的第二年就去了，索洛维耶夫相当激动地连续作了三

---

① 　中译见索洛维耶夫等，《俄罗斯思想》，贾泽林、李树柏译，杭州：浙江人民出版社，2000，页 113 – 125（可惜不是全译）。

次《纪念陀思妥耶夫斯基的讲演》（1881－1883），从哲学上阐释陀思妥耶夫斯基表达的宏愿。[1]二十多年过去了，与中国知识人遭遇的情形一样，亚洲的日本人似乎让俄国知识人第一次感受到民族精神的破碎。伊万诺夫在文章中继续写道：

> 俄国确实不声不响地意识到，强大的敌国的灵体有其内在固有的和谐，能最大限度调动其所有力量；我们的集合性灵体无和谐可言，内部四分五裂、软弱无力。因为我们的集合性灵体在自己混沌污浊的水面上，听不到圣灵临近的声音；俄国人的心灵也不善于在十字路口下定决心、选择道路——既不敢骑上野兽，高举起野兽的权杖，也不敢完全戴起耶稣的轻枷。（伊万诺夫，《论俄罗斯思想》，见索洛维耶夫等，《俄罗斯思想》，前揭，页 221）

怎么办？投身"人民"、把知识人的教养变成"全民艺术"，不再区分精神的高度与"神圣的泥土"，以便形成民族的"集合性灵体"内部强固的和谐？

伊万诺夫尤其提到民众与知识人的关系，恐怕不是偶然，因为这问题"继续困扰着我们的社会良心"。所谓"文化"问题——20 世纪汉语知识界同样多次出现过的问题——对于伊万诺夫来说，实质上就是如何重新集聚民族的精神和土地这两方面的力量。对于这帮所谓自由主义者来说，既然已经拒绝了

---

[1]　索洛维耶夫，《纪念陀思妥耶夫斯基的三篇讲话》，见索洛维耶夫，《神人类讲座》，张百春译，北京：华夏出版社，2000，页 212－243。

"神圣的泥土"，除了建构一个形而上的精神王国，还有别的什么办法吗？伊万诺夫果然想出了所谓"民族思想"的提法，而且承认"陀思妥耶夫斯基和尼采是我们心灵的两个新主宰"。但从这两个精神新主宰中，伊万诺夫看到的是调和"土地"与"精神"、民族主义与自由主义的可能性。

这是否就是所谓的"民族自由主义"？梅烈日柯夫斯基挖苦"一位过去的马克思主义者"如今成了"民族自由主义者"，说明他讨厌这种自由主义。

伊万诺夫的檄文至少反映出这样的精神处境：陀思妥耶夫斯基的宏愿在 19 世纪末曾经激动过好多俄国知识人的心灵，如今却变成了一个问题。认真说来，陀思妥耶夫斯基才是精神更新运动的真正始祖。不仅梅烈日柯夫斯基和索洛维耶夫，几乎白银时代所有活跃的文人和思想家，都置身在陀思妥耶夫斯基精神的阴影下。陀思妥耶夫斯基发表《普希金讲演》时，梅烈日柯夫斯基还是个少年，待到成年后，他同样接二连三书写陀思妥耶夫斯基。别尔佳耶夫说，俄国现代精神的历史被陀思妥耶夫斯基截成两段，确实没有半点夸张：20 世纪初出现的新宗教精神的代表人物（梅烈日柯夫斯基、舍斯托夫、伊万诺夫），无不以陀思妥耶夫斯基为精神尺度，统统是他的"心灵之子"。[①] 说这话的别尔佳耶夫本人也不例外，与他一伙的哲学圈子人，几乎都写过论述陀思妥耶夫斯基的论著或论文。

然而，陀思妥耶夫斯基是新的精神偶像抑或现代性精神困

---

① 参见别尔佳耶夫，《陀思妥耶夫斯基》，孟祥森译，台北：时报文化出版公司，1986，页194。

境的表征？

索洛维耶夫和梅烈日柯夫斯基的思想灵感都来源于陀思妥耶夫斯基，都以解释陀思妥耶夫斯基开始形成自己的思想，又依各自不同的思想个性分别提出了理解陀思妥耶夫斯基宗教思想的方向，其根本的精神动因则是对俄罗斯思想在现代处境中的精神抉择的理解。

索洛维耶夫在纪念陀思妥耶夫斯基的讲演中，一开始就把陀思妥耶夫斯基当作可以依靠的复兴民族精神的先知。索洛维耶夫提醒人们，陀思妥耶夫斯基曾经是一个搞秘密恐怖活动的革命者，后来思想发生彻底改变，成了一个宗教性的先知。索洛维耶夫进而呼吁，俄罗斯的新知识人应该在陀思妥耶夫斯基精神的指引下，去把握"民族情感的真理"。

人们会想，陀思妥耶夫斯基本人又是如何把握到"民族情感的真理"的呢？

索洛维耶夫大概估计到人们会产生这样的问题，于是预先作了回答：陀思妥耶夫斯基从被人们视为刁民一类的平民百姓身上把握到了"民族情感的真理"。

在死屋的恐惧中，陀思妥耶夫斯基第一次有意识地遇到了民族情感的真理，并借此清楚地看到自己的革命企图的荒谬。陀思妥耶夫斯基在狱中的同事绝大多数来自平民百姓，除了很少的几个突出的例外，他们都是百姓中最坏的人。但就是这些平民百姓中最坏的人通常都保存着知识分子中最好的人所丧失的东西：对上帝的信仰和对自己的罪恶的意识。这些罪犯是因自己的蠢事而从大众中被分离出来的，但在自己的情感和观点上，在宗教世界观上，他们与其他大众没有任何区别。在死屋里，陀思妥耶夫斯基发现了真正的"穷人"（用百姓的说法是不幸的人）。……死屋里最坏的人把陀思妥耶夫斯基被知识分子中最好的人所夺去的东西还给了他。如果在启蒙代表中间，宗教情感的残迹迫使陀思妥耶夫斯基因先进文学家的渎神行为而恐惧的话，那么，在死屋里，这个宗教情感应该在苦役犯恭顺的和虔诚的信仰影响下复活和新生。这些人仿佛被教会遗忘了，被国家所排挤，但他们信教会，也不否定国家。在最艰难的时刻，在这个残暴而凶狠的苦役犯人群之外，在陀思妥耶夫斯基的记忆里出现了一个庄严、温顺，满怀爱意地鼓舞着惊慌失措的小少爷的农奴马卡里的形象。陀思妥耶夫斯基感觉到并理解了，在这个最高的神的真理面前，任何自己想出来的真理都是谎言，把这个谎言强加给别人的企图，就是犯罪。（《纪念陀思妥耶夫斯基的三篇讲话》，前揭，页 220 – 221）

这段话不仅堪称索洛维耶夫解释陀思妥耶夫斯基的精华所在，也是理解索洛维耶夫本人相当思辨化——相当费解的思想的要津。知识人需要从社会民主的革命思想转向宗教信仰，以便把握"民族情感的真理"，但知识人早已经丧失了宗教信仰，他们需要像陀思妥耶夫斯基那样，从那些表面上看起来"最坏"的犯罪百姓身上重新获得宗教信仰。陀思妥耶夫斯基之所以有资格成为俄罗斯新知识人的"先知"，关键在于"死屋里最坏的人把陀思妥耶夫斯基被知识分子中最好的人所夺去的东西还给了他"。人们难道还看不出，索洛维耶夫在这里天才地、不同凡响地解释了陀思妥耶夫斯基《普希金讲演》中隐含的思想吗？

并不需要等到日本人用武力来刺激俄国知识人，陀思妥耶夫斯基对于梅烈日柯夫斯基就已经是精神困惑的表征，而非精神偶像。换言之，"死屋里最坏的人把陀思妥耶夫斯基被知识分子中最好的人所夺去的东西还给了他"，在梅烈日柯夫斯基看来，与其说是先知般的启示，不如说是魔鬼的诱惑。如果非要说陀思妥耶夫斯基是先知，那他只能被称为"革命的先知"。

什么样的"革命的先知"？搞清楚这一问题，大概是澄清梅烈日柯夫斯基与索洛维耶夫—别尔佳耶夫之间分歧的关键所在。

陀思妥耶夫斯基的《普希金讲演》听起来信仰坚定、观点明确，其实思想相当混乱。按陀思妥耶夫斯基自己的归纳，讲演的要点在于，通过解释普希金提出俄罗斯精神的现时代使命：

> 普希金第一个以自己深邃的目光、天才的智慧、纯洁的俄罗斯心灵找到并指出了我国在历史上一贯脱离社会基础、高踞人民之上的知识界最重要和最病态的现象。他把我国的那种反面人物类型揭示给我们看，这是一种漂浮不定和缺乏宽容精神的人，不相信本国的基础和力量，不相信俄罗斯和自我。……
>
> 普希金具有除他以外任何人都不具有的特质和天才

——他对全世界都抱有悲悯的同情心。……这一特性是地
道俄国式的、民族的，普希金只不过和所有俄国人一道拥
有了它。由于普希金是一贯极为完美的艺术家，他也因此
成为这一特性完美的表达者。我国人民在内心里埋藏着普
世同情心和忍让精神，从彼得改革起的两百年间已经不止
一次地表现出来。（《普希金讲演》，见索洛维耶夫等，《俄罗斯
思想》，前揭，页115）

　　操心俄罗斯民族的身份，是彼得大帝改革开放以来俄国知
识界议论的主要话题之一；即便提出俄罗斯精神的独特时代使
命，也不是陀思妥耶夫斯基独到的感觉，西化派与斯拉夫派一
直在论争这样的问题。因此，奇妙的并非在于，作为德高望重
的大作家，陀思妥耶夫斯基在临终讲演中明确宣称自己是斯拉
夫主义者，而在于他宣称：看到西方启蒙思想宣扬的人道精神
本是俄罗斯民族早已经具有的精神品质，才算真正的斯拉夫主
义者。言下之意，启蒙精神的精髓不过就是要知识人成为平民
百姓的追随者，而俄罗斯的宗教精神早就如此了，明白这一
点，西化派与斯拉夫派之间还有什么必要争执不休呢？斯拉夫
派不晓得，自己固守的精神其实就是西方现代的启蒙精神，西
化派则不清楚，自己宣扬的启蒙精神不过就是俄罗斯平民百姓
身上的宗教虔诚中已经有的精神。所以，陀思妥耶夫斯基谦虚
地说：

　　这一新说法带来的成绩并不属于我一个人，而属于整
个斯拉夫主义……如果西方主义者采纳我的结论并赞同这

些结论，两派间的所有误解都将烟消云散。（《普希金讲演》，见索洛维耶夫等，《俄罗斯思想》，页116）

陀思妥耶夫斯基的《普希金讲演》没有让梅烈日柯夫斯基像索洛维耶夫那样激动，而是令他感到愤怒。在纪念陀思妥耶夫斯基逝世25周年的讲演中（1906年，时值日俄战事之后），梅烈日柯夫斯基开场就说到要害：陀思妥耶夫斯基把所谓真正西方的人道精神说成俄国的民族性精神，然后借普希金这样的民族精神的"脊梁"给俄罗斯农民施洗——"不在教堂，而在田野，不用圣水，而用神圣的泥土"——不过表明这位老人在精神怯懦中想逃进想象的农民东正教去找寻安慰。

> 在这终极未来的、没有实现但可能实现的农民阶级与基督教、关于土地真理与天空真理的结合中，蕴含着农夫马列伊的宗教力量。……［俄罗斯］农民阶级是基督教徒，或也许相反：基督教徒是［俄罗斯］农民阶级。不是老态的、国家的、拜占廷的、希腊—俄罗斯的，而是年轻的、自由的、民族的、农夫的基督教，方为"正教"。此为陀思妥耶夫斯基的基本思想。（《革命的先知》，见《先知》，页5）

陀思妥耶夫斯基赞美普希金的那些话，听起来就像在赞美自己。人们不是可以在其小说中找到他赋予普希金的那些精神品质吗？陀思妥耶夫斯基的小说不正是"把我国的那种反面人物类型揭示给我们看"，同时又塑造出一些"地道俄国式的、民族的"人物,以展示"对全世界都抱有悲悯的同情心"?

索洛维耶夫为陀思妥耶夫斯基的说法激动,要从古老的俄罗斯正教传统中发掘出真正神秘的基督教要素,而这些要素竟然被近代西方思想无耻地说成了自己的精神品质。俄国与西方的精神冲突就这样被克服了,或者说,西方现代精神就这样被古老的罗斯精神"超越"了。这是不是有点像 20 世纪的新儒家?要"创造性地转化"儒家精神的现代儒生没有发现这样的陀思妥耶夫斯基,实在是一大憾事。

梅烈日柯夫斯基年轻时也相信过陀思妥耶夫斯基—索洛维耶夫关于俄罗斯精神的传说,但当他用自己的眼睛来看的时候,就看出陀思妥耶夫斯基的小说与其"临终讲演"并不协调,"像在拜伦式的典型人物身上一样,在陀思妥耶夫斯基的主人公身上同样有着对芸芸众生的仇恨"。比如,在拉斯柯尔尼科夫身上,对人民的倨傲和蔑视就充分体现出来。拉斯柯尔尼科夫有一种"凶猛、落落寡欢、同时又是帝王的性格",认为自己有权像捻死虱子那样杀人,"以诅咒民众而自豪"(《永恒的旅伴》,页 201)。

这不正是在揭露"一贯脱离社会基础、高踞人民之上的知识界最重要和最病态的现象","把我国的那种反面人物类型揭示给我们看"?

倘若如此,《罪与罚》中提出的精神冲突问题马上就失去了尖锐性,其"超人"理念也就不可能与尼采问题相提并论。要么"临终讲演"中对农民温顺的赞美是真的,要么拉斯柯尔尼科夫对人民的倨傲和蔑视是真的。到底哪一个是真的,抑或两者都是真的？

寓言式的"宗教大法官"传说可以帮助人们判定哪一个可能性是真的。

这一著名的"传说"讲的是"自由与服从"这一所谓霍布斯论题。其中说到，芸芸众生宁要服从和面包，也不要自由。究竟谁需要自由？那个掌握权力和统治秘术的"宗教大法官"究竟是谁？"传说"中所讲的自由与面包"两者不可兼得"，是不是在神权政治与民主政治的对立中为前者辩护？难道农民基督教不是神权政治的另一面？农民的温顺与国家教会的专制不是刚好契合？"宗教大法官"在伊凡与佐西马长老的对立中究竟意味着什么？陀思妥耶夫斯基的小说喜欢用某个人物形象来代表某种"主义"，为什么"宗教大法官"恰恰是个隐身人物，在小说中没有化身？

如果把这"传说"与"临终讲演"加以对照，情形是否会是这样：为了从根本上稳住俄罗斯精神传统的脚跟，陀思妥耶夫斯基不得不回到传统的正教；鉴于现代西方的精神已经不可能承认神权政治，于是，陀思妥耶夫斯基便编造出一种农民式（等于俄罗斯式）的温顺基督教传统，然后把它说成真正的启蒙精神？

可是，"宗教大法官"传说中，伊凡显得推进了拉斯柯尔尼科夫的立场，与后者相比，伊凡的独白更雄辩、更尖锐、更深刻，调门自然更高，信念更坚硬。在《罪与罚》的结尾处，拉斯柯尔尼科夫魔心的寒冷似乎已经被索尼娅的爱心暖和过来，如今看来这倒像是个"光明的尾巴"，成了败笔。

还有一种可能："宗教大法官"的叙事是攻击罗马天主教

的神权政治。

这种解释有两个困难。即便在神圣罗马帝国，教权与皇权也从来没有像东方正教那样结合得如此紧密。到古老的东方教堂看一下就知道，里面安葬了多少皇帝，这在大公教是不可能有的事情。

再有，"宗教大法官"传说是伊凡自称编造的一篇"荒唐的东西"，或者说他讲的一个寓意故事——就像柏拉图笔下的苏格拉底讲真话时喜欢宣称的"荒唐故事"。换言之，在"宗教大法官"传说中，陀思妥耶夫斯基很可能戴着伊凡面具说了自己想说而不便说的话。如果认真体味、对比整个文本脉络中由双重引号交织而成的伊凡独白，情形也可能就成了这样：伊凡是成熟了的拉斯柯尔尼科夫，这意味着对人民的仇恨和轻蔑也变得成熟起来，不会再像拉斯柯尔尼科夫那样明目张胆地轻蔑人民。伊凡显得对人民有深挚的同情，却又通过"荒唐故事"暗示芸芸众生离不开超人的极权统治（神权政治）。于是，在"荒唐故事"背景中出现的对芸芸众生的温顺的颂扬激情，显得像具有煽动性的宗教义愤。

梅烈日柯夫斯基就是如此体味的：陀思妥耶夫斯基的作品可能是"俄罗斯宗教革命发出的第一个预言性真言"。从表面上看，芸芸众生的温顺与神权政治相互需要、相互支持，但"神权思想自内是最伟大的秩序、权力、和谐，自外将是最伟大的暴动、起义和无政府状态"（《革命的先知》，见《先知》，页48；亦参梅烈日柯夫斯基对比宗教大法官和高尔基笔下的卢卡长老时的论述，参《契诃夫与高尔基》，见《先知》，页327－333）。鉴于"地道俄国式的、民族的"正教在陀思妥耶夫斯基眼里恰恰就是农民基督教，宗教革命就会是农民革命。索洛维耶夫所赞颂的陀思妥耶夫斯基在"死屋"中的觉醒，并非是从知识人的密谋革命转向了农民的温顺，而是从知识人的革命转向了农民革命。陀思妥耶夫斯基把"高踞人民之上"说成"知识界最重要和最病态的现象"，要知识阶层改邪归正，回到人民中间，无异于号召他们当农民革命领袖。

倘若如此，陀思妥耶夫斯基怎么可能宣称其精神理想是"对全世界都抱有悲悯的同情心"？他"怎么可以不说出这真言？怎么可以把自己伟大的真理掩盖在伟大的谎言之下？把自己的宗教革命掩盖在政治革命之下？把神圣的反抗者——佐西马长老的真面目掩盖在可诅咒的强权者——宗教大法官的假面目之下"（《革命的先知》，见《先知》，页51）？梅烈日柯夫斯基从小嗜读书，上中学时就开始写诗。他父亲拿不准这儿子是否真有文才，牵着十四岁的梅烈日柯夫斯基去见陀思妥耶夫斯基，请大师给儿子看才相。大师"那双浅灰色的眼睛射出洞察一切的犀利目光"，看不出这少年有什么前途，就对他说，"要想写得好，得经受折磨，吃苦头"（《自传随笔》，前揭，页369）。在陀思妥耶夫斯基的谎言中，梅烈日柯夫斯基经受折磨，尝到了苦头。

在陀思妥耶夫斯基—索洛维耶夫看到"民族情感的真理"的地方，梅烈日柯夫斯基看到的是全民暴动的民族情感。下面这段话写在1906年，而非1918年以后，让人不得不承认梅烈日柯夫斯基的感觉过于锐利：

农夫马列伊的力量在土地；而土地离开他去了某个地

方。"没有土地"——这曾经悄声的抱怨变得越来越响亮，终于变成伟大俄罗斯革命中农民及全民暴动的绝望哀号和怒吼。土地在哀号，而天空不闻。土地浸满了血，而天空被火光照得要么漆黑要么鲜红。基督教走上天空，抛弃了土地；而农民阶级对土地真理绝望了，并且准备对天空绝望。土地，没有天空，天空，没有土地；地与天威胁着要在一种无限混乱中合为一体。那么，有谁知道，这混乱之底、这在地与天之间和农民阶级与基督教徒之间挖出的深渊之底在哪里？

从这基本的错误中，引发出陀思妥耶夫斯基所有别的欺骗和自欺。(《革命的先知》，见《先知》，页6)

索洛维耶夫为什么就想不到这里来？难道在这一"大秘密"上他们两个人是一伙？

梅烈日柯夫斯基也许并不晓得，陀思妥耶夫斯基的"宗教大法官"传说的构想，其实来自索洛维耶夫。

《卡拉马佐夫兄弟》1879年开始在刊物上连载。在此之前的两年，也就是1877年的头几个月，索洛维耶夫到彼得堡作了初次展露自己思想体系的"神人类讲座"。陀思妥耶夫斯基每场必到，倾听这位天才的青年哲学家阐述其宗教世界观。在接下来的一年，陀思妥耶夫斯基遇到爱子夭折的不幸，精神受到极大打击，差点无法再支撑自己。就在这年夏天，陀思妥耶夫斯基与索洛维耶夫一起到一家修道院住了几天，并同索洛维耶夫谈起新的写作构想。据说，索洛维耶夫的神人类论思想给了陀思妥耶夫斯基精神上很大支撑。①

　　梅烈日柯夫斯基是否知道这事，并不重要。甚至"宗教大法官"传说的构想是否真的来自索洛维耶夫的神人类思想，也不重要。重要的是，可以理解，梅烈日柯夫斯基为什么对自称陀思妥耶夫斯基学生的索洛维耶夫的思辨哲学—神学没有兴趣，还对追随索洛维耶夫的形而上学家们心存芥蒂。

　　撇开陀思妥耶夫斯基不谈，仅就索洛维耶夫的"神人类"学说而论，梅烈日柯夫斯基也感到其中蕴藏着可能连索洛维耶夫自己都没有意识到的宗教性革命因素。因为，在俄国历史上，某种神秘主义宗教学说不止一次发展成宗教知识人领导下的暴民和无赖的革命：共济会会员、马丁派神秘教徒及 18 世纪末至 19 世纪初的其他神秘主义者，都与十二月党人具有最紧密的内在联系；"俄国的'无神论'只是俄国神秘主义相反的、含混的和无意识的形式，也许，是魔鬼的、对立的、错误的宗教，但仍然始终是宗教"（《现在或永远不》，见《病重的俄罗

---

　　① 参 Wladimir Szylkarski, *Messianismus und Apokalyptik bei Dostojewskij und Solowjew*（《陀思妥耶夫斯基与索洛维耶夫的弥赛亚主义和启示论》），见 Antanas Maceina, *Der Grossinquisitor：Geschichtsphilosophische Deutung der Legende Dostojewskijs*（《宗教大法官：陀思妥耶夫斯基传说的历史哲学解释》），Heidelberg，1952，页 298－230。索洛维耶夫去彼得堡开《神人类讲座》的时间，一说在 1878 年，参见索洛维耶夫《神人类讲座》中译者前言，前揭，页 31。

　　十月革命刚刚发生，似懂非懂地接受了索洛维耶夫思想的象征派大诗人勃洛克马上敏锐而正确地说："'各国人民之间的和平与博爱'——俄罗斯革命正是在这个标志下进行的。"参见勃洛克，《知识分子与革命》，前揭，页 162。勃洛克是出色的诗人，但韦伯说，许多大诗人思想上糨糊一团。与这里讨论的问题相关，勃洛克当年批评梅烈日柯夫斯基的短文《"宗教探索"与人民》（见前揭书，页 45－54），也许证明韦伯言之有理。韦伯还说，"1914 年的德国完全是文学的产物"；不晓得 1918 年的俄国是否某种程度上也如此。

斯》，页 59）。梅烈日柯夫斯基曾经挖苦的"一位正在研究东正教义的当代学者"，大概也是索洛维耶夫学说的某个精神继承人：

> 从普希金和十二月党人、到忏悔的革命者、再到杜勃罗留波夫和这位研究教义的学者，难道没有一条隐秘的线索，一种俄国宗教精神最深刻的倾斜——从基督教到佛教，从宗教生命到宗教死亡，从复活到埋葬？（《低垂的头》，见《病重的俄罗斯》，页 39）

梅烈日柯夫斯基不信任布尔加柯夫—别尔佳耶夫圈子，根本上说，是因为他深刻怀疑索洛维耶夫的神权政治学说。索洛维耶夫是研究西学出身，但他深入西学是为了重建俄学、恢复俄心。神权政治学说采用黑格尔的历史哲学框架，把历史分成三个发展阶段——异教阶段、基督教阶段、神权政治阶段，神权政治的实现将是未来社会的理想形态。这一未来的神权政治的雏形，或者说胚芽，据说已经在传统的俄罗斯正教之中了，尽管东正教在历史三阶段的进程中也得经受辩证的扬弃。①按索洛维耶夫的如此设想，神权政治学说便解决了俄罗斯民族在现代处境中面临的历史哲学问题。

　　梅烈日柯夫斯基的思想同样有三段式的历史哲学框架——尼采也有，如此框架是 19 世纪思想的世纪病。问题并非在于

---

① 索洛维耶夫的神权政治学说，除《神人类讲座》，还可参见《神权政治的历史和未来》，钱一鹏、高薇、尹永波译，北京：华夏出版社，2001。

三段式的历史哲学框架本身，而在于如何设定框架以及如何锁定涉及民族、国家、统治权力一类的政治问题和涉及生命、精神、美德之类的伦理问题。在现代性引致的历史哲学面前，梅烈日柯夫斯基想到的是人类的普遍深渊，俄罗斯的命运不过是如此深渊中的一个实例。因此，正如即将看到的那样，在梅烈日柯夫斯基的三段式历史哲学框架中，突显的不是未来的、解决了一切尘世问题的神权政治理想，而是作为永恒现在的深渊处境。

在梅烈日柯夫斯基心目中，索洛维耶夫—别尔佳耶夫的神秘主义形而上学继承了陀思妥耶夫斯基小说中的魔鬼精神，企图靠人的思辨理性设想出来的神权政治或宗教革命一劳永逸解决人类的根本问题。陀思妥耶夫斯基小说中的基督精神根本与神权政治论或神秘主义形而上学格格不入，这一精神只有索尼娅才意识到了："生活极其困难复杂，……不能昧着良心只靠理论去解答"（《永恒的旅伴》，页207）。神秘主义道德形而上学或历史主义神权政治论，就像拉斯柯尔尼科夫的道德"算数"一样荒谬，形而上学家在做自己的算数题时犯一个小小错误，无数无辜的人就会死于非命。别尔佳耶夫跟随索洛维耶夫宣扬"神权政治是爱和自由的王国"，梅烈日柯夫斯基反驳说：

> 对于我们这些参与第三约、第三精神王国的人来说，在国家政权中没有并且也不可能有任何积极的宗教因素。对我们来说，国家和基督教之间不可能有任何联合、任何和解："基督教国家"——真是骇人听闻的奇谈怪论。基督教是神而人的宗教；在任何国家体制基础里或多或少都

有自觉的人而神的宗教。旧的、历史的教会总服从于国家
或转变为国家，新的、永恒的、真正的全体基督教的教会
与国家对立，就像绝对真理与绝对谎言的对立，上帝的国
与魔鬼的国、神权政治与民主政治的对立。(《关于新的宗
教活动》，见《病重的俄罗斯》，页84－85)

　　已经很清楚：索洛维耶夫及其精神继承人希望从陀思妥耶
夫斯基那里发展出一套关于俄罗斯精神独特性的"传说"，对
于梅烈日柯夫斯基来说，这种想法不仅不可能，而且令人恐
怖。陀思妥耶夫斯基思想异常复杂、矛盾，这是明摆着的。[①]
陀思妥耶夫斯基"有两张面孔——宗教大法官、反基督的先
知和佐西马长老、基督的先知。而且谁都不能断定，有时候连
陀思妥耶夫斯基也不知道，这两张面孔中哪一个真，哪里是真
面，哪里是假面"(《革命的先知》，见《先知》，页4)。陀思妥耶
夫斯基预感到"未来的基督"，又以最可怕的敌基督方式对抗
未来的基督，从这种矛盾的思想中，能直接发展出一种"民
族情感的真理"？

　　陀思妥耶夫斯基的宗教思想已经后—现代了，"白银时
期"的精神更新运动意味着新一代知识人面临新的思想难题：
如何理解并确定自己的精神位置。如何理解陀思妥耶夫斯基，
根本上是如何理解自己；理解陀思妥耶夫斯基的分歧，就是这
代新知识人精神的自我理解的分歧。别尔佳耶夫整天高呼

---

① 　R·Lauth 在其著的导言中列举的仅只一隅，参 R·Lauth，《陀思妥耶夫斯基哲学：系统论述》，沈真等译，北京：东方出版社，1996，页3。

"摆脱精神的奴役",却没有认真考虑也有这样的可能:"精神的奴役蕴含在一切自由的本源自身。"索洛维耶夫与恰达耶夫、赫尔岑、巴枯宁一样,为了担当俄罗斯的现代命运,跑到西方思想历史中去寻求真理,然后凭靠自己所体认的西方真理回头发现了"民族情感的真理"。在梅烈日柯夫斯基看来,这些形形色色的俄罗斯知识分子的楷模,其最终归属都只会是"精神逃亡",像果戈理笔下的人物一样,在神思恍惚时一心只"考虑如何逃离俄国"(《低垂的头》,见《病重的俄罗斯》,页40;亦参同书中的《嘴里满是泥》,页92-93)。

梅烈日柯夫斯基难道就不是陀思妥耶夫斯基的学生?

梅烈日柯夫斯基不但自称陀思妥耶夫斯基的学生,还宣称要与陀思妥耶夫斯基这个"受苦者一同受诅咒和得救"。但梅烈日柯夫斯基从陀思妥耶夫斯基那里学到的,不是神秘的"人民"东正教学说,不是埋藏在"神圣泥土"中的"民族情感的真理",而是全然异样的东西。

如果这是可能的话,会是什么呢?

象征叙事："你们现在担当不了"

梅烈日柯夫斯基一生写了好几部三部曲小说，这很可能与他迷恋三位及一体的数字关系有关。

《论俄国现代文学衰微的原因及各种文学新潮》宣告了象征主义之后，梅烈日柯夫斯基马上着手写第一部传记体三部曲小说《基督与敌基督》，历时长达十二年，是梅烈日柯夫斯基一生花费精力最多的三部曲。"基督与敌基督"这一总的标题，已经展示了梅烈日柯夫斯基一生思想的基本论题：圣灵与人灵的对立和冲突，"两种本原在世界历史上的斗争"（《1911－1913 年版全集序言》，页 378）。

圣灵之国在临近的过程中，必将引致基督精神与敌基督精神的紧张甚至冲突。这就是梅烈日柯夫斯基从陀思妥耶夫斯基的宗教小说中所学到的东西。

　　陀思妥耶夫斯基或者的确没有意识到，或者只是装作没有认识到基督教最珍贵、最深刻的思想对于他自己的宗教思想的意义。基督教的思想就是关于终末、关于第一次来临将完成和予以充实的第二次来临，以及在圣子之国后来临的圣灵之国："我还有好些事要告诉你们，但你们现在担当不了。只等真理的圣灵来了，他要引导你们明白一切的真理，因为他不是凭自己说的，乃是把所听见的都说出来，并要把将来的事告诉你们。他要荣耀我，因为他要将受于我的告诉你们"（《约翰福音》16：12－14）。如果说陀思妥耶夫斯基也考虑过第二次来临，那么，他考虑第一次依然多于第二次；他考虑圣子之国多于圣灵之国；考虑过去和现在都存在的信仰多于过去、现在和将来都存在的信仰。人民已经担当起来的，对于陀思妥耶夫斯基来说，掩盖了他们"现在担当不了"的。

　　陀思妥耶夫斯基用自己的全部热情焚烧出了难以忍受之痛苦的新宗教渴望，他想予以满足，不是用新瓶中的新酒，而是用没变成血的酒，没变成酒的水。陀思妥耶夫斯基只是给我们出了一个谜语……我们直面猜破这些谜语的必要性：要么猜透谜语，要么毁灭。（《托尔斯泰与陀思妥耶夫斯基》，页318－319）

　　如果《基督与敌基督》是梅烈日柯夫斯基象征主义写作的开端，那么，这也是他"猜透谜语"的精神行动。可是，"基督与敌基督"与象征主义有什么关系？即便"白银时代"的新知识分子们也理解不了。

　　"什么象征？象征是什么意思？"人们莫名其妙地问我。（《自传随笔》，页372）

　　基督临世必然带来两重世界的划分，象征的世界恰恰也以两种世界的划分为基础。别尔佳耶夫说得不错，所谓"象征是两个世界之间的联系，是另一个世界在这个世界上的标记。

象征主义作家相信有另一个世界"。①索洛维耶夫的思想继承人别尔佳耶夫虽攻击梅烈日柯夫斯基的象征主义圈子，但他们也被某些文化思想史家称为象征主义者。

　　既然我们已经知道这伙人并非同路人，把他们笼统称为象征主义者，可能会搞错好多事情。象征派中人伊万诺夫说，象征是一种思想和言说的动态原则，"是一种符号，在这符号中意指和说出的，绝不是一个单一的确定观念；一种符号与观念的固定构造只会把所有充满奥秘的象征变成一种元素式的形体，使象征主义艺术变成密码式的谜语"（转引自 Fedor Stepun，《神秘的世界观：俄国象征派五杰》，前揭，页 222）。作为符号的象征所意指的东西不是一个"单一的确定观念"，它可能与大地、生死、性别、认知、和解有不同的意义关系。攻击象征派的古米廖夫说得不是没有道理，"俄国象征派把主要精力用到幽玄莫测的领域，轮流结交，时而与神秘主义，时而与神智学，时而与通灵术"（古米廖夫，《象征派的遗产与阿克梅派》，见《复活的圣火》，前揭，页 21）。难怪伊万诺夫和随声附和他的勃洛克的象征主义，会被梅烈日柯夫斯基讥为"撒旦式的骄傲"（参见勃洛克，《答梅烈日柯夫斯基》，见氏著，《知识分子与革命》，前揭，页 141）。既然如此，一般地谈论俄国象征主义思想便失去了意义。对于眼下的问题来说，重要的是搞清楚，梅烈日柯夫斯基如何理解"象征"。

　　在所谓"象征主义宣言书"中，梅烈日柯夫斯基要摒弃

---

　　①　别尔佳耶夫，《俄罗斯思想》，前揭，页 224。这一象征论乃是索洛维耶夫的象征论的复述，参徐凤林，《索洛维耶夫》，前揭，页 259 – 261。

"描写环境的现实主义文学"，提倡"理想的诗"，主张小说也
应是抒情诗。①梅烈日柯夫斯基推崇契诃夫的某些小说，称之
为"单纯、简洁"的抒情品格的典范，同时又说契诃夫的市
民小说有损艺术的抒情之真。梅烈日柯夫斯基的所谓"象征"
是否就是"理想的诗"？什么叫"理想的诗"？

　　诗并非都是"理想的"，所谓"理想的诗"的提法，不过
是对诗的品质的一种理解。对梅烈日柯夫斯基来说，诗的品质
应该是一种人无法支配的灵性、一种"永恒的天然力量"。因
而，"理想的诗"是"具有（虔敬灵性的）思想意识的诗"，一
种虔敬的思想与诗（或抒情散文）的结合。如果这就是梅烈日
柯夫斯基的象征主义，那它首先是一种精神方式。正如别雷指
出的，梅烈日柯夫斯基不过想用另一种精神观念——不同于民
粹主义的精神观念来支配文学，尽管这实际上改变了俄国文学
的精神状况和政治文化趋向（参 Christa Ebert，《俄国象征主义》，
前揭，页 46 – 47）。

　　问题恰恰在于：梅烈日柯夫斯基通过象征主义的提法要标
明一种什么样的精神意识？

　　在一首题为"黑夜的孩子"的诗作中，梅烈日柯夫斯基
写道：

　　　　我们全神贯注
　　　　望着破晓的东方，

---

　　① 梅烈日柯夫斯基的妻子吉皮乌斯的小说集《新人》，的确有如清澈透明的
抒情诗，见"俄国象征派诗文辑"，《外国文艺》，上海：上海译文出版社，1981
(4)，页 243 – 288。

黑夜的孩子，不幸之子，
期待着我们的先知到来。

于是，心中满怀着希望，
离开人世之际，我们思念
这个创造得不完善的未来。

我们的语言，果敢大胆，
只是预兆来得太早，
但死亡的劫运终究难逃，
只是它延迟得太晚。

被深埋的要复活
于是，在沉沉的黑夜中，
有公鸡在长夜里歌唱，
而我们是清晨的严寒

我们是深渊上的阶梯，
黑暗之子，等待太阳，
我们把将要看见的光明当阴影，
我们将在它的光芒中死亡。①

---

① 引自《俄国象征派诗选》，黎皓智译，杭州：浙江文艺出版社，1996，页
122－123。

　　"我们"是"黑暗的孩子","黑暗的孩子"是"不幸之子"。"我们"的存在就是"清晨的严寒"或"深渊上的阶梯"。

　　什么意思？

　　"黑暗的孩子"的生命有如"清晨的严寒",显得是梅烈日柯夫斯基所谓"象征"的第一个含义。象征以两个世界的存在为前提,"孩子"在黑暗中,表明他也可能在光明之中,或者说象征着自己的光明身份。正因为这孩子没有在光明的世界之中,才是"不幸之子",他的生命才成为"清晨的严寒"。

　　"孩子"象征"我们"世人。"我们"什么时候成了"黑暗"之中的"不幸之子"？

　　当上帝第一次临世（圣父的国或者说旧约时代）,人便睁开了善恶的眼睛,看到自己生存中种种恶的本相,黑暗就降临了,生命成了"清晨的严寒","无法解决的问题","无从回避的痛苦"。在洪荒时代,没有上帝,什么都可以做,没有什么恶不恶的"问题",遑论"无法解决"。

　　在"我们"世人因"无法解决"的善恶问题痛苦不堪的时候,上帝又一次临世。这一次上帝临世的方式是,让自己的独生子到世上代人负罪、惨死,然后复活。凭着耶稣基督的生、死和复活,"孩子"们进入了新约（或者说圣子）时代,"我们"的生命品质发生了决定性转变：人身上有了某种神圣的东西,"于是,心中满怀着希望"。降临到人身上的这神圣的东西使得"我们"不再仅仅置身于"深渊"中,而是在深渊的"阶梯"上——凭靠基督带来的圣灵,"我们"世人有了走出深渊的可能性。基督的临世让"黑暗的孩子"看到了未来的光明,"我们"甚至急切地想要走进光明,"我们的语言,果敢大胆",甚至觉得死亡"延迟得太晚"。

然而,耶稣死而复活以后升天而去,"我们"依然还"在沉沉的黑夜中",即便有圣灵像报晓的"公鸡在长夜里歌唱","我们"仍然"是清晨的严寒"。

耶稣将要再来,圣灵之国正在来临⋯⋯

圣灵王国到来之后,现世将阳光普照,不再有黑夜——"我们"再不会是"黑暗"中的"不幸之子"。但圣灵王国只是即临的未来、神圣的将在,而非已经的现在。"我们"现在依然是"黑暗之子,等待太阳"。

不难看出,这是一种三段式历史神学。然而,与黑格尔、马克思、尼采、索洛维耶夫的三段式历史哲学或历史神学不同,在梅烈日柯夫斯基的三段式历史神学中,未来的将在是圣灵之国的即临、基督再来的神而人,而不是人类历史中随超人去往的人而神。第三阶段的圣灵王国是来临中的国,它使得永远处于现世深渊中的精神能够有所凭靠地承负现世的恶。圣灵基督教的历史神学,来源于耶稣被捕前对门徒密传自己将要离去然后再来的话:

> 我告诉你们这些事,是要使你们在这些事发生时会记得,我曾经对你们说过了。我当初没有告诉你们这些事,因为我一直跟你们在一起。现在我要回到那位差我来的那里去,你们当中没有人问我:"你要到哪里去?"可是,因为我把这些事告诉了你们,你们心里竟充满忧愁。然而,我实在告诉你们,我去,对你们是有益的;我不去,

那慰助者就不会到你们这里来；我去了，就差他来。他来
了以后，要向世人证明，他们对于罪，对于义，对于上帝
审判的观念都错了：他们对罪的观念错了，因为他们不信
我；他们对义的观念错了，因为我往父亲那里去，你们再
也看不见我；他们对审判的观念错了，因为这世界的王已
经受了审判。(《约翰福音》16：4－11，译文据圣经公会版《圣
经：现代中文译本》)

黑格尔、马克思、尼采、索洛维耶夫的历史哲学或历史神
学，不都是在凭着世人对于罪、对于义、对于上帝审判的观
念，匆匆赶去自己以为的、人类问题将获得终极解决的历史未
来吗？

耶稣说完上面的话，接下来马上说了："我还有好些事要
告诉你们，但你们现在担当不了。"不是这样的吗？耶稣说了
上面的话，"我们"世人（包括信基督的人）已经"担当不
了"——信徒凭什么有属灵的自夸？——何况圣灵之国的
"慰助者"到来以后要向"我们"世人证明，"我们""对于
罪，对于义，对于上帝审判的观念都错了"。

"我们"世人"现在担当不了"，才是梅烈日柯夫斯基象
征主义的支点。耶稣已经向"我们"透露了存在的"大秘
密"：自从上帝第二次临世以来，"我们"世人对于罪、对于
义、对于上帝审判的观念都是错的。可是，"我们"中的哲
人，自诩的属灵人，竟然"把将要看见的光明当阴影"，凭
"我们"世人对于罪、对于义、对于上帝审判的观念去实现人
类终极的未来。这不是把阴影当光明？梅烈日柯夫斯基说社会

民主主义和民族自由主义统统都是"胡扯一通"，又有什么不好理解？

现在可以明白，为什么梅烈日柯夫斯基说，敌基督精神是从上帝第二次临世后基督精神进入人灵时产生出来的。基督精神与敌基督精神的紧张和冲突，就是"我们"世人所处的历史阶段，就是我们人类近两千年来的历史。梅烈日柯夫斯基的三段式历史神学是对 19 世纪所有三段式历史哲学和历史神学施行的断头术。

谁是"黑暗之子"不是更清楚了吗？

所有的人——常人和大圣徒都是"黑暗之子"。在常人、甚至恶人身上，也有天使般的东西，在近乎天使般的人、甚至近乎圣徒的人身上，也有魔鬼般的东西。《罪与罚》让梅烈日柯夫斯基领悟到：不仅拉斯柯尔尼科夫是罪人——同时身上又有神圣的东西，索尼娅也是罪人，"也想用作恶来达到行善的目的"。就"黑暗之子"的身份来说，索尼娅与拉斯柯尔尼科夫没有分别，所以，他对索尼娅说，"我们是一样的人"（《永恒的旅伴》，页 210 – 211）。

> 当你像《罪与罚》的作者一样了解人们的时候，……难道罪恶与神圣的东西在活生生的人心里不是融合于一个活生生的解答不了的秘密之中的吗？不能由于人们是正直的而爱他们，因为除了上帝之外，没有一个人是正直的：像杜妮亚这样纯洁的心灵也好，像索尼娅这样伟大的自我牺牲精神也好，都隐藏着犯罪的因子。不能由于人们是有恶习的而恨他们，因为没有哪一种堕落会使人类心灵

中的奇妙美德不留痕迹地丧失殆尽。我们生活的基础不是
"以手段对付手段"，不是公道，而是上帝的爱和仁慈。

陀思妥耶夫斯基是最伟大的现实主义者，衡量过人类
深不可测的痛苦、疯狂和恶习，同时又是最伟大的诗人，
具有如福音书所教的爱心。《罪与罚》整本书都充满着
爱，爱是它的火焰、心灵和诗意。

陀思妥耶夫斯基明白，我们要在至高无上的上帝面前
为自己辩护的并非是自己所做的事，也不是自己的功业，
而是信念和爱。……正直的人并不是那种以自己的力量、
头脑、知识、功绩、清白而感到骄傲的人，因为这一切都
会与对人们的蔑视和憎恨联结在一起，而是那种比众人更
清楚地意识到自己身上的人类弱点与恶习、因而也比众人
都更怜悯和更爱人们的人。我们中的每一个人——好人与
坏人、一直在寻求"讨苦吃"的愚蠢油漆工米科尔卡与
贪淫好色的斯维德里加伊洛夫、犬儒主义者拉斯柯尔尼科
夫与妓女索尼娅，在心灵最深处的某个地方，有时候是在
与生活相距甚远的地方，都隐藏着一种冲动的激情、一种
祈祷，它会在上帝面前为人类辩护。

这是酒鬼马尔美拉多夫的祈祷："愿上帝降临吧。"
（《永恒的旅伴》，页215）

象征——说到底，是"我们"世人的生存品质：人"一
半是个罪人，一半是个圣徒"。陀思妥耶夫斯基让"我们"现
代的世人看到自己仍然处在新约时代的生存论含义上的本质
处境。

　　"我们"是否就得待在这里，留在"深渊的阶梯"上，一直是"黑暗之子"？

　　如果真是那样，陀思妥耶夫斯基就还算不上非常了不起的作家。陀思妥耶夫斯基把"我们"引到这里，然后把"将要看见的光明"——"未来的基督"提示给"我们"，同时把是否等待基督再来的精神抉择也留给了"我们"。俄罗斯精神面临的历史性抉择并非在于，选取何种"我们"世人所理解的"义"（自由、平等、博爱）或"上帝的审判"（历史规律、民族情感、"神圣的泥土"）去实现世人所理解的未来，而是在这"我们"世人"现在担当不了"的时刻选择跟随基督抑或敌基督。

　　因此，"我们"才不得不既赞美也诅咒陀思妥耶夫斯基，这是"我们"的命运。在 1906 年纪念陀思妥耶夫斯基的讲演中，梅烈日柯夫斯基开场就说：

> 　　也许，我想要说的关于陀思妥耶夫斯基的真话在这周年纪念会上显得残酷，但我对他的爱足够虔诚，可以说出关于他的全部真话。他不只对我一个人是所有俄罗斯以及全世界作家中最亲爱、最亲近的人，他给了我们大家——他自己的学生——人可能给予人的最大恩惠：为我们开辟了通向未来基督的道路。在此同时，也是他、陀思妥耶夫斯基，险些对我们作了人可能对人作的极恶——险些以敌基督的诱惑来诱惑了我们，不过，不是他本人的过错，因为通向未来基督的唯一道路，敌基督的路最近。……不是我们审判陀思妥耶夫斯基，历史本身完成对他的最后审判，对整个俄罗斯也一样。但是，爱着他、与他一同牺牲

的我们，为了与他一起获救，将不会在这最后的审判中离弃他；我们将与他一起被判罪抑或被开释。对他的审判亦是对我们的审判。我们不是原告，甚至不是证人，我们是陀思妥耶夫斯基的同谋。(《俄国革命的先知》，页3)

"我们是陀思妥耶夫斯基的同谋。"什么意思？

在陀思妥耶夫斯基身上，"天使与魔鬼在无休无止地论争"，最后他"担当不了"。拉斯柯尔尼科夫与索尼娅、梅思金与基里洛夫、伊凡与阿辽沙……"我们"大家同样如此。"我们"可能还没有意识到，光明与黑暗的冲突就在我们自己身上，陀思妥耶夫斯基替"我们"指了出来。

梅烈日柯夫斯基一再说"我们"，意在强调他仅仅是这"我们"中间的一员。显然，梅烈日柯夫斯基意识到言说信仰有某种危险——自己被世人看作某种新发明的神秘主义宗教的宗师。一再强调"我们"，无异于向人们宣示"不要门徒"，"只希望能有同路者"。

> 我不说：你们到那里去；我要说：既然我们同路，那就让我们一道走。我知道：我要去的地方，不能一个人去。如果说在我所写的东西里有布道，那么也只有一种：鼓吹不应该有布道；不应该有一个引路人，而应该大家一起走。……
>
> 我并不奢望给人们提供真理，但是我却希望：也许有人愿意跟我一起探求真理。果真如此，那么就请他跟我肩并肩地走那些崎岖曲折、有时黑暗恐怖的道路；请他跟我

分担我所感受到的矛盾痛苦，有时甚至是绝望的痛苦。
（《1911－1913 年版全集序言》，前揭，页 376）

陀思妥耶夫斯基思想中充满了敌基督精神：捍卫俄国专制
政体、美化国家正教、伪造民族德性，专制政体、国家教会、
民族德性都是敌基督的诱惑；但陀思妥耶夫斯基也是真正的福
音书精神的叙事大师。当且仅当通过这顽强的敌基督精神使我
们看清了什么是真正的基督精神——任何"民族情感的真理"
都不可谎称据为己有的福音书精神，这个敌基督的诱惑者才算
是"我们"走向"未来的基督"唯一的道路。没有从陀思妥
耶夫斯基身上看出"天使与魔鬼在无休无止地论争"的人，
便只会被陀思妥耶夫斯基灵魂中敌基督的诱惑把自己的灵魂拐
走，要么拥抱"民族情感的真理"，要么憧憬"民族自由主
义"的公义未来，再不然就成为"内在的流浪汉"。

基督精神在此世，才使得真正的象征世界成为可能。圣灵
降临此世必引致敌基督的此世对抗，圣灵入驻人的心中，是个
体生命的重生过程，也是天使与魔鬼的争斗过程。从保罗、奥
古斯丁、约阿希姆、但丁、路德等大圣徒身上，梅烈日柯夫斯
基看到，圣灵通过基督走向"我们"仅仅是可能。耶稣才真
正晓得区分圣灵和不洁之灵，因为他是上帝成人。大圣徒无论
如何被圣灵充满，仍然属于"我们"中人，最终没有能力区
分圣灵和不洁之灵。路德像陀思妥耶夫斯基一样，既值得赞美
也需要诅咒，同样因为他最终"担当不了"自己身上"天使
与魔鬼在无休无止地论争"，混淆了不同的灵（《路德与加尔
文》，页 20－21）。

　　为什么"我们"世人"现在担当不了"？因为"我们"现在或许会回到基督，或许会因心中不洁的灵成为敌基督者。即便在历史的（无论大公教、正教、新教的）教会圣徒——遑论非教徒——中，也可以看到接近基督和背离基督的精神抉择时的"现在担当不了"。陀思妥耶夫斯基作为一个叙事作家了不起，正在于他用小说叙事展示出人灵中的争战——耶稣早就已经亲自说过：他到这个世界来，是要"让人动刀兵"——个人生命的精神抉择的内心争战（而非自居圣灵的现世代表对他人的争战）。

> 　　天使与魔鬼没完没了的论争是在我们自己的良心里进行的，最可怕的是，我们有时候并不知道，我们更爱他们中的哪一个，更希望哪一个获胜。魔鬼用来迷惑人的不仅仅是种种享受，也还有自己是对的这类引诱：我们怀疑，魔鬼是不是真理的一个不可理解的部分、一个未得到公认的方面。（《永恒的旅伴》，页 208 – 209）

　　梅烈日柯夫斯基的主要著作大多是小说体或评论体人物传记，其用意不是很清楚了吗？

　　唯有通过对历史上各种精神人物的精神抉择的叙事，才能展现圣灵闯入人灵、个体生命重生时经历的灵魂争战。"保罗、奥古斯丁、路德、加尔文、帕斯卡，都是标志着圣灵在近两千年间、在各民族间——从耶稣到我们——之进程的里程碑"（《路德与加尔文》，页 434）。梅烈日柯夫斯基传记小说的象征意味就在于："我们""现在担当不了"。

　　陀思妥耶夫斯基不仅在精神上而且在叙事手法上，启发了梅烈日柯夫斯基如何叙述"近两千年间"中的"现在担当不了"。梅烈日柯夫斯基写了那么多精神人物传记，显得在把陀思妥耶夫斯基式的叙事变成他的圣灵降临的叙事。

　　何谓陀思妥耶夫斯基式的叙事？

　　首先是要动用所有描写手段"把读者带进悲剧之中"（《永恒的旅伴》，页 190）。陀思妥耶夫斯基非常善于刻画、描写灵魂的情绪变化，以便把读者"吸引到主人公的内心深处，拖进主人公的生活，就像漩涡把纤弱的草茎吸进水底深坑似的。读者的个性会一点一点地转变为主人公的个性，意识会与他的意识融为一体，激情会变成他的激情"（《永恒的旅伴》，页 191）。梅烈日柯夫斯基的传记体小说或评论就是如此，他要把"我们"吸引到历史中的精神人物的内心深处，拖进他们的精神生活，"就像漩涡把纤弱的草茎吸进水底深坑"。然后，让"我们"的精神一点一点地转变为这些精神人物的精神，与"现在担当不了"的困境融为一体，激情变成"现在担当不了"。

　　陀思妥耶夫斯基式的叙事还善于安排"现实的事与神秘的事的对比"，"故意借助偶然小事的不断巧合，把劫运的悲剧因素引入故事"。关键在于：

　　　　生活只是一种现象，只是一块幕布，幕布背后隐藏着
　　　人类永远也无法了解的情况。……平平常常的生活琐事中
　　　会展现出我们从未料到的那种深刻意义、那种秘密。（《永
　　　恒的旅伴》，页 193–194）

　　梅烈日柯夫斯基的传记体历史小说不同样如此？在他的精神人物的生平叙事中，不同样充满"现实的事与神秘的事的对比"？

　　"现实的事与神秘的事的对比"绝非仅仅是叙事艺术手法，而是某种含义深刻的秘密的自行展现。何种含义深刻的秘密？圣灵降临的秘密。"陀思妥耶夫斯基长篇小说的主轴"，梅烈日柯夫斯基解释说，就在于这样一个导致"时代的痛苦和忧郁"的问题："什么东西的位置更高"（《永恒的旅伴》，页206）。

　　凭靠什么来决定此世中"什么东西的地位更高"？

　　在梅烈日柯夫斯基的传记体三部曲小说中，有一部《耶稣》三部曲。不消说，这是梅烈日柯夫斯基的三部曲叙事作品中最重要的。别尔佳耶夫指责梅烈日柯夫斯基很少谈基督，显然不公允。早在1906年回复别尔佳耶夫的公开信中，梅烈日柯夫斯基已经清楚写道："唯有接受了以肉身到来的耶稣基督，才能区别基督与敌基督"（《关于新的宗教活动》，见《病重的俄罗斯》，页99）。问题关键并不在于我们是否知道历史上曾经有个耶稣甚至不断谈论他，而在于知道：耶稣曾在"我们"中间，"我们"却不认识他。凡象征都有一个所象征者，它不可认知、充满奥秘。对于梅烈日柯夫斯基来说，此世中最大的象征者是耶稣基督：耶稣对于此世中的"我们"来说，是"未知者"。

　　《未知者耶稣》是《耶稣》三部曲的第一卷。这部大著的母题来自《约翰福音》第一章中的一句话："道在世上，上帝借着他创造世界，而世人竟不认识他"（《约翰福音》，1：10）。

这个世界上，最难认识的是耶稣这个人与其他人的个体关系，即耶稣的个体身位与世人的关系，这不是指我与耶稣的关系，而是指耶稣与我的关系。①

"我与耶稣"同"耶稣与我"有什么不同，为什么梅烈日柯夫斯基特别强调这两种关系的重大差异？

凭"我们"自己的能力，"我们"认不出耶稣，即便耶稣就在我们中间。"我们"所谓的认出了耶稣，实际上是耶稣让自己被"我们"认出。圣灵降临的过程，就是"我们"与耶稣建立起个体性关系的过程，是个体与个体在者之间的关系。"我们"不可能与一位不在者有一种个体关系，但由于耶稣是神圣个体，"我们"与他的关系也不是一般的个体性关系。从"我与耶稣"的关系来认识耶稣，就是从现世的个体性关系来认识耶稣。于是，"我们"问：耶稣在吗？用现代的表达，耶稣不就是神话、历史人物或者信仰者的幻影吗？

从"我与耶稣"的关系出发的人，只会提出这类问题，根本没有可能认识耶稣。梅烈日柯夫斯基的叙事表明，在现代的"我们"中间所发生的乱认耶稣的事情，并非现代才有，耶稣生活的时代就已经有过了。"我们"世人之所以会把耶稣视为神话、历史人物或幻影，根本原因是：耶稣是神而人的基督。对于"我们"世人的认识能力来说，耶稣作为神性个体只会显身为另一世界（上帝的灵国）在世界历史中的象征——

---

① Merezkovskij, *Jesus der Unbekannte*（《未知者耶稣》），Leipzig，1932，页13。

人类眼中的一颗永恒之星。象征作为一个认知对象，无论你如何看，也看不够、看不全、看不尽其意味。神话、幻影甚至所谓历史人物一类的"认法"，不过是对神性象征的不恰当说法。

"耶稣与我"的关系则不同。这种关系基于基督的临世对于"我"已然构成的生存性事件。"我"的问题已经不可能是"耶稣是否在"，而是"耶稣是谁"。"耶稣是谁"的问题，才是福音书的真正主题。

按梅烈日柯夫斯基的解释，在福音书中，耶稣是否在的问题并不重要。"我们"若要混淆幻影与身体，只需闭上眼睛就行；若要分清幻影和身体，盲人也可以伸手触摸一下。从"我与耶稣"的关系出发，耶稣永远仅是神圣个体性的灵国象征。即便一个人是基督教徒、是教会中人，也不等于这个人与耶稣的关系就不是从"我与耶稣"出发。福音书甚至突出强调，耶稣自己的门徒也不认识基督：耶稣的门徒也是"我们"中人，他们与耶稣的关系同样可能是从"我与耶稣"出发。在历史的教会中，无数信徒描绘过自己所看见的耶稣，都有可能是从"我与耶稣"的关系来看耶稣，结果可能都是乱认耶稣。所以，梅烈日柯夫斯基说，历史上各民族的基督教（大公教、东正教、新教）不过是耶稣象征的马赛克式画像的一块碎片。

至今仍然可以提出这样的疑问：拿撒勒的耶稣真的就是我们所认识的？基督临世已经两千年，基本问题仍然是："我们"世人是否认识了耶稣？亿万双眼睛看了耶稣近两千年，真正认识他的又有多少？连耶稣身边的门徒都不认识基督，历史上那么多的圣徒也没有认出耶稣，"我们"现代人没有认出耶稣，又有什么好奇怪？

梅烈日柯夫斯基强调"我与耶稣"同"耶稣与我"的关系的根本差异，显然有针对性。

我们记得，《托尔斯泰与陀思妥耶夫斯基》一书提到：尼采为人神而与神人斗争，陀思妥耶夫斯基为神人而与人神斗争，"不仅俄罗斯文化、甚至整个世界文化的前途，都取决于这一问题"。现代性的根本问题是，人要取代上帝成为神，人而神抑或神而人成为现代精神的基本抉择。人而神的精神抉择从"我与耶稣"的关系而来，正如神而人的精神抉择从"耶稣与我"的关系而来。"未知者耶稣"绝非什么神秘主义叙事，而是具有现实针对性的警告：人成为神的冲动是基督临世以来从未消失过的魔鬼心意

既然"我们"世人不可能凭自己的认识能力——哪怕索洛维耶夫的神智或虔敬正统教徒的属灵——认识耶稣，"耶稣与我"的关系又如何可能？

复活的耶稣在村子里遇到自己的两个门徒，"亲自就近他们，和他们同行，只是他们的眼睛迷糊了，不认识他"（《路加福音》24：15–16）。复活的耶稣未被自己的门徒认出，尽管如此，耶稣还是与认不出自己的门徒同行。耶稣与世人同行才改变了"我们"与耶稣的关系，"我与耶稣"的关系才可能转变为"耶稣与我"的关系。

怎样转变，转变后"我们"怎样了？

　　他们（两个门徒）彼此说："在路上，他和我们说话，

给我们讲解圣经的时候，我们的心不是像火一样地燃烧吗？"（《路加福音》24：32）

复活的耶稣同世人走的路，就是世界的历史。在这历史中，世人——甚至信仰他的教会中人——不认得他。人类过去的历史如此，我们时代的情形同样如此。一旦进入了"耶稣与我"的关系，心就会"像火一样地燃烧"，有如陀思妥耶夫斯基和梅烈日柯夫斯基本人及其小说中的许多人物。

福音书所讲的连耶稣的门徒也不认识他的事情，在梅烈日柯夫斯基看来，含义太深远。世人不认识与自己同行的耶稣，不是因为世人没有读福音书、不晓得基督教，而是因为世人像两位耶稣自己的门徒一样，"眼睛迷糊了"。认识耶稣，不能用眼睛、而要用心灵看，正如认识象征要用心灵看，一旦如此，心就会"像火一样地燃烧"。

《未知者耶稣》的书名来自希腊教父爱任纽（Irenaus）的说法："我们尚未认识耶稣的身体形象"。①严格说来，《耶稣》三部曲是从这一说法敷衍而成的象征主义小说，真正的主角与其说是耶稣、不如说是耶稣基督的门徒们。梅烈日柯夫斯基写过奥古斯丁、路德、加尔文、但丁等历史上的大圣徒，描述他们与耶稣的关系；《耶稣》三部曲描述的则是第一代圣徒与耶稣的关系。

《耶稣》三部曲以新约为素材，也基于大量哲学和神学思

---

① 参 Merezkovskij, *Jesus der Kommende*（《来临者耶稣》），Leipzig, 1934, 页7。

想史文献——从希腊—罗马哲学、希腊—拉丁教父著述、中世纪经院神学到近现代神学和哲学有关基督的论述，甚至 19 世纪末至 20 世纪初对于梅烈日柯夫斯基来说相当晚近的新约研究文献。即便在今天看来，《耶稣》三部曲所依据的文献绝不亚于任何一部相当学院化的学术论著。《耶稣》三部曲从文体上讲虽然是小说，叙事中看不到任何文献的痕迹，实际上却具有注经性质，堪称叙事体的新约释经著作。①19 世纪以来，耶稣生平研究著作林林总总，《耶稣》三部曲的形式已经堪称独特，可谓象征主义的耶稣生平研究。

其实，不仅《耶稣》三部曲是注释性著作，梅烈日柯夫斯基诸多传记体小说和评论都带注解性质，无不基于作者博学的研究（别尔佳耶夫也曾经特别表示过佩服梅烈日柯夫斯基的博学）。文化史学家按现代学科分类把梅烈日柯夫斯基的主要著作强行划归"文学评论"，不懂得所谓"评论"其实就是传统上的大思想家惯用的注释写作方式。洛扎诺夫看得很准："就天赋和手法的总和来说，梅烈日柯夫斯基是位注释家。"② 古米廖夫在攻击象征派时，指责它"把神学降低为文学""把文学抬高到神学的金刚石冷宫"，很可能是在说梅烈日柯夫斯基。就现代的诗人或纯粹文人的立场而言，古米廖夫言之有理。但古米廖夫像绝大多数现代诗人一样，不懂得最高的诗——但丁、莎

---

① 1992 年春天，莫斯科神学院一位新约教授到巴塞尔大学讲现代俄国神学中的福音书释义学，没有提到梅烈日柯夫斯基。笔者当场问他如何看待梅烈日柯夫斯基的《耶稣》三部曲，他回答说："那是小说。"也许这位教授根本没有读过《耶稣》三部曲，只听说过梅烈日柯夫斯基这个人，晓得他是文学家，便如此回答。

② 参郑体武，《〈永恒的旅伴〉中译本序》，前揭。

士比亚、歌德、陀思妥耶夫斯基、里尔克、艾略特的诗，在这种最高的诗中，并没有什么文学与神学的划分。至于思想和学问的事情，古米廖夫就更不懂了，他只会说"在虚无面前，一切现象都是兄弟"之类不知所谓的话。

通过注疏前人的著作来表达自己的思想，是哲学和神学的传统写作方式。这意味着，后人应该与历史上伟大的思想者一起思想，思索曾让人类最优秀的头脑困惑的那些问题，而不是凭据几条哲学、神学原理或所谓思想方法（无论分析哲学、现象学、符号学、解释学抑或精神分析术）来思想。至于像某些现代哲学那样，从人类学、历史学、社会学、经济学的实证原理中引出几个理论框架来掀起一阵时髦思潮，或一心要想清楚所谓现代的思想方法，思想便已然成了技术。与历史上的经典思想家一起思想，抑或凭据现代的种种学科原理来思想，成了当今思想者面临的基本抉择。

在 20 世纪，以注疏家身份成为思想大家的有好些，但把思想注疏变成小说叙事而且卓然成大思想家的，可能唯有梅烈日柯夫斯基。看惯学理式哲学—神学论文，或仅把小说当小说来读的人，都难领会梅烈日柯夫斯基小说体传记的"象征"意味——巴特在《〈罗马书〉释义》中援引梅烈日柯夫斯基，说明他没有把梅烈日柯夫斯基的作品当小说。

"我们"的在世拘限使"我们"认识不到耶稣基督，耶稣基督亲自走进"我们"的拘限地，让自己得以被"我们"世人认知。在"耶稣与我"的关系中，基督已经让"我们"世人认识自己，此时"我们"的心就会"像火一样地燃烧"。

"我们"的心如何"像火一样地燃烧"？

《耶稣》三部曲第二部的书名是"来临者",讲的却主要是耶稣的门徒和使徒保罗的心如何"像火一样地燃烧":如何面对身体感觉的双重化——对躯体的身体和圣灵的身体的感觉差异。耶稣是灵国的在世象征,又是一个实实在在的血肉之身;耶稣的身体与基督的身体既是、又不是同一个身体,或者说两个不同身体在耶稣身上成为同一个身体。所谓基督信仰,原初地讲,就是认耶稣是基督,如此认信就发生在对这双重化的身体的认识之中。

所谓"我们"的心"像火一样地燃烧",在梅烈日柯夫斯基的叙事中,就是认信者因与耶稣的双重化身体相遇对躯体的身体与圣灵的身体的差异产生的惊异感,从而自己的身体感也双重化了。梅烈日柯夫斯基的所谓爱欲基督论的具体含义乃是:对基督的认信导致认信者身体感觉的变化,信仰是活生生的血肉生命的身体感觉的重生——"我"的身体在圣灵的身体中的重生。

如此产生的基督信仰始终是怵生生的,因为"我"的身体感觉重生后面对的是耶稣的受难。

《耶稣》三部曲第三部的主题是耶稣受难——书名即为《死与复活》。信仰基督根本是对耶稣复活的信仰,圣灵降临的过程在这里才达到终点:"对复活的信仰是整个基督教人性的动力"。① 如保罗所说,没有对耶稣复活的信仰,"我们"所信的一切都是枉然。

---

① Merezkovskij, *Tod und Auferstehung*(《死与复活》), Leipzig, 1935, 页360。

　　表面看来，《耶稣》三部曲是按福音书的叙事顺序来结构的。按照四部福音书的叙事，耶稣受难的主题——死与复活都在最后，因此，《耶稣》三部曲第三部的主题是耶稣受难，也就不难理解。但是，在梅烈日柯夫斯基叙事中，如此安排还有特殊的含义。

　　耶稣复活之后，上帝的话就说完了。对于"我们"来说，耶稣基督可不可认识的问题彻彻底底变成了耶稣基督可不可信的问题——是否相信耶稣的复活。然而，如此相信对于"我们"世人可能"现在担当不了"。按梅烈日柯夫斯基的解释，耶稣受难意味着世人意志的碎裂；耶稣复活意味着上帝意志的实现（《死与复活》，页 11－17）。面对耶稣的受难与复活，就是人灵与圣灵的相逢，人身上的两种灵——人灵与圣灵之间的争战的开始。

　　梅烈日柯夫斯基的"基督与敌基督"的叙事系列，严格来讲是从这里开始的（参见《1911－1913 年版全集序言》，页 376）。圣灵降临"我们"引致的人灵中的争战，用神学语言来讲，就是基督与此世的关系。彼得堡宗教—哲学社在活动初期（1902－1903 年）举办过一次以"基督与此世"为题的研讨会，梅烈日柯夫斯基和洛扎诺夫为研讨会拟定的具体议题是：精神与肉体、基督教群体与社会、教会与艺术、婚姻与贞洁、福音与异教的关系。显然，所谓"人灵"中的争战也有广泛的文化含义。梅烈日柯夫斯基当时提交的论文便是讨论果戈理的文学写作与东正教的关系，实际上是讨论福音与文化的关系。①
那个时候，《托尔斯泰与陀思妥耶夫斯基》刚刚完成不久，早
已着手的《基督与敌基督》三部曲还没有杀青。《耶稣》三部
曲虽然是后写的，其中所表述的信仰过程，与梅烈日柯夫斯基
的诸多论述艺术家、作家的传记体小说恰好构成一个象征性的
整体。

如果说，象征主义的一般特征是，通过描述现世的东西暗
示某种神秘的、超现世的东西，那么，梅烈日柯夫斯基的象征
主义则显得与众不同。在他那里，象征是圣灵降临的过程和人
灵在这一过程中的"心像火一样地燃烧"，以至于"现在担当
不了"。象征世界的构成，不是从现世到超现世的神秘主义，
不是单纯的二重世界的形而上学结构，而是基督的临世。梅烈
日柯夫斯基的象征主义不仅与神秘主义有别，也与其他象征主
义有本质区别——人而神与神而人的区别。某些文化史学者搞
不懂这一区分，甚至说梅烈日柯夫斯基没有什么真正的象征主
义写作，这一点儿也不奇怪。② 用反象征派的诗人古米廖夫的
说法，任何探索不可知的事物的尝试，"都是不贞节的"。梅
烈日柯夫斯基的象征主义作为圣灵降临的叙事，保持了探索的
贞节。

现在，我们可以更好地理解，梅烈日柯夫斯基的象征主义

---

① 参 Merezkovskij, *Gogol: Sein Leben und seine Religion*（《果戈理生平及其宗
教》）, München – Leipzig, 1914。

② 例如 Fedor Stepun 在其《神秘的世界观：俄国象征主义五杰》（前揭）中
对梅烈日柯夫斯基的肤浅评论。作者并非西欧学者，而是出生于俄国、十月革命
前就在莫斯科当教授、革命后流亡德国在大学教授俄国思想史的社会学家。

写作为什么一开始提出的主题会是"基督与敌基督"。自基督临世以来，基督与敌基督就成了现世精神的基本处境。在所谓现代处境中，"我们"面临的依然还是基督刚刚临世时世人乃至耶稣的门徒就已经面临的精神抉择：信基督抑或敌基督。陀思妥耶夫斯基和尼采所挑明的精神危机仅仅看起来是新的，其实在任何时代都可能出现，而且历史上已经多次出现。现代的精神问题的"新"仅仅在于，"我们"甚至对基督与敌基督的精神冲突已经没有感觉。在这一意义上说，陀思妥耶夫斯基和尼采所挑明的精神危机具有划时代意义：使"我们"得以恢复对这一精神抉择的意识。

基督精神与敌基督精神在人灵中的争战，是圣灵降临人世的必然结果；"具有（虔敬灵性的）思想意识的诗"，意味着对基督精神与敌基督精神的现世冲突的意识。"理想的诗"要记叙的是：必须穿过所有敌基督的道路才能走向"未来的基督"。所以，梅烈日柯夫斯基解释说：

> 陀思妥耶夫斯基的真正的宗教既不是东正教，也不是历史上的基督教，甚至不是一般意义上的基督教，而是超越了基督教、超越了新约的宗教，是启示录、应该来临的第三约、第三神圣身位的启示——圣灵的宗教，尽管他自己没有意识到，但这肯定在他无意识的生命深处。[1]

---

① Merezkovsikij, *I' ame de Destoiewsky*：*Le prophete de revolution russe*（《陀思妥耶夫斯基之魂：俄国革命的先知》），Paris，1922，页 9。

陀思妥耶夫斯基的思想是否真的如此，倒很难说。可以肯定的倒是：梅烈日柯夫斯基借陀思妥耶夫斯基表达了自己所理解的基督宗教的重点——第三圣国（圣灵之国）即临。这一思想的要义可以用一句话来概括："拯救世界的唯一希望是圣灵的第三契约。"圣灵是人的灵魂的唯一源泉，圣灵出自圣父和圣子，圣灵完成最终的拯救："圣父开始拯救世界，圣子继续拯救世界，圣灵将完成拯救世界"（《路德与加尔文》，页57）。信仰圣灵将完成拯救世界，并非意味着如此信仰能解决所有现世问题——国家强盛、民族复兴、平均财富、政治自由，而在于懂得：生活极其困难复杂，"不能昧着良心只靠理论去解答"；尤其懂得，凡是想要凭靠种种现代的"理论"（主义）解决所有现世的问题，实现人类的终极和平和幸福，都是魔鬼的诱惑。梅烈日柯夫斯基的象征主义，要维系知识人对基督与敌基督之间的紧张和冲突的精神感觉，有这种精神感觉，知识人才不至于对任何历史时期都可能出现的精神沉沦状态或当今种种"主义"的诱惑毫无感觉，以至干脆当精神流浪汉算了。

梅烈日柯夫斯基的象征主义小说有如酒鬼的祈祷，像陀思妥耶夫斯基笔下的酒鬼马尔美拉多夫那样的祈祷："愿圣灵降临吧。"

现代革命的"精神火山口"

1923 年，作家扎米亚京写道：

> 切实认真地问一下：什么是革命？
>
> 有人按路易十四的方式回答：革命——这就是我们；有人按日历式回答：某年某月；或者按字母回答，倘若从字母转到音节方面，那就是：两颗死寂的、黑沉沉的星星相撞，发出听不见而又震耳欲聋的巨响，燃烧出一颗新的星星，这就是革命。一个分子脱离开自己的轨道，侵入相邻的一个原子世界，产生出新的化学元素：这就是革命。罗巴切夫斯基的一本书烧坍了欧几里得世界的千年古墙，为的是开辟无数的非欧几里得空间的道路——这就是革命。
>
> 革命无处不在，万物皆有之。它是无穷了的，无有最后的革命，无有最后的数。社会革命不过是无数的数中之一数，因为革命的法则不是社会性的，它大得无比——是宇宙的普遍法则……有朝一日将会确定革命法则的准确公式。在这个公式中，将有这样的数值：民族、阶级、星辰——和书本。（扎米亚京，《论文学、革命、熵及其他》，见《复活的圣火》，页 189 – 190）

革命发生后，扎米亚京一直留在俄国。作为一个作家，扎

米亚京对于革命的事情能够想到和说到这种地步，已经相当
难得。

新宗教精神运动的主要人物在 1922 年大都被苏维埃政府
驱赶到国外，他们的写作虽然没有间断，但毕竟丧失了语言的
土地。从 20 世纪 20 年代到 80 年代，流亡的新宗教精神几乎
成了欧洲——尤其法国和德语国家思想文化界——的一个组成
部分。①

纳粹上台后，德国的流亡知识人以法兰克福学派为代表，
致力思索纳粹成功的社会、文化、心理、政治原因。同样，俄
国的流亡知识人以当年各个宗教—哲学社成员为代表，虽然已
经分化，无不致力思索俄国革命的成因。

梅烈日柯夫斯基在革命前已经就革命的事情说了许多，他
的话应验了而已，似乎再没有什么好说的。直到 1938 年至
1939 年间，梅烈日柯夫斯基先后完成了《路德传》和《加尔
文传》，人们才晓得，情形并非如此。

路德和加尔文是新教精神的创始人，梅烈日柯夫斯基带有
东正教神学背景，他几近于鞭笞导致教派分裂的新教，似乎是
顺理成章的事情：

> 人类的全部信仰起初都是刚刚下出的蛋，可惜很快就

---

① 在法国、瑞士、德国的旧书店，不难找到 20 世纪三四十年代俄国流亡知
识人著作的法、德语译本；法国和德语国家的俄国现代宗教哲学的研究论著也相
当多（20 世纪 80 年代以来，又有新的进展），这些国家的思想家、学者引述俄国
宗教哲学家的现象也很普遍。等到俄国将流亡的宗教灵魂迎接回国，时光已经流
逝到 20 世纪 90 年代。

变成了臭鸡蛋。宗教改革的命运也是这样可悲。成百上千的新教小教派在旧世界和新世界繁衍出来。在旧世界，新教变得枯干、僵化；在新世界，则发霉，并发出了"已不新鲜的鸡蛋"的气味。(《路德与加尔文》，页431)

如果以为梅烈日柯夫斯基写作《路德传》和《加尔文传》不过是站在东正教立场清洗新教精神，就搞错了。作为"文化基督徒"，梅烈日柯夫斯基没有教派立场。他写新教而非东正教历史上的圣徒传，并非为了教派问题。

《路德传》和《加尔文传》是单独分别出版的，但两书之间明显有内在联系，主题都是思索现代的自由、权力、国家问题。现代世俗的宗教性革命的精神根源，才是梅烈日柯夫斯基这两部传记体小说关注的要点。

法国大革命爆发后，思想家们（托克维尔、柏克）就已经认识到，这场现代的革命带有宗教性质。然而，究竟是什么样的宗教性？

"宗教性"是一个极其含混的术语，仅仅说现代革命具有宗教性质，等于没有对现代革命的精神品质作出解释。直到今天，思想史家、政治哲学家们仍然没有在这一问题上取得一致看法。对于现代革命的精神根源，有说是基督教终末论的世俗化（洛维特）、有说是灵知派精神的现代化（沃格林）。在《路德传》和《加尔文传》中，梅烈日柯夫斯基提出了自己的看法：新教精神——尤其加尔文精神，是现代世俗的宗教革命的"精神火山口"。

新教运动使教会产生出一百二十二个教会，使奠基教会的磐石分裂成如此之多的破碎的小块。路德和加尔文开创的事业不是变革，而是动荡和革命，并使历史的教会与未来的教会之间的深渊难以跨越。（《路德与加尔文》，页57）

不少思想史家在考察现代革命的成因时，相当关注历史上受到与国家权力联手的大教会压制的宗教小派。历史社会学家们随后跟上来，详细调查历史中各种"异端"小派的形成活动以及与整个社会秩序结构的关系。梅烈日柯夫斯基的观点看起来与这些思想史家、政治哲学家的看法没有什么差别，似乎现代革命是由新教分裂带出的无数不受控制的小派引发的，其实不然。

如果说《耶稣》三部曲是叙事体的新约释经论著，《路德传》和《加尔文传》就堪称叙事体的神学思想史论著，其中的叙事都基于原始文献（路德、加尔文的著作、书信）和研究文献（其他传记及神学研究论著）。在这里，梅烈日柯夫斯基主要思索的是现代革命的精神根源，但仍然没有离开其象征主义思想的基本主题：圣灵在人灵中的在世冲撞。换句话说，现代的革命精神不过是基督与敌基督精神这一纪元性冲突的历史表现。

陀思妥耶夫斯基在《群魔》中对革命党人的精深论析，被思想史学者视为对布尔什维克革命的"先知性分析"，实际上已经触及现代革命的宗教品质问题。在这一意义上，陀思妥耶夫斯基的小说同样可以被看作叙事体的宗教哲学论著——《群魔》乃叙事体政治—宗教哲学的范本，它力图揭示现代革命精神的品质：以崇高的人生价值论（人而神）面貌出现的虚无主义。①
梅烈日柯夫斯基的《加尔文传》显得要推进陀思妥耶夫斯基的
这一思索方向，明确提出这样的论断：现代世俗的神圣革命（从
法国大革命到俄国十月革命），乃是加尔文神义论的结果——加尔
文是卢梭的老师，卢梭是罗伯斯庇尔的老师，罗伯斯庇尔是列
宁的老师。"在日内瓦神义论中，出现了把改革与革命连结起
来的牢不可破的关系。断头台上的大铡刀是在塞尔维特火刑柴
堆上铸炼出来的。"（《路德与加尔文》，页 273，297）②

　　需要探究的问题自然便是：从神学思想史来看，加尔文神
义论是如何形成的。

　　按梅烈日柯夫斯基的分析，加尔文神义论的实质是，把福
音书精神还原为旧约的律法精神，勾销了"旧约与新约之间
不可调和的矛盾"。"加尔文是依西乃山律法条文实现福音的
新摩西"，对于他来说，基督的福音不过是旧约律法的装饰。
本来，保罗作为基督教会的主要奠基人已经宣告，基督事件既
成全也终结了律法，加尔文却暗中反过来：律法才是基督事件
的终点，最终以律法取代福音。

---

　　① 参 Fedor Stepun, *Der Belschewismus und Chrstliche Existenz*（《布尔什维克主义
与基督教的实存》），Kosel，1959，页 223 – 252；亦参 R. Larth，《陀思妥耶夫斯基
哲学：系统论述》，前揭，页 276 – 286。

　　② 将列宁的共产主义革命与路德和加尔文的宗教改革的历史的内在脉络联
系起来，绝非想当然的论题。Eugen Rosenstock – Huessy 在其大著 *Out Revolution：
Autobiography of Western Man*（《出自革命：西方人的自传》，Norwich，VT. 1969）
的第一部分，以"从列宁到路德：种种世俗的革命"为题，用四百多页篇幅追溯
了这一历史脉络。

法国大革命"断头台上的大铡刀是在塞尔维特火刑柴堆上铸炼出来的"。塞尔维特是谁？就是那个因与加尔文在神学看法上不同，被加尔文以教会法权名义烧死的神学家—牧师。人们以为宗教审判法庭是大公教才有的，其实新教中同样有。不同的是：大公教的宗教法庭有一整套诉讼制度和缜密的法典，相比起来，小派林立的新教的宗教法庭简直就像私刑。

梅烈日柯夫斯基在史料基础上讲述了这一历史上著名的塞尔维特事件，隐含在叙事中的则是这样一个神学论断：塞尔维特因批评加尔文以旧约替代福音书，才被加尔文用国家化的宗教权力判为异端送上火刑堆（《路德与加尔文》，页268）。①

了解近代神学思想史的人都清楚，加尔文的预定论是其神学的主干，而预定论恰恰又以其神义论为基础。预定论说的是上帝的"天意"，上帝的"天意"在地上就显现为"上帝的义"。"日内瓦的神义论"对"上帝的义"的解释，实际上包含着两个对立的上帝——基督与敌基督。基督精神与敌基督精神的对立，在所有圣徒那里都有，关键在于最终得胜的是哪一方。梅烈日柯夫斯基认定，在加尔文精神中，最终得胜的是敌基督的人灵一方，那里完成了"一种丧失了形而上学本质的、从新约向旧约、从自由向律法回归的尝试"。现代"文明"作为宗教改革的产物，根本是背离基督教福音原则的结果，它最终陷入敌基督的"全然的宗教虚无"（《路德与加尔文》，页278，429），也就不值得大惊小怪了。

---

① 反过来也可以理解，为何犹太教出身的大思想家施特劳斯会对基督教的加尔文另眼看待。参 Leo Strauss, *Spinoza's Critique of Religion*（《斯宾诺莎的宗教批判》），Uni. of Chicago Press, 1984, 页 193–214。

　　福音书旧约律法化的第一个结果是，自由的信仰变成了律法的信仰。

　　按梅烈日柯夫斯基的讲法，宗教改革刚刚出现的时候，路德还能以基督的名义赞颂自由。到了路德宗教改革精神的追随者加尔文那里，自由与基督之间的联系就被打断了。中古的大公教会并非是现代意义上的国家性质的，皇权与教权是尘世之城与上帝之城的关系。到了加尔文那里，教会成为现代意义上的国家性质的建制，这就是加尔文新教的基本特色，也是福音律法化的实际政治含义。

　　按梅烈日柯夫斯基的理解，福音精神根本上是自由——上帝给予人的最大赠礼是自由，个体自由中包含着"上帝真正的映象"、寓于人之面貌中的上帝面貌最为辉煌的光明。加尔文把教会建制国家性质化，却看不到国家本质上就是要让个体臣服。教会基于基督的福音抑或模仿现世的法律，就是历史中的教会所面临的基督与敌基督冲突中的抉择：

> 　　国家的要素是法律，归根到底是一种加诸个体的强力。教会的要素是爱，归根结底是个体的得救和复活。国家把人祭献给国家。在教会里，全部世人所不珍惜的那一位（耶稣基督）为了世人而牺牲自己。（《路德与加尔文》，页18）

　　梅烈日柯夫斯基攻击国家性质化的教会，乃至攻击国家本身，与民粹派对国家的攻击不同。民粹派认为，国家的恶本质上在于维护世间的不平等；对于梅烈日柯夫斯基来说，国家的恶的本质是压制个体自由。首要的价值诉求是自由还是平等，是区分自由主义与民粹主义的基本尺度。可是，梅烈日柯夫斯基所谓的"自由"，又与实证主义或无政府主义的自由主义所寻求的"自由"不是一回事。这两种"主义"的"自由"都是人而神的"自由"——基于人的自然本性及其权利的"自由"，梅烈日柯夫斯基所谓的"自由"则始终是上帝的恩典，圣灵降临的赐福——生命在上帝手中的"自由"。

由于将教会变成现代意义上的国家性质的建制，福音书旧约律法化的另一结果是，加尔文的新教精神催生了现代民族国家的精神原则。路德改教的实质是民族与教会的结合，只不过，在路德那里，如此教会式的民族国家还没有成为一种现实的政治原则。到了加尔文，教会式的民族国家作为一种政治原则便形成了。"在路德那里，有民族的意志，在加尔文那里，有普遍的意志。加尔文首先把宗教改革从路德强加于它的那种特有的日耳曼民族精神中解放出来"（《路德与加尔文》，页262)，使之成为普遍的现代民族国家的政治原则。

这种解放的方向是，把民族精神改塑成国家精神，而如此国家精神又是一种宗教精神——加尔文宗的国家观念是：我们的国家才是上帝的特殊选民（据当今一些学者说，美国的立国精神就如此宣称）。加尔文的神义论无异于一种人义论，因为，对于加尔文来说，重要的是同一的意志——普遍意志，但这个所谓"普遍意志"根本不具有大公教的普世含义，而是民族—国家的含义、国民的含义。毫不奇怪，到了卢梭那里，所谓"公民宗教"的提法就出来了。

在加尔文宗的教会建制里，就权力的统一和强制性而言，

绝不逊于罗马教会。由于加尔文宗的教会理念并非如罗马教会
那样是大公性的，其权力的统一和强制性的法源就有如四分五
裂、相互对抗的各个现代民族—国家的主权。就教会宗派组织
的全权形式而言，加尔文宗与大公教的耶稣会是同一类型，但
耶稣会毕竟嫡属罗马教会，而且并没有与哪怕像日内瓦共和国
那样小小的国家及其人民一体化。同样重要的是，耶稣会是教
士精英团体，而非平民性建制，其自主权恰恰针对国家和社
会，而非教廷。

　　加尔文宗就不是如此。对加尔文来说，国家权力和教会权
力都是 ordinatio Dei［神性秩序］。世俗国家的最高权力来自教
会，反过来说，教会的最高权力来自国家，教会与世俗国家就
一体化了。由于摈除了传统教会制度中的教阶等级，大公教会
中原有的教士精英与平民信徒的圣品差异被废除（所谓平等原
则），教会也就成了国家的人民宗教。这样一来，基督不再是
为了一个属灵的特殊群体（教会）作证，而是为一个教会—国
家的机构——日内瓦教务会议作证。加尔文的神义论，说穿
了，就是教会式现代民族国家的合法性论证，日内瓦教会的权
力与国家权力的合一乃是现代民族主权——现代式神权——国
家的原模。

　　梅烈日柯夫斯基在《路德传》和《加尔文传》中，一再
重申了自己的教会观。

　　教会是一匹从尘世的耶稣奔向上帝国的基督的骏马——人
而神的路；但为了得救，世界必须走与教会相反的方向：从上
帝国的基督到尘世的耶稣——神而人的路。教会的路向是走向
不可知的基督，世界的路向是走向不可知的耶稣。梅烈日柯夫

斯基以"未来的教会"提法与历史中的教会对抗，所谓未来的教会指的是圣灵降临的教会："基督教的生死存亡，不是指两派分立的教会，即西派与东派之一的生死存亡，而是指独一的普世教会的生死存亡"。唯有圣灵的教会，才是普世的教会，梅烈日柯夫斯基这位"文化基督徒"心靠的就是圣灵降临的教会：

> 未来唯一的和普世的教会可能不在基督教之内，而在基督教之外，不在圣子的第二契约之中，而在圣灵的第三契约之中。(《路德与加尔文》，页 434)

加尔文是（旧约）《圣经》至上，梅烈日柯夫斯基是福音书中的圣灵至上，这是两个人对教会的不同看法的根本原因。所以，梅烈日柯夫斯基声称，公教与新教的大论争是彼得与保罗的对立，两者的奥秘是圣父、圣子、圣灵的统一，但唯有约翰最清楚圣灵的奥秘：

> 约翰结束了世世代代各民族中的这场"大论争"；基督教两派被分离的两半，天主教和新教这两个教会将要被基督教东派，即正教联合起来；不是过去的、现在的，而是未来的正教，在圣灵的第三契约中的约翰的教会。(《路德与加尔文》，页 59)

圣约翰被东正教视为教会理念法统的奠基人，梅烈日柯夫斯基的论点看起来像是在"创造性地转化"东正教传统教义，其实不然。梅烈日柯夫斯基不仅否定了"过去、现在"的东正教，对圣约翰的圣灵基督论的解释也根本不同于东正教会的教义化解释。

除了不像拉斯柯尔尼科夫那样有的时候也会"含着温和的眼泪"，"觉察到别人所受的痛苦"，梅烈日柯夫斯基说，加尔文、罗伯斯庇尔与陀思妥耶夫斯基笔下的这个人属于同一类型的"宗教狂热分子"。在这样的人身上，

> 有一种真的是非常可怕的和几乎是非人类的东西。在让成千上万无辜者为上帝踏上篝火，或为自由走到斩首机底下去，让鲜血像河流般流淌的同时，他们真诚地认为自己是人类的恩人和伟大的正人君子。（《永恒的旅伴》，页198）

如果伊凡就是成熟了的拉斯柯尔尼科夫，参照梅烈日柯夫斯基所讲述的加尔文形象，人们是不是能够对伊凡所讲的"宗教大法官"有更清楚的认识？主张圣灵基督教的梅烈日柯夫斯基也把"宗教狂热"视为敌基督的人灵现象，恐怕值得我们认真思索。

梅烈日柯夫斯基看待路德与加尔文，就像他看待托尔斯泰与陀思妥耶夫斯基。这种关系说到底，就是基督精神与敌基督精神的关系：加尔文和托尔斯泰是敌基督精神的代表，在路德和陀思妥耶夫斯基身上，尽管基督精神与敌基督精神剧烈冲突，最终还是基督精神占了上风。梅烈日柯夫斯基的观点也许不无偏颇，却足以提醒我们审慎看待新教改革的政治哲学含

义，对于汉语思想开启思路、了解历史中的基督教会和神学思想史的复杂性，同样不无裨益。①

举例来说，梅烈日柯夫斯基以为，旧约与新约的差异，并非只是"公义的上帝"与"爱的上帝"之别，同样——甚至更重要的是：旧约偏重"上帝的子民（人民）"，新约偏重"个体的神圣性"。

> 在旧约的神权政治之后，在这里、在日内瓦，重新出现的不是一个神圣的个人，而是神圣的人民；国家和教会的目标不再是个体的神圣性，而是集体的神圣性；以色列的上帝重新向选民宣告："因为我是神圣的，你们也是神圣的。"（《路德与加尔文》，页 355）

"人民"与精神个体的对立，是梅烈日柯夫斯基思想中的一贯论题。从梅烈日柯夫斯基的思路推导下去，现代革命精神的来源，就不是什么受大教会建制压制的小教派，而是旧约的

---

① 加尔文式新教通过西方（尤其美国）传教士的宣教活动，对中国现代基督教会的发展有相当影响。另一方面，学界对新教运动及其在近现代社会和思想发展史上的作用，也理解得相当片面，新教改革的政治哲学含义迄今还没有受到学界关注。关于新教改革的种种流俗观点（诸如所谓新教改革与自由主义民主政治的关系），大多似是而非。关于路德、加尔文的政治思想，参见 Leo Strauss/ Joseph Cropsey 主编，《政治哲学史》，上卷，李天然等译，石家庄：河北人民出版社，1993，页 361 – 412；Quentin Skinner，《现代政治思想的基础》，段胜武等译，北京：求实出版社，1989，页 278 – 385，458 – 510。对自由主义宪政制度作出理论贡献的既非路德、亦非加尔文，而是胡克，其巨著《教会体制的法则》恰恰是为反驳加尔文清教徒而写的。参见 Carl Friedrich，《超验正义：宪政的宗教之维》，周勇、王丽芝译，北京：三联书店，1997，页 45 – 55。

宗教——"出埃及"的宗教。这种宗教的核心理念是"人民","出埃及"的人民的领路人摩西当然算是第一位革命家,但他的革命目的,恰恰是为了建立自己民族的神权国家——在革命的半路上就宣告了神律。[①] 民粹主义甚至社会民主主义,不过就是现代的"出埃及"宗教——法老的"埃及"变成了现代资本主义的"西方"。

> 所有拥护国家暴力的人都曾经是革命者,所有的革命者都是未来的国家拥护者。从罗伯斯庇尔到拿破仑只有一步,为了跨出这一步就应称为拿破仑。整个国家机器是凝固的革命,所有革命都是熔化了的国家机器。……对国家而言,所有革命中最危险的不是暴力,而是关于暴力的可能性及神圣性问题,即针对国家存在本身的问题和对所罗门的宝石戒指不谨慎的触及,戒指里囚禁着最可怕的造反魔王……关于暴力的形而上、道德、个人和社会的问题,所有革命中都出现过,但没有一次革命如俄罗斯的解放那样尖锐鲜明地暴露出暴力的宗教意义。(《灰马》,见《病重的俄罗斯》,页 20 – 21)

这话是在真正的大革命发生之前的 1910 年说的。

---

① 当代西方学者中也有人著书说,西方革命精神的最终来源就是旧约的摩西五经,比如 Michael Walzer, *Exodus and Revolution*(《出埃及与革命》, Basic Books, 1985),论者似乎没有受到过梅烈日柯夫斯基的启发。

"这样的人生活中没有任何无意义的偶然"

别尔佳耶夫对俄国革命的反思与梅烈日柯夫斯基不同。据他说，在革命之前，由于大多数新宗教知识人不关心人民疾苦、国家命运一类现实问题，脱离了俄国的社会和政治实际，脱离了社会中的普通人，不去解答他们的问题，结果让激进民主主义钻了空子，支配了现实社会的政治发展。言下之意，似乎还有点反悔自己当年加入新宗教哲学运动。

我国知识界大概有人会说，既然别尔佳耶夫这样的过来人都如此认为，那么从思想史来讲，梅烈日柯夫斯基的象征叙事还会有什么历史意义？

别尔佳耶夫虽然写了一堆讲"精神哲学"的书，其实他真正关心的是政治现实的变革。只不过他后来以为，要解决现实政治问题，需要首先解决精神哲学问题。梅烈日柯夫斯基在大革命发生之前写了不少政论，他的诸多文论实质上就是政论。至少从表面上看来，梅烈日柯夫斯基也一副很关心现实政治的样子。据俄国社会思想史家 Fedor Stepun 说，梅烈日柯夫斯基在十月革命前二十年间的知识界名气很大，但他的名气主要来自其文化短论和政论而非其小说。的确，不难想象，在那样一个动荡的年代，多少知识人会有闲心来读动辄几十万字的象征叙事？

解决实际的社会—政治问题——经济危机、政党冲突、劳资纠纷、社会贫穷、外敌压境，其实并不需要先解决精神哲学问题；即便解决了精神哲学问题，也不等于一个民族或国家可以很好地对付（遑论解决）现实的社会问题。梅烈日柯夫斯基攻击社会民主主义，并非因为这种社会—政治方案在解决社会政治问题时有什么缺陷，因此想用另一种"主义"取而代之。毋宁说，任何的"主义"都与梅烈日柯夫斯基的"政治"关怀不相干：圣灵基督论绝非一种替代其他"主义"的政治方案，尽管象征叙事及其文论、政论的写作本身就是一种政治姿态。1905 – 1906 年的革命之后，梅烈日柯夫斯基已经意识到：

> 与旧秩序的斗争只要是单纯地局限在政治平面上，像迄今为止所进行的那样，就不可能以胜利而告终。革命本来是与长着翅膀的猛禽斗争，可是却以为是在与四条腿的猛兽斗争。革命本来是尘世的，而它的敌人却不只是尘世的。这就是为什么革命会如此奇异而软弱地失掉了武器。对敌人的打击虽然穿过了他的躯体，但是没有伤着他，就像用剑击幽灵一样。（《1911 – 1913 年版全集序言》，前揭，页 377）

所有"主义"都是典型现代特征的理想性政治方案，现代知识人——据说——如果还爱国的话，似乎都得从种种相互对抗的"主义"中选取一种立场。别尔佳耶夫的"精神哲学"实质上是要寻找一种新的"主义"（政治方案），以便一劳永逸解决现实社会的政治问题，所以才会有那样的对新宗教精神运动的历史评价。一旦逾越出了"主义"之争，别尔佳耶夫就找不到一种恰当的尺度来评价历史中曾经有过的思想，革命的

发生要由"不关心现实问题"的思想负上一部分责任的说法
就来了。

如果说，别尔佳耶夫和梅烈日柯夫斯基实际上都关心政
治，那么，所谓"政治"的含义在这两人那里则根本不同。
与别尔佳耶夫相反，梅烈日柯夫斯基即便写政论，关心的也并
非是现实政治的变革，而是知识人的精神品质。1906 年，梅
烈日柯夫斯基写了《未来的无赖》，批判社会民主主义的精神
先驱赫尔岑，文章显得很"政治"，读起来却像一篇"文化基
督徒"宣言书。

早在 1864 年，赫尔岑就宣告，"该是心平气和地认识到市
侩阶层是西方文明最终形式的时候了"。赫尔岑的这一警告听
起来很像当年梁任公旅游欧洲回来后对中国知识界说的话：欧
洲的道德精神衰落了。

与梁任公一样，赫尔岑对俄国知识界的告诫并非基于他对
欧洲精神状况的洞察，而是依据当时"欧洲文化最高尚的代
表"的论断。赫尔岑并非自己"认识到市侩阶层是西方文明
最终形式"，他不过是听见了穆勒对英国知识界的惊呼：有教
养的人正在变成庸众，这样下去，要不了多久"英国将变成
中国"。赫尔岑忧心忡忡重复了穆勒的论断后补充说：俄国也
快跟上了。接下来他就表示赞同穆勒的提法：如今，知识界需
要来一场张扬个性自由的突变。

伯林的确目光锐利。他在差不多快一百年后指出，虽然赫
尔岑是个社会民主主义者，其实在性情上与穆勒一样，是个真
正的自由主义者。

穆勒式的自由主义者也会忧心有教养的人变成庸众？

　　赫尔岑发出警告的四十年后，梅烈日柯夫斯基断言：无论穆勒还是赫尔岑在警告知识人将变成"精神市侩"时，其实"都没有看到这种精神市侩习气的最终根源"。

　　凭什么这样讲？

　　　赫尔岑和穆勒看不到市侩习气的根源，就像人没有镜子就看不到自己的脸。他们为之痛苦、害怕在他人身上看到的东西，不仅在他人身上，而且就在他们自己身上，在于他们自身的宗教思想——更准确地说，反宗教思想——最终的、不可逾越的、甚至他们看不见的极限之中。(《未来的无赖》，见《先知》，页96)

　　穆勒、赫尔岑反对市侩精神，却不晓得自己就是典型的精神市侩。梅烈日柯夫斯基的说法已经让人感到恢怪得出奇，他还要加上一句更狠的话，这种"精神市侩"实质上也是一种宗教或信仰。

　　什么样的宗教信仰？"实证主义"的宗教信仰。

　　　广义上的实证主义是肯定向感觉经验敞开大门的世界：否定世界终于和始于上帝，肯定世界在种种现象中得到无终无始的延续，肯定无终无始、而无法琢磨的现象世界，肯定中庸、庸常和穆勒及赫尔岑所说的如中国长城一样绝对而又极其坚固的"密集庸才"，以及绝对的市侩习气……(《未来的无赖》，见《先知》，页96)

　　的确，无论你是否认同"实证主义"的宗教信仰，它似乎真的就是西方精神发展的最终形式。为了自己所属的民族精神不至于堕落成"精神市侩"，赫尔岑从社会民主主义转向了"实证主义"的宗教信仰——如伯林所说，它本质上是一种真正西方的"健康的"自由主义。

　　赫尔岑曾经是俄罗斯知识人的精神指路人，梅烈日柯夫斯基年轻时也曾经对"实证主义"的宗教信仰感兴趣，甚至为其所折服。在纪念屠格涅夫的讲演中，梅烈日柯夫斯基说的话与赫尔岑在精神转向之后说的话没有什么差别：

　　　　俄罗斯是形形色色最高纲领主义——革命的及宗教的最高纲领主义——的国度，在这个自焚的、最狂热的极端行为的国度里，屠格涅夫恐怕是自普希金之后唯一的"度"的天才，并因此是文化的天才。文化不就是衡量、集聚和保持价值的吗？

　　　　从这个意义上说，屠格涅夫与伟大的创造者和破坏者托尔斯泰和陀思妥耶夫斯基相对立，是我们唯一的保护者、保守者，并且如一切真正的保守者一样，是自由主义者。或者用当代的政治语言来说，屠格涅夫与最高纲领主义者托尔斯泰和陀思妥耶夫斯基相对立，是我们唯一的最低纲领主义者。

　　　　在此隐含着他的永恒真理。不管我们多么瞧不起最低纲领主义者，由于他们有"市侩气"，但没有他们，你仍旧无法应对；没有他们，最高纲领主义者会完蛋。我们的革命不成功，不就是因为其中蕴含着太多俄罗斯的极端、

太少欧洲的度吗？太多托尔斯泰和陀思妥耶夫斯基，太少屠格涅夫吗？（《屠格涅夫》，《先知》，页 286 – 287）

不仅伯林的《赫尔岑与巴枯宁论个人自由》一文的思想感觉，甚至他对屠格涅夫的解释，看上去都像在重复梅烈日柯夫斯基当年的思想感觉。那个时候，梅烈日柯夫斯基已经说，屠格涅夫简直可以算作"欧洲的本家"，因为他的小说精神所体现的自由主义"也许是整个西欧文化的特征"。梅烈日柯夫斯基甚至希望将自己的基督信仰与这种西欧文化的特征结合起来，以为这种本质上是实证主义的自由精神从人群中已经认出一脸人相的"凡间的基督、人类之中的基督"，懂得"除了基督谁也不能消除"人间"性的悲剧"（参《屠格涅夫》，见《先知》，页 286，297）。

不晓得是在哪一天，梅烈日柯夫斯基突然发现，在这真正西方的健康自由主义中，俄罗斯知识人因找不到克服庸众化的灵丹妙药，在"临近的绝望中，燃起了最后的希望——对俄罗斯、对好像将拯救欧洲的俄罗斯农村村社的希望"（《未来的无赖》，见《先知》，页 102）。这样的精神嬗变可能曾经让梅烈日柯夫斯基感到震惊：从"实证主义"的宗教信仰或"最低纲领主义"中，竟然产生出拯救欧洲的俄罗斯农村村社的新宗教精神——同时也是一种理想的政治方案，随之而来的是这种政治方案的对立方案——巴枯宁无政府主义对传统宗法制习俗的破坏热情。

事情还没有完。

为了克服无政府主义可能和已经导致的混乱，现代政党式的专制政治就有必要了。到头来，知识分子们纷纷自以为高明或大彻大悟地意识到，无论"整个历史多么荒谬，也没有必要给院落围上栅栏……反正整个世界都不过是魔鬼的滑稽剧"。梅烈日柯夫斯基吃惊地发现，巴枯宁出场的时候，赫尔岑对无政府主义的"诅咒"什么也说不出来。

> 的确，村社对蚂蚁窝的统治干吗应该使蚂蚁避免蚂蚁的命运？野蛮的奴役比有教养的无赖好在哪里？

梅烈日柯夫斯基这才明白过来：

> 当赫尔岑从俄罗斯跑到欧洲的时候，他从一种奴役跌入到另一种奴役中去了，从物质的奴役跌入到精神的奴役中去了。当他想从欧洲跑回俄罗斯的时候，则从欧洲的运动中跌向新的中国——跌入旧的俄罗斯的"中国静止"中了。(《未来的无赖》，见《先知》，页104)

这回梅烈日柯夫斯基看明白了，俄国知识人的处境从来就处于两种压迫之间：一方面是专制政体、一方面是黎民百姓。在现代性的历史关头，由于西方民主政治导致的政治危机和西方资本主义导致的经济危机，"在这样两种可怕的压迫中间，俄罗斯 [的知识人] 社会正在被磨碾"，碾成面包解救黎民的大饥荒和国体的大危机，"因此顾不上市侩，不图发胖，只要活命"(《未来的无赖》，见《先知》，页119)。

处于两种压迫之间，与其说是俄罗斯知识人的普遍命运，毋宁说是知识人这种人的普遍命运——在国家和人民之间的夹缝中生存。如果知识人要么投身国家，要么投身人民，以便让自己摆脱夹缝中的生存，那他就必得找到或者设想出一种什么"主义"，从而成为"知识分子"。如果知识人的生存目的既不是拯救民族（国家），也不是献身人民，那么他靠什么活、呼吸什么？若不成为某种"主义"者（知识分子），那从前叫作有教养的人，在现代社会中应该叫什么？

从前，专制政体与黎民百姓是统治与被统治的两极，有教养的人虽然被夹在中间做人，由于统治者与被统治者之间的差序格局空间不小，有教养的人也还有自己精神生存的回旋余地。到现代，民主政治起来了，黎民百姓可以而且应该成为主权专政的立法者，专政政体与人民便合为一体——史称民国。统治者与被统治者之间的差序格局发生如此"三千年未有之大变局"后，知识人的生存空间连夹缝也没有了，基本的生存抉择成了要么做 Folkefiende［人民公敌］——像易卜生宣称的那样，要么做"人民的朋友"。既然"人民"已经是民主政治的黎民百姓，"人民"的欲望和价值诉求开始拥有主权专政的正当性法权，认同"人民"的欲望也就成了首要的政治问题，所谓"精神市侩"便从做"人民的朋友"的知识分子中应运而生。

　　人民的朋友，像拉萨尔、恩格斯、马克思这样民主的天才领袖们，在宣扬社会主义的时候，不仅在实践中没有警示，而且在理论上也不会预见到赫尔岑和穆勒担心的"新式中国"——"精神市侩"的危险性。（《未来的无

赖》，见《先知》，页116）

明白过来的梅烈日柯夫斯基断言，"本世纪黑暗的世界统治者就是将降临到王国的市侩——未来的无赖"。在不同的民国，这"未来的无赖"的面目可能会有所不同。据梅烈日柯夫斯基看来，"未来的无赖"在俄罗斯有三个面孔：即将代替传统君王专政的实证主义专制、继续"向神授的君主报恩的东正教"和"三张面孔中最可怕的一张面孔"——"流氓阶层、流浪者、刁民"。

"实证主义"的自由主义精神不是反专制的吗？

不错，实证的自由主义甚至社会民主主义、无政府主义，都反抗专制。但是，这些"主义"反的是统治者与被统治者之间有差序格局的专制，而非"人民"主权的专制。有差序的专制意味着，"人民"的欲望还不是"君王"专政的价值基础，并不具有主权专政的道义法权。实证的自由主义与社会民主主义、无政府主义的政治冲突，不过因为对"人民"的理解不同——市民、农民、抽象的"全体人民"。"实证主义"的自由主义本质上与社会民主主义、无政府主义一样，仍然是现代民主的"人民的朋友"，要为每一个"人民"（市民）的欲望争取到政治权利甚至权力。所以，梅烈日柯夫斯基才问：赫尔岑是否预见到，"回应社会主义者的将是新的野蛮人可怕的歌声"？

谁是"新的野蛮人"？ "三张面孔中最可怕的一张面孔"——"流氓阶层、流浪者、刁民"是谁？黎民百姓中的"刁民"甚至暴民自古就有，算不上是"新的"。

象征主义诗人勃留索夫曾用据说极富诗才的语言写道：

颠扑不破的真理

我早已不再相信。

我爱所有的大海、所有的港湾

从无半点儿偏心。

我愿自由的航船

能够到处航行

无论魔鬼、无论上帝，

我统统称颂。

吉皮乌斯问：对于称颂上帝或者魔鬼没有差别的人，还有什么不可以称颂？

所谓"自由的航船"，不过装腔作势，凑韵脚罢了。一个被完全勃留索夫式欲望所控制的人能有什么自由，或者哪怕是关于自由的想法和概念？……到了魔鬼的大海，这船会不会沉没？[①]……被欲望、甚至是最可怕的贪欲烧

---

① 十月革命后，勃留索夫积极投身于新政权的文化组织工作，并成为象征主义阵营中唯一加入俄共的诗人。参见郑体武，《勃留索夫〈自传与回忆录〉中译本序》，前揭，页2。其实，也许在炮打冬宫事件之后的第二天，象征主义的另一位大诗人勃洛克就动笔写他那篇著名的《知识分子与革命》一文了，文中说"革命与大自然是难兄难弟"，"如同龙卷风，如同暴风雪，总是带来新的、意外的东西"；末了，他号召知识分子"用整个身躯、全部心灵、完整的意识去倾听革命"，因为，"精神即音乐。恶魔曾经要求苏格拉底听从音乐精神"。参见勃洛克，《知识分子与革命》，前揭，页161，171。

毁的灵魂，除了吞下痛苦的能力，还剩下什么？（吉皮乌斯，《往事如昨》，页 61 及 81）

在诗人"自由的航船"上，不就盛满"市侩精神"的胚芽？在当今知识人心目中差不多成了灿烂星空的"白银时代"，梅烈日柯夫斯基从西式"自由精神"中看到穆勒和赫尔岑惊恐的知识人"流氓阶层"。他不与周围的"自由主义"知识分子"圈子"为伍，以至于像友人勃洛克都不好理解，"为什么人们都不喜欢梅烈日柯夫斯基"；这有什么不好理解？

对于梅烈日柯夫斯基来说，如果从前有教养的人今天不至于变成"未来的无赖"中的"刁民"面孔，就得成为"真正的文化人"。如果人们还记得前面引述的伊万诺夫的宏论，就相当清楚，所谓"文化"问题指俄罗斯知识人面临的精神抉择。梅烈日柯夫斯基从圣灵基督教中看到的是现代"文化人"赖以生存的呼吸；所谓"文化意识"就是意识到，圣灵与肉身的紧张是世界历史的基本动力原则。从斯拉夫主义式或启蒙主义式知识分子的精神颂歌，转身到陀思妥耶夫斯基式知识人的精神深渊，难免成为穆勒和赫尔岑所看到的正在变成庸众的知识分子们的"公敌"。别尔佳耶夫指责梅烈日柯夫斯基的"文化基督教"过于看重身体和爱欲，搞出了尼采式基督教，可见他并没有搞懂梅烈日柯夫斯基强调身体和爱欲的意思。梅烈日柯夫斯基提出所谓身体、灵魂、精神这"精神高贵"的三要素，针对的恰恰是"未来的无赖"的三张面孔：活生生的肉体对抗大地和人民、活生生的灵魂对抗教会、活生生的精神对抗知识分子（《革命的先知》，见《先知》，页 134）。

从神学思想史角度看，梅烈日柯夫斯基的圣灵论固然可以说是世纪末情绪与约翰启示录融合的结果，但它更表达了对现代性的一种宗教—政治批判：通过圣灵降临的"现在你们担当不了"抵制现代性的实证形而上学庸众和民主主义的价值颠覆。正是靠这"你们现在担当不了"的圣灵气息，梅烈日柯夫斯基才摆脱了现代的种种"主义"、摆脱了纠缠俄罗斯知识人近两百年的西化—斯拉夫化的对立，看到知识人作为精神守护者面临的真正生存抉择：高贵抑或低劣甚至下流。

> 俄罗斯［知识人］社会彻头彻尾是高贵的，因为它彻头彻尾是悲剧性的。悲剧的本质与田园诗的本质是对立的。形形色色市俗的根源是田园诗般的万事如意，但趣味低劣，是"金色的梦"，但却是中国的铂金。悲剧、受难者十字架上真正的铁钉，是一切高贵的根源，是那鲜红血液的源头，它使所有领了这鲜血圣餐的人都成为"为王的一族"（"那些因为给耶稣作见证、并为上帝的话被斩首的灵魂……他们都复活了，与基督一起作王一千年"［《新约·启示录》]）。俄罗斯知识分子的生活从头到尾是波折、是悲剧。（《未来的无赖》，见《先知》，页119）

既然"受难者十字架上真正的铁钉"才是"一切高贵的根源"，梅烈日柯夫斯基就不得不承受这"铁钉"——尽管他现在还"担当不了"。"十字架上真正的铁钉"与种种现代知识分子的"主义"的对立，不是解决实际政治问题的方案之争，而是守护抑或放弃精神高贵的选择。就实际的政治文化而言，梅烈日柯夫斯基的"圣灵基督教"的确针对俄国知识分子的两大精神楷模——无政府主义者巴枯宁和社会民主主义者赫尔岑，但这不是政治方案或理想，而是精神高贵与精神市侩的"针锋相对"。梅烈日柯夫斯基一再说，无论社会民主主义还是实证的自由主义，实质上都是一种知识人的宗教。这一说法已经相当明白地传达出这样的意思：他与这两种在知识界占支配地位的"主义"的斗争，是知识人宗教之间的"诸神之争"。在这场现代之后的"诸神之争"中，没有"价值中立"的余地。

别尔佳耶夫的形而上学头脑为什么偏偏就明白不了呢？像一些巴枯宁和赫尔岑的中国信徒一样，这两位知识分子的楷模反对上帝、反对基督教，不过是在"与历史的幽灵、与在政治低地的雾霭中该理念被歪曲的折光"搏斗。现世的受苦——政治的压制和经济的不平等，成了他们反对上帝的理由，而最根本的理由据说还是基督教让人失去了精神自由——需要精神自由的当然是知识人。梅烈日柯夫斯基在这场"诸神的冲突"中问：

> 历史最大的犯罪——如果算是第二次受难的话，已经不是神人而是神人类的受难——在于，十字架是上帝的自由的象征，钉在十字架上的是人的自由。难道巴枯宁和赫尔岑敢断言受难者本人参与了这一犯罪？基督愿意人们受奴役？难道巴枯宁和赫尔岑从未想过基督对魔鬼的回答——魔鬼提议让基督统治此世所有的王国——是什么意思？（《未来的无赖》，见《先知》，页 109 – 110）

熟悉文化思想史的人都清楚，知识分子问题最先是在 19
世纪俄国知识界中出现的。所谓知识分子问题，实质上是俄国
民族性思想之精神基础的重新定位。梅烈日柯夫斯基的象征主
义根本上针对的正是知识人精神基础的倾斜，但他的同时代人
不懂，甚至他早年的象征派诗人盟友也不懂，以为他反对人
民，看不起黎民百姓。在梅烈日柯夫斯基写了那么多、讲得那
么明白后，诗人勃洛克仍然搞不懂，仍然要跨越知识人与人民
的界限："即便我们久已不再对人民顶礼膜拜，我们也不能背
弃或不再关心人民，因为我们的爱和思想素来倾向人民"（勃
洛克，《人民与知识分子》，见氏著，《知识分子与革命》，前揭，页
59）。然而，知识人精神基础的倾斜，根本是一个现代性问题，
或者说现代性引致的问题。用赫尔岑和陀思妥耶夫斯基的话来
说，俄国知识人精神在现代处境中产生了分裂，心中出现了两
个精神祖国——俄罗斯和欧洲。这里的所谓"欧洲"，不是古
老的欧洲，而是近代启蒙以后的欧洲。如何把俄罗斯精神与欧
洲精神拧成一个精神，是 18 世纪末以来好几代俄罗斯知识人
的心愿。梅烈日柯夫斯基的传记小说写的大多是"西方人"，
如此写作的含义是要寻回另一种已经被现代欧洲人遗弃了的精
神基础。

不妨设想，如果一个汉语作家写了十来部西方精神人物的
传记，他将会受到怎样的评价，还会被视为汉语作家？

梅烈日柯夫斯基对自己的写作有清楚的自觉：如此写作乃
是一种精神放逐。在临终之作《但丁传》的序言中，梅烈日柯
夫斯基希望自己"能像但丁一样，代表所有为祖国活的灵

魂——自由而斗争的放逐者"写作（《但丁传》，页12）。

自由才是"祖国活的灵魂"。谁为此而遭放逐？被谁放逐、放逐到哪里？所谓"活的灵魂——自由"又是什么含义？

梅烈日柯夫斯基经历过"对于全人类来说最可怕的日子"，却并不把自己的时代经历想象成人类历史上独一无二"最可怕的日子"。在人类历史上，这样"最可怕的日子"可能不止一回。如果所谓"自由"在梅烈日柯夫斯基看来乃是"受难者十字架上真正的铁钉"，自由就并非意味着人类和个人生命问题的完满解决，而是在对复活的信赖中承负历史和生命中的恶，在生命不可解决的复杂和矛盾中坚守受难者的十字架竖立的精神高度。酷爱这作为精神高贵的"自由"的人在现世历史中遭人民、民族、国家、教会放逐，不是头一回，也不会是最后一回。在但丁的经历中，梅烈日柯夫斯基就看到了酷爱"自由"的精神遭到如此放逐的命运。由于梅烈日柯夫斯基选择了精神的故土——知识人的在世生命赖以生息的"神圣泥土"，在这里只有"真正的铁钉"可以凭靠——为自己的"祖国"，他便只能与人类历史上的一个个被放逐者为伍：

> 也许在为人类活的灵魂——自由而进行最后的战斗前夕，一个俄国人在写书评论但丁，一个乞丐评论另一个乞丐，一个放逐者评论另一个放逐者，一个被判处死刑的人评论另一个被判处死刑的人，这仅仅是一个偶然的巧合，抑或有深远的原因？
> 在西方的欧洲，任何人现在都不会理解我所说的。可

是他们一旦看到——也许很快，在东方俄国的命运中正在决定着西方欧洲的命运，他们就会理解这一切。

但丁在西方人中间是个最西方的人，几乎不了解而且也不希望了解东方，在西方能够看到一切，而对东方却如同盲人，他完成自己一生最主要的事业——《神曲》……随后便死了，为了将在永恒中睡醒而长眠在东方的门槛——在拉韦纳（但丁安葬处。——译者注），东方曾经在那里死了，拜占廷东方帝国在那里结束，西方的罗马帝国在那里开始。（《但丁传》，页13）

不少俄国知识分子看到西方人离开了"受难者十字架上真正的铁钉"，便以为这"自由"精神已经死了。如果不愿回到自己靠"民族情感"才可能把握的真理和德性，就只好与现代西方精神一同走向精神的最低度，否则就会被视为"外国人"——在俄国知识界，梅烈日柯夫斯基就经常被其他知识人说成"外国人"。对于这样的称呼，梅烈日柯夫斯基懒得搭理。作为俄语作家，他心里明白，西方的欧洲人离开"真正的铁钉"不是头一回，但这与"我"的精神抉择有什么相干？

梅烈日柯夫斯基没有去写俄国东正教历史上的诸多圣人，"俄罗斯知识分子的灾难，不在于他不够俄罗斯，而更在于他太俄罗斯、唯俄罗斯"（《未来的无赖》，见《先知》，页125）。西方人如今看不到自己的历史上曾经有人在世人纷纷离开"真正的铁钉"时走向这"活的灵魂"，梅烈日柯夫斯基却看到了——所以他要讲述这些灵魂的故事。如果梅烈日柯夫斯基在其言论中也有一种民族精神，这只会是如此精神：西方人的精神命运不是俄国精神效仿的楷模，有教养的人的精神命运才与俄罗斯精神相干。

> 在第一王国——圣父之国、旧约——中，开启了作为真理的上帝统治；在第二王国——圣子之国、新约——中，正在开启作为按的真理；在第三、也是最后的王国——圣灵之国、未来之约言——中，将开启的是作为自由的爱。在这最后的王国里，将发出和听到最后的、尚无人发出和听到的未来上帝之名：得救者。
>
> 但在这里，我们离开的已经不是带着过去和现在之市侩的欧洲文化立足的岸，而是赫尔岑面对未来市侩立足的岸；我们驶向所有的岸皆消失的开阔的海洋，驶入未来基督教的海洋，它是三位一体统一大启示的三个启示中的一个。
>
> 在赫尔岑这个最伟大的俄罗斯知识分子的命运中预言了一个问题，决定全体俄罗斯知识分子命运的问题：他们能否明白，只有在未来的基督教中才蕴含着能够战胜未来市侩和无赖的力量？（《未来的无赖》，见《先知》，页110）

"未来"的含义不是历史的。正如梅烈日柯夫斯基没有接受过去历史的基督教，也不会指望未来历史中的基督教。耶稣基督再来时会宣告，"我们"世人搞错了"罪""义"和"上帝的审判"，"我们"世人的教会也不会成为例外。所谓"未来的基督教"，只会是耶稣基督说的"你们现在担当不了"的基督教——圣灵降临的基督教。在历史中的过去、现在和未来，"我们"世人都"担当不了"这样的基督教。如果不是这样，梅烈日柯夫斯基怎么会晓得，"信仰与信仰意识不是一回事。不是所有想信仰的人都在信仰；不是所有想不信仰的人都不信仰"（《未来的无赖》，见《先知》，页127)？

> 如果像但丁这样的人生活中没有任何无意义的偶然的东西，一切都是必然的、有意义的，那么这一点就像一切事物那样：但丁面向西方是暂时的，面向东方则是永恒的。但丁死在东西方的交界处，第一个预言全世界各国人民应该联合起来的人正是应该死在那里。……唯有在那里，人们寻求自由时抛弃了上帝并且反对上帝，因而陷入开天辟地从未见过的奴役之中，他们将会理解但丁的话："上帝给人们最大的赏赐就是自由。"（《但丁传》，页13)

如果"真正的铁钉"在基督教欧洲的西方被丢弃了，就应该让"现在担当不了"的俄语思想把它找回来，尽管俄国老早就是东正教的俄国。对于把"活的灵魂"认作自己"祖国"的人，这"真正的铁钉"才是世界上唯一的生命依靠。

与但丁一样，梅烈日柯夫斯基"这样的人生活中没有任何无意义的偶然"。我们翻译了如此之多的梅烈日柯夫斯基著作，但梅烈日柯夫斯基的精神抉择是否也会成为我们的生活中意义深远的偶然？提出抑或回答这样的问题，都已经超出了汉语思想的精神视域。因而，对于汉语精神来说，终归还得面对《约翰福音》中耶稣的话——我们"现在担当不了"。

"浪漫的"福音书中的"我口渴"

"唯有基督"是路德伪造?

思想论争自古就有，但很少有人去找两三代以前的人算思想账。19 世纪末，尼采开始追究最初的思想过失，指责柏拉图笔下的苏格拉底是哲人群体的"不肖子孙"，带领以后的哲人"背离了自己的父母之邦"。自那以来，20 世纪的思想界就忙于做这样一件事情，清查前人的思想导致的现代社会—政治迷误的责任。

路德是经常受到清查的近代思想家之一，不断有人要他对现代性问题负责。现象学的直观眼力看出，

> 在路德的著作中，有关人类群体生活的言辞比比皆是，既深刻又动听（婚姻、家庭、教会、国家），但是，人与上帝在根本上涉及拯救的本质联系，却被极其片面地置于个人的个体灵魂深处，放到其信仰中去了。（Max Scheler 语）

解释学的尖锐洞察力发现，依循路德主义的思想路线，

> 在回答上帝是为我们人而存在这个问题时，是无法找到绝对答案的，因为在人和上帝之间，没有了任何中介。这个所有问题中的首要问题，使人失去了立足之地，因为教会、宗教、家庭、国家、民族性或者诸如此类的不管什么，都不是找到上帝并无条件站在他面前的手段。（Karl Löwith 语）

　　甚至像舒茨（Paul Schutz）这样的路德宗牧师也追究自己所属教派的原祖，抨击"唯凭圣经"把历史中的圣经变成了超历史的抽象，"唯凭恩典"脱离了生活共同体的维系，使得"唯凭信仰"成了孤独灵魂的个人主义。① 舒茨显得比当年的路德还要激动，不等到路德宗革除他的教籍，自己就宣布退出路德宗。

　　这些清查的思想背景完全不同，对路德的指责倒相当一致：路德的"唯信主义"是现代个人自由主义的鼻祖。基督教在现代世界放弃了对人的生活共同体的关怀，要么使人陷入孤独个体绝望的被迫决断，要么人的灵魂被世俗的政治共同体（现代国家）拐走了，无论哪种情形都得归咎于路德的"唯信主义"。这些清查显然都并非只是为了单纯的信仰问题，而是反思社会—政治问题，涉及的也远非基督教的一个宗派（比如路德宗），而是现代性问题本身。

　　路德的"唯信主义"究竟是什么意思？何谓"唯凭圣经"？

　　其实，哪一种宗教没有自己的 Scriptura［圣书］？

　　　　拥有圣书是多数宗教的特点。……《圣经》本身不是启示，但它是信仰团体用来通向其赖以建立的原始启示的一条重要途径——虽非唯一的途径。（John Macquarrie 语）

---

① 参 Paul Schutz，《对路德宗信纲的评注》，朱雁冰译，见《基督之外无救恩?》（基督教文化评论），香港：道风书社，2000，页28。

在启蒙时代之后的现代多元宗教的语境中，"唯凭圣经"的信仰原则失去了其实质的正当性，听起来仅是一个纯形式原则。不然的话，关于何种"经"可以称"圣"，就会陷入无休止的宗教争论。台湾学界一位资深哲学翻译家说，将 Bibel 译成"圣经"是错译，因为英语的词源辞典中明白写到 Bibel 的原意是"草纸书"，儒教的经书才真正可以称为"圣经"。此君是否知道，章太炎早已经说过，儒教的"经"原意不过是用线（恰切地说应该是绳索）串起来的书？

既然 Scriptura 都不过是"草纸书"或绳索串起来的书，经书的"神圣性"只能来自民族共同体的历史性，而不是经书中带有的神圣启示的内涵。个体自由主义很难从民族共同体的历史性中引导出来，何况任何宗教当然都是信仰共同体，其中没有什么个体自由主义的余地。

何谓"唯凭信仰"？难道佛教、伊斯兰教、犹太教、儒教没有自己的"唯凭信仰"？各种宗教都有自己的 fides quae creditur［信仰实质］，倘若没有确定具体的"信仰实质"，"唯凭信仰"的 fides qua creditur［信仰行动］难道不仅仅是宗教精神的纯形式原则？任何一种宗教信仰都会具有"唯凭信仰"的精神成分，它并不决定这种行动是否是个体自由主义的。

"唯凭恩典"就是个体自由主义的？为什么在现代所谓个体自由主义的时代人们仍然可能提出"何种恩典"的质询？科学主义信奉的"恩典"与某某真理教信奉的"恩典"有什么共同之处？基督信仰理解的"恩典"与佛教理解的"恩典"有多少可以分享的东西？

"信仰实质"是问题的关键。在没有确定信仰行动之所信的实质之前,"唯凭圣经、唯凭恩典、唯凭信仰"的原则甚至都很难说是基督信仰的实质原则。路德"唯凭圣经、唯凭恩典、唯凭信仰"的"唯信主义"的确切含义,乃是基于这种一个信仰实质——耶稣基督的身位。路德所谓的 actus fidei[信仰行动]是 fides salvifica[得救的信仰],依靠的是耶稣基督这一特定而具体的 obiectum fidei[信仰对象]。如果基督教的圣经不是实质性地与基督的身位相关,只是与共同体的生活相关,任何宗教——当然都是信仰共同体——的经书都可以取代基督教的圣经了。

基督教的"草纸书"成为圣典,决然依赖于基督事件的发生,基督信仰决然依赖于耶稣—基督的这一个人身,基督信仰理解的"恩典"就是这一个耶稣基督的临在。舒茨没有看错:"唯信主义"的实质是"唯凭基督","整个改革宗神学都可以追溯到这一唯凭基督说,这是一项基本信条。不仅唯凭圣经,而且唯凭恩典和唯凭信仰都应从这个方面来理解"。

如此说来,"唯凭基督"就是现代个体自由主义的精神渊源了。可是,这个"唯凭基督"的提法,是路德自己的天才创造,还是另有所宗?舒茨把路德的"唯凭基督"视为"邪说",认为它取代了三位一体的基督教上帝观,导致唯圣灵主义的个体主义泛滥,还把"唯凭基督"等同于马克安(Marcion)的异端论,似乎这"邪说"是从马克安来的。大概意识到把现代个体自由主义的精神源头追溯到马克安明显有些荒唐,舒茨便转向了被路德看作唯一亲切、真实的"最心爱的福音书"——《约翰福音》。作为一个牧师,舒茨当然不便像

19 世纪的青年黑格尔分子那样，干脆说《约翰福音》是"骗人的东西"。他只是说，"宗教改革运动不过是循着圣灵指引的道路演进的一个时代。《约翰福音》中说，正是圣灵将为基督徒进入真理铺平道路"。但是，路德的 sola［唯凭］与圣灵的作用相矛盾，使圣灵的吹拂被"固定在某一历时瞬间"，引出了"危险的自由"。这样，舒茨就既判定了路德"唯信主义"信仰是现代个体自由主义精神的源头，又没有冒怪罪福音书的危险：那个导致个体自由主义的 sola 是路德伪造的，不是福音书中原有的。随后，舒茨就把自己信奉的现代保守主义的共同体关怀加到福音书中去了。

鉴于希腊教父俄里根（Origen）说过，马克安根本不接受《约翰福音》，路德的"唯信主义"的精神源头已经不可能归咎于马克安的"邪说"，而只能归咎于《约翰福音》。让我们不去理会舒茨在清查现代个体自由主义精神源头时的不诚实——明明归咎于《约翰福音》又不敢明说，而去直接追究路德"唯信主义"的精神源头《约翰福音》。

"唯信主义"的福音书?

《约翰福音》与现代个体自由主义的亲缘关系,似乎可以从现代思想史上的反面事例中找到证明。这个事例是教会神学之内的。以一种看似更周全的上帝观——比如舒茨的三一论的上帝观——来抵制或偷换"唯凭基督"的信义,并不是现代才有的事。加尔文把旧约的律法原则看得高于新约的福音原则,以旧约的上帝观淹没基督的独一身位,便得以制造出专制性教权的法制及其取消个体自由的律法共同体的权力。"在路德看来,始终应当根据福音来理解法的规诫,而不应当根据法来理解福音,加尔文的观点则与此相反"。[①] 这从反面证明了,"唯凭基督"的福音是使个体得自由。

然而,《约翰福音》是"唯信主义"的? 是个体自由主义式的信仰书?

19 世纪以来的福音书研究得出了一个迄今公认的结论,《约翰福音》与对观福音有很大不同:对观福音中的耶稣是历史的耶稣,《约翰福音》中的耶稣是信仰的耶稣。《约翰福音》不关注耶稣生平的历史事实,而关注这一历史事实的意义,它对对观福音的历史叙事作了唯灵主义的修改,以至于可以称为"浪漫的福音书"(David Friedrich Strauss 语)。

---

① Quentin Skinner,《现代政治思想的基础》,段胜武等译,北京:求实出版社,1989,页286。

《约翰福音》的作者与耶稣的精神使徒保罗一样，在叙述自己心目中的基督时，对于历史中的基督的生活细节已经不感兴趣。这当然不是因为保罗没有见过耶稣。要利用历史传言的材料，对于保罗来说并不困难，但他更关注耶稣被钉十字架和复活的事实。《约翰福音》的作者同样熟悉对观福音的传言，但更关心依据福音传言的新生。19 世纪的福音书学者说，"由于这部福音书的作者深信，自己对于基督教和基督的真正精神，比受到犹太主义影响的前三部福音书作者们理解得更好，所以他就可以心怀坦荡地根据其时代精神来改变福音历史"（F. Chr. Baur 语）。20 世纪的新约神学大师则宣称，《约翰福音》的作者把对观福音书中的历史叙事转换成信仰叙述，乃是一种必要的"解神话化"："对于约翰来说，耶稣的复活、圣灵的降临、耶稣的再来，都是同一事件，而信的人已经获得了永恒的生命"（布尔特曼）。

对观福音就不是信仰之书？得出这样的结论显然荒谬。19世纪的福音书研究大师鲍威尔（Bruno Bauer）尽管激烈批判教会传统对福音书的理解，但他研究福音书时所下的考据功夫没有人敢否认。按他的看法，对观福音书历史叙事中的耶稣同样是信仰的耶稣，历史叙事本身就是一种信仰的精神意识。的确，福音书之所以称为"福音"书，就因为它们讲的都是认信耶稣为基督这回事情。讲法不同，不等于所讲耶稣故事的意义不同。所有四部福音书都努力要保持福音精神的本来面目——认信耶稣是基督：耶稣基督是唯一的救主、唯一的恩典、唯一的信仰实质。《约翰福音》只有一次提到上帝国，更多提到了人的新生，但在这方面与对观福音没有差别。

无可否认，《约翰福音》与对观福音在叙述中透露出来的信仰姿态的确有差异：《约翰福音》真的显得想基于对观福音加深对于基督精神的理解。换句话说，《约翰福音》作者的信仰的精神意识的确要自觉和强烈得多。这一情形的原因何在？

《约翰福音》是福音书思想的一个新的开端：福音进入了"外邦人"（希腊人）的世界，一个犹太文化不再占支配地位的希腊文化的世界。《约翰福音》与对观福音的差别首先在语言上。语言是思想的体现，《约翰福音》脱去了犹太文化的比喻语言，换成了希腊的论辩语言，把基督的圣灵从对观福音带犹太色彩的历史叙事中提炼出来。《约翰福音》序言中那传颂千古的逻格斯基督赞，取代了对观福音中对耶稣家谱的冗长叙述，一方面以基督的身体化解了当时占支配地位的希腊哲学的逻格斯学说，另一方面借成基督之身的逻格斯的普遍性取代了犹太人的弥赛亚观念。在使耶稣基督脱离犹太文化约束的同时，耶稣基督的这一个身体突入了希腊人信仰的普遍的逻格斯，突入了海德格尔膜拜的希腊人的澄明世界（aletheia）。

毕竟，异质文化的土壤上并非只有温湿的水土，难免拒斥不同天空播下的种子。大卫·施特劳斯在解释何以《约翰福音》特别受现代人喜爱时说，《约翰福音》是"最强烈的动荡时代"中"激烈的思想论争"的产物。现代信徒不安、动荡的感情，与当年使徒约翰的信徒群体的精神背景十分相似，他们面对着陌生的文化势力，遭遇到异质文化的压力，信仰已经不再那么宁静、坚定，坚持福音信仰成了一种精神挣扎。正由于信仰的不断挣扎，《约翰福音》才竭力把福音传言提高到理想主义的思想水平，以承受面临的文化处境的压力，结果成了信仰的（等于虚构的）福音书。但就连这个大卫·施特劳斯也没有把第四福音书"动人的奔放、主观的情绪、脉动着的感情"完全看作唯灵论的产物："只有当我们把这部卓越的福音书一方面看作最精神性的，另一方面又看作最质料性的，才能对它有完全的理解"。①

《约翰福音》的认信力度的确比对观福音更强烈。如果福音精神书的思想核心就是认信基督，这便意味着对唯信基督的认信更强硬。福音书作者为了与亚历山大哲学和诺斯替教派思想展开信仰辩难（保罗同样如此），坚持唯有基督是救恩的信念，承担了保持福音精神本来面目的时代使命。为此，《约翰福音》改变了对观福音的历史叙事性，虽然如此，耶稣形象却既没有变成抽象的逻格斯，也没有变成灵知派的"嘘气"。这种更强硬的认信叙述适合近两千年来基督认信的所有处境，因为，认信基督的信仰生成过程中的不安、挣扎心绪是这种认信本身必然遭遇的生存状态。保罗遭遇过这样的生存状态，奥古斯丁遭遇过这样的生存状态，路德遭遇过这样的生存状态，基尔克果遭遇过这样的生存状态，巴特遭遇过这样的生存状态……当今时代同样面临这样的生存状态。基督信仰脚下的地面时而缓慢而持续地下沉，并不是现代世界特有的。

---

① 参 David Friedrich Strauss，《耶稣传》，上卷，吴永泉译，北京：商务印书馆，1981，页200－202。

"我在"基督论强硬的认信

《约翰福音》更强硬的认信叙述，并非单单体现在序言中的逻格斯基督论取代了犹太色彩的家谱，把希腊哲学抽象的逻格斯化解成以人身有限的生命形式与上帝同在的神圣的个体肉身，把耶稣的生命凝结在"道与上帝同在"的表述中。为了与灵知派的"嘘气"观和幻影论辩难，《约翰福音》还突出地采用了在希腊思想和对观福音中都找不到的耶稣—基督的"我在"（ ἐγώ εἰμι）身位的自我见证（见《约翰福音》第6章、第8章、第10章、第11章、第14章、第15章）。对观福音书中耶稣的受洗和受试探、最后晚餐、客西马尼园的孤单以及升天，都凝结在耶稣的 ἐγώ εἰμι［我在］中。

从 πρὶν Ἀβραὰμ γενέσθαι ἐγὼ εἰμί［"亚伯拉罕出生以前，我就在了"］（约8：58）的自我宣称开始，我在并非像序言中个体化了的逻格斯只是一个言，而是耶稣基督这一个个体生命作为唯一救恩的呈现过程，同时又是世人个体认信——认信基督的信仰生成过程。耶稣基督我在的自我见证随着宣告真正生命时间的到来（ ἀλλὰ ἔρχεται ὥρα καὶ νῦν ἐστιν［时间将到，现在就是了］；约4：23；5：25）而出现，这一自我见证的叙述通过对时间的分割带出了新的时间。"现在就是了"的救恩就体现在耶稣基督的这一个"我在"身体中，灵知派唯灵论的灵智之神的嘴就被堵上了。

解经家们说，"我在"的语式可以在旧约中的 ani hu［我是雅威]中找到来源，然而，耶稣的身位自我启示见证要回答的问题不仅是"你到底是谁?"（约8：25）——以回答那个犹太人的古老疑虑："这个人不就是约瑟的儿子耶稣吗? 我们认识他的父母，现在他竟说自己是从天上降下来的!"——而且还要回答"我"何以是基督，何以 έγώ είμι ή άνάστασις καί ή ζωή [我就是复活，就是生命]（约11：25）? 耶稣基督的身体不仅不是幻影，而且是将复活的身体。所以耶稣说，"上帝所要你们做的，就是信他所差来的那一位"。

　　我在的自我见证过程既是内在的，又救恩式地是三一性的，更重要的，是"我在"个体性的。

　　　我就是生命的食粮，到我这里来的，永远不饿；信我的，永远不渴。……你们已经看见了我，仍然不信。……我从天上下来，不是要凭我自己的意思行事，而是要实行差我来那位的旨意。差我来那位的旨意就是：要我保守他所给我的人，连一个也不失掉，并且在末日要使他们复活起来。……唯有从上帝那里来的那一位看见过父亲。我郑重地告诉你们，信的人就有永恒的生命。我就是从天上降下来那赐生命的食粮；吃了这食粮的人永远不死。我所要赐给人的食粮就是我的身体，是为了使世人得到生命而献出的。……如果你们不吃人子的身体，喝他的血，你们就没有真生命。吃我身体，喝我血的，就有永恒的生命；在末日我要使他复活。我的身体是真正的粮，我的血是真正的水……

　　耶稣基督的身体就在日常生命的实质中，"水"和"食粮"在这里不是象征或比喻，而就是日常生活必需的实质，耶稣基督通过自己的身体将上帝的爱的永恒生命注入其中。这种看似比喻的语式与旧约中的比喻不同，基督不是像活水甘泉，而就在活水甘泉中。伴随基督的身体和血而来的，是日常生命中的"一种特殊的享受和生命的感觉"，"世人的生命在其中重新发现自己，发现了爱，在这爱中，命运得到了和解"（黑格尔）。

　　这还仅是耶稣基督"我在"的具体性表达，还有"我在"的绝对性、唯一性表达：ὅτι ἐγώ εἰμι［我就是自在永在的那一位］（约8：24，28）所连接的"世界的光"。

　　　　我是世界的光；跟从我的，会得着生命的光，绝不会在黑暗中走。……即使我为自己作证，我的话也是真实的：因为我知道我从哪里来，往哪里去。你们都不知道我从哪里来，往哪里去。

　　"世界的光"是灵知派的语言，但耶稣基督这唯一的身体打破了灵知派唯圣灵论的想象。耶稣基督的身体在此，在这个世界之中，他不仅是上帝的儿子，也是人的儿子。"世界的光"不再是唯灵论的语词，而是一个会受死的身体。

　　　　我就是羊的门。在我以前来的都是贼，是强盗，羊不听从他们。我是门，那从我进来的，必然安全，并且可以进进出出，也会找到草场。……我是好牧人，好牧人愿意为羊舍弃生命。

耶稣基督"我在"的身体提出了新的生命诫命。在这个身体临世之前，所有宗教都是"都是贼，是强盗"。基督信仰是一切宗教之后，是"一切宗教的终结和扬弃"（巴特语）。

> ……我就是复活，就是生命；信我的人虽然死了，仍然要活着……我就是道路、真理、生命，要不是借着我，没有人能到父亲那里去。

这个一再突出的"我在"，把耶稣基督的身位与犹太人的宗法道德习传（律法），与希腊人抽象的逻格斯及灵知派唯圣灵论的宗教幻想区别开来。耶稣的我在不仅"反对犹太精神"（黑格尔），颠覆了希腊人的形而上学的理解力——人最需要的、最日常的东西，恰恰是人最不理解的——而且拒绝了灵知派信徒属灵的自诩和想离弃现世、否定现在的偏信。在基督的"我在"中，上帝的救恩成了历史中的现在，成了日常的喜悦（"我是葡萄树"），成了每一个"世人"个体的"我在"得救的道路。耶稣基督的"我"就在真理、光、道路，而非理性陈述所谓的"是"真理、光、道路。海德格尔所谓真理即在的澄明是地道的灵知派思想，早就遭到《约翰福音》作者记叙的耶稣的我在顶撞："我在"语式后面的宾词（真理、光、道路）不是概念，不是形而上学思维的陈述判断所必然包含的抽象普遍，也不是灵知派式的澄明，而是这一个将受死和复活的具体的血肉身体。"世人"相信这样的真理、光、道路，不需要任何形而上学，也不需要站到灵知派的澄明中去，而是让自己的身体与这一个"我在"身体结为一体。"esse 原本只是指呼吸"（尼采语），基督的我在通过自己身体的呼吸突破了 esse 默然且漠然的天然（自然），使人的生命在生命必需的类比中把自己的"我在"理解为与上帝儿子的身体一同呼吸。

与基督的"我在"一同呼吸就是信仰。因此，在耶稣基督的自我见证过程中，出现了基督给出的取代律法的诫命和对自己的门徒的身份规定："我给你们一条新命令：你们要彼此相爱；我怎样爱你们，你们也要怎样彼此相爱。如果你们彼此相爱，世人就知道你们是我的门徒"（约13：34－35，参15：12－17）。作为黑暗因素的不信与基督身上的光明因素的对比，在与耶稣的"我在"的相遇中，成了"世人"个人的生命历史事件。"我""世人""门徒"是三种有差异的"我在"状态，"世人"对耶稣的"我在"的认信不是人的精神自然而然产生的，而是上帝通过基督的身体的所在（我在）赐给人的呼吸。"世人"都是因罪（欠然）而眼瞎的瞎子，"门徒"意味着从"世人"中认出了耶稣基督，知道耶稣的眼睛"不仅为自己也替我看路"（索福克勒斯）。

耶稣基督的我在并非如释经家通常所说的那样，止于经文11：25 的"我是复活和生命"。耶稣基督这独一个体的"我在"身体是一个生命过程，不仅在真理、光、道路，而且经历了尘世的"受审"、十字架上的受死和从坟墓中的复活，不仅在我在的语式中，而且在具体的救恩行动中。救恩行动是历史中的行动，会面对各种不同的人。耶稣基督的自我见证面对不同的人——怀疑的、反对的、敬爱的——有不同的说法。面对执政官时，耶稣的自我见证是：

> 我的国度不属于这世界；如果我的国度属于这世界，我的臣民一定为我战斗，使我不至于落在犹太人手里。不，我的国度不属于这世界！……我的使命是为真理作证，我为此而生，也为此来到世上。(约 18: 36 – 38)

上十字架受死之前，耶稣的自我见证面对的是自己的母亲："妈妈……我口渴。"这一段记叙是《约翰福音》独有的：耶稣临终前把自己最心爱的门徒交给自己的母亲后，"知道各样的事已经成了，为要使经上的话应验，就说'我口渴'(λέγει διψῶ)" (19: 28)。临终前最后的自我见证是面对自己的天父说："成了"，然后"将灵魂交给上帝"(19: 30)。

"世人"不可能懂得耶稣基督对自己的天父说的"成了"，也不可能完全明白，一个宣称自己就在"真理"、"光"、"道路"、"生命"的人身，何以会如此屈辱地被钉死在十字架上。这一切都超出了"世人"的理解和想象能力。一旦有"世人"把耶稣对自己的天父说的"成了"变成自己对"世人"说的"成了"，他就成了现世的"魅力领袖"——这个词在《圣经》中的意思就是恶魔。"世人"所能理解的仅仅是耶稣作为人的儿子对母亲说的"……我口渴"。"所有异教——基督以前的基督教，都是人子无法解除的忧伤，而基督以降的所有基督教，都是圣母无法排解的忧伤"(梅烈日科夫斯基语)。圣母的忧伤来自基督临刑前的那一声"妈妈……我口渴"。

耶稣基督的我在复活后继续救恩行动的自我见证。第一句话是对守候在墓旁的玛丽亚说的："你为什么哭呢？你在找谁？……你不要拉我，因为我还没有上去见我的父亲"（约20：14，17）。基督的这一个身体，这一个遭受了在世死刑的累累伤痕、而今又死而复生的身体，彻底驱走了唯灵论的幽灵。上帝（天父）和圣灵都在这一个身体上。基督的这一个身体就是三一性的，难道有不同圣父和圣灵维系在一起的基督的身体？倘若"唯凭基督"成了舒茨所谓的非三一性的，复活后的我在怎么能对门徒说：

> 把你的指头放在这里，看看我的手吧；再伸出你的手，摸摸我的肋旁吧。不要疑惑，只要信！……你因为看见了我才信吗？那些没有看见就信的是多么有福啊！（约20：27-29）

"伸出你的手，摸摸我的肋旁吧"，耶稣基督的自我见证始于"我在"的身体，终于"摸摸我的"身体的请求。耶稣基督的这一个身体决然是认信基督的凭据。针对所有异质文化而言的"那些没有看见就信"，是《约翰福音》超越对观福音的历史叙事性的认信强度最根本的认信所在。《约翰福音》确然是认信的叙述，只有像大卫·施特劳斯那样跪倒在历史主义脚下，以为历史主义可以代替耶稣基督的眼睛替自己看路，才会"大大地动摇了""对于第四福音书的信心"。

"唯有信仰"的含义是唯有信仰耶稣即基督、即上帝的儿子，唯有这样的"我信"，才能获得永生的生命。《约翰福音》作者记叙耶稣基督的自我作证，"是要你们信耶稣是基督，是上帝的儿子，并且要你们因信他而获得生命"（约20：30）。如果有基督中心论，耶稣基督的我在就是原祖！"在 ἐγώ εἰμι 面前，所有古老的神祇都被褫夺了权位"。①既然路德的"唯信主义"就是"唯凭基督"，就绝非断然取消了人与上帝之间的所有中保，而是断然拒斥所有不是耶稣基督我在的中保，回到唯一的中保——耶稣基督的我在。路德的"唯信主义"确然来自他"最心爱的福音书"——《约翰福音》，那个被舒茨指责为伪造的 sola 的源头，就在耶稣基督的我在身上！大卫·施特劳斯所谓"路德偏爱第四福音书，是与他的称义教义分不开的"，要颠倒过来说才恰切：路德正是从对第四福音书的深切体悟中才得出了因信称义的教义。②

从历史上看，这样的"唯凭信仰"会与教会体制——如果它不再是基督身体的承载体——发生冲突，有被称为异端或非基督教徒的危险。路德的命运就是如此。然而，"正是因为这种个人的宗教感受，无论路德是被轰出或是离开了教会，他

---

① Edward Schweizer, *Ego Eimi*…: *Die religionsgeschichtliche Herkunft und theologische Bedeutung der johanneischen Bildreden*, *zugleich ein Beitrag zur Quellenfrage des vierten Evangeliums*（《我在……：〈约翰福音〉的形像话语的宗教历史起源及其神学意义，附论第四福音的起源问题》），Göttingen，1939，页126。

② 对所谓伪造 sola 的说法，路德已经作出了回答。他挖苦这些攻击自己的教士是"教皇派""驴子"，并强硬地说："《罗马书》第三章的希腊文和拉丁文都没有 solum 这个字，这无需教皇党徒来指教我。Sola 这四个字母不见于其中，也是事实。然而，那些驴子头对这几个字母，就像一头牛盯着一扇新门。"在举证《约翰福音》第六章中的一句翻译后，路德关于圣经的翻译说："翻译并不是像这帮癫狂的圣徒所想象的，以为是什么人都可以从事的一门技艺。翻译需要真正虔诚、信实、勤勉、敬畏上帝而且有经验的心。我认为一个虚伪的基督徒或偏激分子，不可能是一个信实的翻译者。"路德，《论翻译》，见《路德选集》，下卷，香港：基督教文艺出版社，1986，页94，98-99。

对于我们这些也同样离开了教会的人来说，都是必不可少的。他以这种个体的意志就能解救我们，而我们正是由于非个体的意志才如此悲惨、如此可怕地毁灭下去"（梅烈日科夫斯基语）。如果有基督教的个体自由主义，耶稣基督的我在就是原祖！而其第一个倡导人，就是耶稣门徒中他"最心爱的门徒"，这位门徒以这"个体自由主义"的信仰拒绝了犹太人民族律法的信仰、希腊人普遍逻格斯的精神，以及初代基督教群体中凭据"启示录"的属灵主义自夸。

《约翰福音》与现代的"主义"

　　《约翰福音》和对观福音叙述都没有把基督信仰的诞生与什么共同体的生活联系起来，而是直接进入个体生命本身。自保守主义思想兴起以来，新教个人主义不断受到指责。尽管如此，布尔特曼关于福音书的论述并没有错：与犹太先知们的说教不同，耶稣的教诲首先针对的不是作为整体的民众，而是单个的个体生存，它将上帝与人的关系从习传宗教和民族性的共同体约束中解放出来。也只有 Edward Schweizer 这样的布尔特曼的学生，才会注意"我在"语式的神学意义。

　　然而，《约翰福音》的"个体自由主义"根本就不是现代意义上的个体自由主义。现代的个体自由主义不认识人自己身上的"罪"（生命的欠然），不认为需要替自己看路的眼睛，当然也不会认信"你们彼此相爱"——这种认信是基于对人的个体生命的欠然我在的认识，并基于耶稣基督在"世人"的生命欠然之中的我在的爱。

　　但《约翰福音》同样不是现代保守主义思想可以利用的圣言。的确，基督我在的爱是他的认信者团契的活生生的纽带，所有认信者通过基督我在的爱在团契中产生出这样的精神感觉："我信"个体的欠然生命的偶在命运被克服了。在认信团契中，基督我在的爱仍然是个体之间活生生的纽带，而不是脱离基督我在的唯共同体精神。"教会源于基督，而不是基督源于教会，这一点，在千年遗忘之后，是路德首先追忆起来的"（梅烈日科夫斯基语）。

与加尔文从旧约律法化解福音精神相反，基尔克果则依据"唯凭信仰"化解犹太教的神话智慧。那看起来就像《约翰福音》精神的一次现代行动：

> 亚伯拉罕的所作所为不是为了拯救一个民族，不是为了抬高国家的观念，也不是为了安抚上帝。……亚伯拉罕的行为与普遍性完全无关，而纯粹是一种*私人*事务。悲剧英雄因他的道德德行而伟大，亚伯拉罕则纯然因他个人的德行而伟大。（基尔克果）

正是这个在精神上传承了《约翰福音》和路德精神的基尔克果，据说要对现代政治生活的裂伤负责。舒茨清查"唯信主义"的目的最终是想要达到这样的政治结论：

> Sola 一举将信仰与认识割裂开来。这就是分裂……分裂成为整整一个时代的致命伤。人不可能如此生活！于是，便形成了种种使人得以摆脱这一死亡威胁的绝望的决断……对于通过基尔克果的"个人"概念和马克思的"阶级"概念为意识形态性的解决问题的尝试而加进现代意识中的东西——在东西方都产生不可估量的后果——只可能如此理解。

把基尔克果和马克思说成路德"唯信主义"的结果，无异于说他们的原祖就是《约翰福音》。没有必要从信仰论的角度来谈论这种说法，然而有必要从思想史的角度考察一下这种说法是否成立。

关于思想史的具体情形，舒茨什么也没有告诉我们。倒是相当有影响的思想史哲学家洛维特（Karl Löwith），在论析了海德格尔的生存决断论与施米特（Carl Schmitt）的政治决断论的内在亲缘后，紧接着讨论了戈嘉敦那样的新教神学家的宗教决断论，并暗指基尔克果要对戈嘉敦最终选择了"日耳曼的上帝"负责：

> 戈嘉敦和布尔特曼一样，都认为必须把信仰归结为赞成或反对信仰本身的深思熟虑的决断，人是在这种决断中赢得或失去自己的真实决断的。……不管是布尔特曼还是戈嘉敦，从来没有找到自己与基尔克果的分歧的要点，遑论提出解决办法。[①]

依据自己作出的这一论断，洛维特推断说，戈嘉敦的信仰决断论，与施米特的政治决断论和海德格尔的生存决断论的内在联系是"显而易见的"。

按前面清理过的论题逻辑来看，基尔克果的责任自然得经过路德追究到《约翰福音》身上。可是，洛维特在追究布尔特曼时完全不顾及布尔特曼自己的如下说法：理解人与上帝的关系中的存在，仅仅意味着理解作为个人的我的存在，而存在哲学对存在的纯粹形式的分析根本不考虑人与上帝之间的关

---

① 参 Karl Löwith, *Martin Heidegger and European Nihilism*（《海德格尔与欧洲虚无主义》），Columbia Uni. Press, 1995, 页 166 – 169。

联，不考虑个人生活中的具体条件——构成个人存在的具体机遇。"存在的决断论""在不涉及个人与上帝的关系的情况下分析人的存在，以为在建构人的存在的理论时，上帝的思想不会听命于我们"。这些话不是在与海德格尔划清界限，又会是什么意思呢？"只有通过上帝，通过在他的话中与我相遇的上帝，我个人与上帝的关联才能成为真实的。"① 所谓上帝的话，除了耶稣基督在世的身体，又会是什么呢？

　　不错，戈嘉敦是"辩证神学"思想运动中的一员，而且是路德宗神学家。但如果就此认定"辩证神学"与施米特和海德格尔的决断论有内在联系，就未免过于富有想象力了。巴特是"辩证神学"的代表，他怎么就成了抵抗民族社会主义及其"德意志基督教"的斗士？戈嘉敦的生存神学决断论恰恰是反基督中心论、以民族性（Volkstum）取代基督身位的结果，而不是"唯凭基督"的信仰飞跃的结果。戈嘉敦自己根本就不相信自由的个体自我观念。据他说，人的生活在本体论上必须从"他人的存在"（Sein des Anderen）来理解。倒是与舒茨一样，戈嘉敦将个体自由主义看作一种反常的人性观，主张共同体的价值高于个体的价值。所谓共同体，对于戈嘉敦来说，当然是民族的共同体。

　　戈嘉敦如何把基督福音偷换成共同体价值呢？

　　希特勒上台那年，戈嘉敦发表了 *Einheit von Evangelium und Volkstum*？[《福音与民族性的统一？》]，为纳粹执政作见

---

　　① 布尔特曼，《耶稣基督与神话学》，见刘小枫编，《生存神学与末世论》，上海：三联书店，1995，页33。

证：新兴的民族社会主义国家出自人民（这里的"人民"，Volk，可以等同于民族）的意志，民族社会主义是"人民（民族）的先锋派"（die Avantgarde des Volkes），它使德意志人民重新获得生命的食粮，在世界中获得自己的权利，因而纳粹上台是拯救性的决断。德意志人民的政治生存据说现在需要强盛的权威国家及其决断论的法权，有如生命需要空气。新的国家在自己人民的总理希特勒领导下将实现德意志民族（人民）的本质，因为他代表了人民的意志，通过他（的身体），"人民的意志成为主权性的权力（Der Wille des Volkes ist zur souveranen Macht geworden）"。个人的生命如果没有在一种统一的意志强力中找到自己的基础，并投身新的总体国家的机体，其生存基础就会一直不安。戈嘉敦还指责说，新教思想自 19 世纪以来迷上了私人性的宗教需求的观念，魏玛时期的基督教会还没有走出这种迷恋，因而不能跟上民族社会主义国家所提出的生命整体及其共同体价值的时代诉求。于是，戈嘉敦要求教会服从纳粹国家的法，因为它不是别的，恰恰是生命的法则本身，是德意志人民（民族）的根本大法，这种法作为德意志的伦理习传"把人民与其民族性统一起来了"（zur Einheit des Volkes und seines Volkstums zusammenbindet）。

戈嘉敦就这样把民族社会主义精神看作了福音精神，他因此感到不可避免的是，通过民族社会主义运动让宗教改革的遗产在国家和人民中具体化，这就是所谓"做德意志基督徒"的呼召。如果宗教改革的遗产可以理解为信仰的决断，在戈嘉敦的具体化中，"唯凭信仰"就成了决断做一个"德意志基督徒"，信仰民族社会主义的救恩。

如何从神学上论证这一要求？

　　1934 年，戈嘉敦发表了 *Ist Volksgesetz Gottesgesetz?* [《民族的律法就是上帝的律法?》]，提出了这样的《圣经》论证：民族的法律就是上帝的法律（Volkesgesetz ist Gottesgesetz），此乃上帝创世的启示（旧约），教会的使命就是依据福音主义的救恩启示并通过自己的宣道表达民族的法律与上帝的法律的同一。在这里，戈嘉敦宣称自己依据的是路德关于十诫的教诲，并推论说，以色列人的民族法律应该被德意志人民视为自然法的表达，是刻写在所有人内心中的道德法，它通过我们的良知和理性体现出来。由于人在罪中沉沦，这种自然法变得不那么纯粹、不那么绝对了，变成了一个历史相对的形态。然而，恰恰是在历史具体的法中，上帝为了保持自己创造的 usus politicus [公共生活的需要] 而设立的法才具体体现出来，因为，只有在历史具体的形态中，通过民族传统、文化和历史以及民族领袖的意愿，人民的德性才得以表达出来。基督教的上帝在历史中的临在就在作为道德法的新德意志国家的法律中，德意志人只有在这里可以与上帝相遇，德意志教会应该为这种历史的相遇作见证。认信耶稣基督对所有人的统治就成了认信体现了人民（民族）意志的民族共同体（国家）的统治，据说这是一种"基督在与不在都体现了基督"（Das Gesetz ist ein anderes ohne Christus und ein anderes mit Christus）的律法。①

---

　　① 参 Dietrich Braun，*Carl Schmitt und Friedrich Gogarten: Erwagungen zur "eigentlich katholischen Verscharfung" und ihrer protestantischen Entsprechung im Ubergang von der Weimarer Republik zum Dritten Reich*（《施米特与戈嘉敦：评从魏玛共和国到第三帝国过渡时期中"真正意义上深化天主教"及其新教的呼应》），见 Bernd Waecker 编，*Die eigentlich katholische Verscharfung…: Konfession，Theologie und Politik im Werk Carl Schmitts*，München，1994，页 213 – 218。

　　苏格拉底是被雅典城邦共同体的法律处死的，耶稣是被犹太共同体的习传律法处死的。罗马执政官彼拉多"查不出这个人有什么该处死的理由"，犹太宗法共同体的代言人（祭司长）却说"我们有法律，根据我们的法律，他是该死的，因为他自命为上帝的儿子"（约 18:38 – 19:7）。在民族社会主义的运动中，戈嘉敦恰恰充当了这样一个现代祭司长的角色。

　　在戈嘉敦那里，德意志民族的法律取代了基督的身位，就像在加尔文那里，旧约的律法取得了基督的福音，基督信仰成了对新的政治秩序说 Ja［是］。一向显得相当敏锐的洛维特这一次搞错了：施米特、海德格尔、戈嘉敦的决断论，并非他以为的那样仅是形式的、可以随便填充什么的虚无主义的决断论，而是实质的决断论。这种决断论的决断所依据的实质，是世俗化的世界中取代了基督上帝的民族神话（施米特）、民族亲在（海德格尔）、民族律法（戈嘉敦）。路德对于海德格尔的精神历程同样产生过影响，这种影响倒是形式性的（"唯信"的果敢），而不是实质性的（信靠基督）。①正由于取消了耶稣基督这唯一的中保，作为宗教改革遗产的信仰决断才变成了海德格尔的民族亲在的决断，变成了施米特的民族主权的决断，也才会

---

　　① 其实，洛维特从海德格尔对尼采的"上帝之死"的解释中"未说出"的看出，既然海德格尔将存在思想成了某种神圣的东西占据的所在，思想成为一个神的能力，其立场就已经不再是其现象学所要求的信仰中立的了。尼采寻求"未知的上帝"——与旧约和新约的上帝不同的上帝，并且终于找到了，这就是在他看来被旧约和新约的上帝杀死了的狄奥尼索斯神，而海德格尔不过把尼采这通过永恒轮回来承担生存受苦的神变成了他的存在而已。参 Karl Löwith，*The Interpretation of the Unsaid in "Nietsche's Word 'God Is Dead'"*，见氏著，《海德格尔与欧洲虚无主义》，前揭，页 112 – 113。

有戈嘉敦对于"德意志上帝"的信赖。

谁都清楚,"德意志的上帝"并不就是个体认信的耶稣基督,但肯定是共同体的神。以《约翰福音》为源头、经过路德复兴、基尔克果传承的个体自由主义与此有何相干?恰恰相反,传承路德和基尔克果的巴特在 1933 年发表的《神学的实存》(Theologischen Existenz),正因为坚守唯基督论立场,才能对神圣化的现世政治秩序和"德意志基督教"说 Nein [否]。与此相反、而实质上又恰好可以作为反证的是,施米特把辩证神学关于上帝是"完全的他者"的观点看作"非政治性的上帝学说,就像政治自由主义把国家和政治看作完全的他者一样"。耶稣基督的"我在"是对任何民族神话、民族律法、民族亲在僭越超越的上帝才有的身位的永恒否定。如果《约翰福音》真是所谓个体自由主义的原祖,那么,其现代性意义恰恰在于:抵制近两千年来从来没有消失过的律法性保守主义对福音书的曲解。

马克思与路德的"唯信主义"又有什么关系?

在 19 世纪上半叶,《约翰福音》成了启蒙运动后德语思想界发生严重分歧的导火绳。浪漫主义思想家(费希特、谢林、施莱尔马赫)深受《约翰福音》对于基督及其圣灵能力的"神秘主义"描述的感染,将《约翰福音》的价值看得比着重历史叙事的对观福音书更高。受到黑格尔的精神历史主义感染的大卫·施特劳斯发现这一趋向后,为了跟随黑格尔与施莱尔玛赫划清界限,写了名扬一时的旨在清除《约翰福音》的"伪理想主义"的《耶稣传》,触发了黑格尔分子——当时的德国思想界据说几乎就只有黑格尔分子——的内部分裂。

　　激进的青年黑格尔派领袖、路德的同乡鲍威尔嫌大卫·施特劳斯的福音书批判远不够彻底，而他自己恰巧是新约神学科班出身，还师从过施莱尔玛赫，便决意自己来重做《约翰福音》批判，提出了据施维策尔（Albert Schweizer）说"惊人的深刻思想"，在德国知识分子中引起巨大反响，把比如像恩格斯这样的激进青年搞得激动不已。《约翰福音》作者的同时代人克莱门（Clement of Alexandria）说过，这部福音书是"受圣灵感动的福音书"——鲍威尔解释说，所谓圣灵感动不过是人的经验的内在动因，是人的自我意识对于想象的历史故事的精神性回忆。在最初研究第四福音书的时候，鲍威尔还继承了大卫·施特劳斯的基本观点：对观福音是历史的福音书，第四福音是诗人式的虚构的福音书——"浪漫主义的福音书"。然而，越来越激进的鲍威尔很快便加上了"第四福音书的作者是世界上最大的骗子"这类更狠的话，并从《约翰福音》的虚构推论出对观福音书也是艺术虚构：耶稣基督的生平故事根本就是"基督教徒的幻想"，所有初代基督教徒都是自我欺骗者。黑格尔的"耶稣的宗教意识"的论题，经过大卫·施特劳斯的发展，现在变成了鲍威尔的"福音书作者们的自我意识"的解构。

　　鲍威尔在波恩大学教神学时的学生中，后来最出名的当然要算听过他讲《旧约圣经》解经课的马克思了。尽管与鲍威尔曾经有亲密友谊的马克思后来把这位友人挖苦得体无完肤，他还是从鲍威尔那里全盘承继了这样的思想：人的全面解放的前提是对宗教这种"人民的鸦片"（此意源出鲍威尔）的批判，以及进而将宗教批判推进为政治批判——"由于宗教的存在是一个有缺陷的存在，那么这个缺陷的根源只应该到国家自身的本质中去寻找。……政治解放和宗教的关系问题已经成了政治解放和人类解放的关系问题"（马克思）。鲍威尔的《约翰福音》批判就这样为马克思主义的政治末世论铺平了道路。①

从黑格尔到马克思的发展，当时的《约翰福音》批判起了穿针引线的作用。黑格尔依据其"精神的自我意识"概念来解释《约翰福音》中耶稣的"宗教意识"。② 大卫·施特劳斯凭借这个"精神的自我意识"的历史主义勾销了《约翰福音》的真实性，鲍威尔再凭借这个"精神的自我意识"勾销了全部福音书的真实性。在这一思想的演进过程中，耶稣基督的身位消失了，人的"精神的自我意识"肿胀起来。这些"世人"都以为历史主义可以代替耶稣基督的眼睛替自己看路，以至于马克思以为自己就"成了"这历史主义的眼睛，而将属灵（唯心）的"精神的自我意识"翻转成一种历史的、政治的现实力量。

恰如洛维特看到的，黑格尔本来并不像后来的激进黑格尔分子马克思那样，认为个人自由主义仅仅是现代市民社会的产物，基督教的"绝对主体性的权利"、个体的"无限自由的身位"已经体现了个人自由主义原则，只不过在古代"仅仅物

---

① 参 Zvi Rosen，《鲍威尔与马克思：鲍威尔对马克思思想的影响》，王谨等译，北京：中国人民大学出版社，1984，页 53 – 72，159 – 176。乌利宁、申卡鲁克，《黑格尔左派：批判的分析》，曾盛林译，北京：社会科学文献出版社，1987，页 53 – 104。

② 参黑格尔，《黑格尔早期神学著作》，贺麟译，北京：商务印书馆，1988，页 350 – 369。

质性的"国家中这种原则还得不到承认而已。① 然而，黑格尔明显带有个体自由主义色彩的"精神的自我意识"经过其弟子的《约翰福音》批判，就成了马克思的阶级国家。② 如果说戈嘉敦将基督的福音变成民族性的律法可以看作《约翰福音》作者曾与之斗争的犹太主义的现代版，那么，从黑格尔到马克思的这场思想史演变则活像一出《约翰福音》时代的灵知派唯灵主义演的闹剧。

---

① 参 Karl Löwith，《海德格尔与欧洲虚无主义》，前揭，页280。

② Karl Löwith 审理过从斯宾诺莎和黑格尔的宗教批判引导出的两条基督教批判的现代路线，一条是从黑格尔经大卫·施特劳斯到费尔巴哈，另一条是从黑格尔经鲍威尔到马克思、列宁。参 Karl Löwith, Die philisophische Kritik der christlichen Religion im 19. Jahrhundert（《19世纪对基督宗教的哲学批判》），见 Samtliche Schriften III: Wissen、Glaube und Skepsis（《全集卷三：知识、信仰与怀疑》），Stuttgart，1985，页33–95。

我信"基督之外无救恩"

认信基督是个体性的生存事件，偶在个体的我在与耶稣基督的我在的信为一体，不是社会政治性的，并不等于这种个体性的认信没有社会政治作用。恰恰相反，个体性的基督认信是相当政治性的：不理会政治权力的政治性（请看耶稣基督对彼拉多如何说）。人们经常把基督认信的个体性性质与这种认信的实际社会政治作用搞混了。对基督的个体认信跟随基督进入了那个"不属这世界"的"国度"，因为任何政治制度都不可能是个体欠然偶在的救恩，不可能抹去人的生存在体性的欠然（罪）。耶稣基督的我在一再抵触民族的、政治的共同体信仰（习传道德）和法律，打破了人的这样一种幻想：以为政治的正义性或道德的理想主义可以让个体偶在得救。

然而，耶稣是基督（救世主）的认信行为本身是一个社会性、政治性事实，这一事实构成了对现世宗教、道德和政治权力的抵牾。与耶稣基督的我在信为一体，"世人"的我在就成了上帝的儿女，作为上帝儿女的身份不可为任何政治权力剥夺，这一不可剥夺的身份在此世中本身就是政治性的。这种政治性当然不是那种表达积极的政治理想及其相应态度的政治性，毋宁说倒像所谓"消极自由"那样的政治性。一个认信基督的人参与现实政治的积极行动，完全基于与认信基督无关的现世政治理解，基于对"这个世界"的国度的正义性的理解。要理解何谓"这个世界"的正义乃至何谓这个世界的爱，不需要找耶稣基督，倒需要找苏格拉底、柏拉图、斐洛、孟子或董仲舒。在耶稣基督的我在中，可以找到的只是上帝（通过）对"这个世界"的爱，而不是"这个世界"中自然生发出来的爱。

基督徒中有政治自由主义者、保守主义者、马克思主义者，丝毫没有什么可奇怪的，个体性的基督认信并不决定认信者个体对于"这个世界"具体的政治立场。像朋霍费尔那样参与刺杀民族的魅力领袖，反倒与认信基督没有什么关系。巴特反对希特勒也不是单靠"唯凭基督"，而是操起一只莱福步枪。以基督信仰的名义为民族社会主义（如戈嘉敦）或马克思主义作证（如解放神学家），跟以基督信仰的名义刺杀希特勒或为保守主义政治见解作证（如舒茨），所犯的错误相同：让耶稣基督的我在属于"这个世界"的政治国度。这种错误同迄今不少历史思想家所犯的错误在性质上是一回事，他们要求路德依"唯凭基督"抵制罗马教权后应该支持农民革命，否则就违背了自己的认信。戈嘉敦的决断论比施米特和海德格尔的决断论罪重一重——后两者只是以民族神话或民族亲在充当世俗化的上帝，戈嘉敦却要基督的福音为民族律法作证，因而直接亵渎了基督的我在。

在北京的一次演讲中，我遇到这样的提问："你相信基督之外没有救恩吗？"这一提问带有明显的挑衅含义：如果你认信"基督之外无救恩"，你就在诅咒别人的幸福可能性。

无可否认，《约翰福音》中耶稣基督的我在强烈地要求"基督之外无救恩"的认信，认信基督如果放弃这样的宣称，等于放弃了认信基督本身。

我是真葡萄树，我父亲是园丁。所有连接我而不结果实的枝子，他就剪掉；能结果实的枝子，他就修剪，使他结更多的果实。……我就是葡萄树；你们是枝子。那常在我生命里，而我常在他生命里的，必定结很多果实；因为一脱离了我，你们就什么也不能。那不常在我生命里的人要给扔掉，像枯干的枝子给扔掉，让人捡去投在火里焚烧。

在所谓多元宗教的当今时代，基督认信似乎面临这样的两难：要么放弃"唯凭基督"的唯基督论，要么就得背负诅咒他人的幸福的恶名。按照传统自然神学 anima naturalister Christiana［天生的基督徒灵魂］的现代化解释（拉纳所谓"匿名基督徒"），就可以逃脱信仰侵犯的指责？就算侥幸逃脱了，又如何回答其他宗教信仰针对性的挑战提法：为什么不可以是"匿名佛教徒"或"匿名儒教徒"？

与用选择自由主义或保守主义或马克思主义来拷问基督认信的真诚程度所犯的错误一样，强加给个体性的基督认信的上述两难，把个体认信的在体普遍性与属于"这个世界"的政治公共性搞混了。任何一种信仰都以"我信"为生存论基础，难道有不是由具体个人的"我信"构成的信仰或宗教？

同样，任何实质性的信仰都排斥其他救恩的可能。当科学信仰宣称了传统宗教信仰的失效，同时也就宣称了排斥这些救恩宗教信仰的可能。基督认信的绝对启示论已经在耶稣基督的"我在"中永恒不移地被决定了。在耶稣基督的自我见证中出现的"我"、"世人"、"门徒"的三重关系已然排斥了自然神学的解释，但"世人"与"门徒"的生存差异是信仰性的，而不是社会政治性的。个体的基督认信并不决定属于"这个世界"的政治公共性，尽管这一认信的个体性含义当然不意味着，"我信"的基督救恩仅对我的生命有效，似乎并不具有普遍性。"我信"依赖的救恩实质不可能仅仅只是对于"我"有效，倘若如此，这样的救恩恰恰是没有任何效力的。

认信基督是盲人对于光明的认识，这种认识只有当让耶稣基督的眼睛"替我看路"才有可能。只有当"世人"的"我在"进入基督的"我在"，耶稣眼睛的光明才降临到偶在个体的心中。基督救恩的普遍性和普世性仅在"我信"与所信的"我在"的个体关联之中，"我信"的基督救恩具有的普遍性是个体的普遍性。成为个体化了的光明——耶稣基督的子女，就是与耶稣基督的身体成为一体，我在耶稣基督里面，耶稣基督在我里面。不同的信仰只能知道不同的东西，"基督之外无救恩"的含义因此是：不认信基督就不会得到基督的眼睛替"我"看路的救恩。

从个体认信的角度来讲，个体"我信"之间的信仰辩难是现代多元宗教时代不可能避免的，启蒙理性并不能够解决个体认信的独断。认信基督的"救恩"当然不同于佛、梵天、天道的救恩。基督的救恩不是一个现世的陌生人对另一个陌生人的行为，而是上帝临在于欠然偶在的危难中的这一个受屈辱的人（作为人的儿子的耶稣基督）对濒于危难中的"世人"的绝对欠然的救恩行为。认信基督是对于偶在个体自己从前的陌生状态的承认，同时转向对欠然我在的本质来说陌生的上帝（基督)。"那不常在我生命里的人要给扔掉,像枯干的枝子给扔掉,让人捡去投在火里焚烧"说的恰恰是:不信的我在要被自己与生俱来的欠然(罪性)扔掉,在因欠然而无从逃避的生存裂伤中成为"枯干的枝子",让"世人"(而不是让耶稣基督或认信耶稣基督的人)"捡去投在火里焚烧"。那些把欠然我在的得救寄托于现世政治理想或道德律法的人不就生活在焚烧着的火里吗?不就相互把对方"投在火里焚烧"吗?

"信圣子的人不会被定罪,不信他的人,就已经被定罪了"(约3:18–19)。如果罪的含义就是人与生俱来的欠然,定罪与否就意味着,是否相信我在的欠然被耶稣基督受苦和受死的我在顶替了。认信基督当然不等于作出了对于他人的生存意义的审判,因为就连作为人子的耶稣也不审判人——福音书甚至记明耶稣谴责审判人的人,认信者有什么权力或权利审判他人?基督的审判权力来自他的神性,而基督所作的审判就在《约翰福音》19:30所述基督我在的"成了"的自我牺牲中,而不是在另一位也叫"约翰"的人所写的通篇犹太千禧年主义的《启示录》(它被纳入《新约》乃历史的一大不幸!)中基督领导的combat[争战]中。

"世人"在十字架受苦和受死的审判中与上帝为"世人"所做的代替受苦、顶替欠然相遇,从而自己决断是否让在耶稣基督身上发生的人的称义也在自己身上发生。称义就是我在的欠然被耶稣基督受苦和受死的我在顶替了,我在的"罪性"(欠然)被代替了。这不是"我信"的结果,相反,Credo[我信]是对作为审判的称义的认信,在认信中确认自己的称义。在基督信仰的这一生成过程中,哪里有同时对于他人的得救与否的决定？我信"基督之外无救恩"的宣称，何以可能引出对其他宗教的认信者的诅咒？

基督的我在不是诅咒，不是耶稣基督诞生之前就已经存在、耶稣基督死而复活后依然存在的"这个世界"中的种种异端裁判所——当然包括历史中的基督教会的异端裁判所，而是决然我在的欠然与绝然属我的和解之间的纽带。倘若我在自己的获救上附加了对他人的决定，那么，认信者就把基督的"成了"变成"世人"自己的"成了"。20世纪的历史裂伤，恰恰是由这类以人的自由主义自我意识取代耶稣基督的我在造成的。这不就是一种"基督之外"的现世情状？

如果"基督之外无救恩"的认信带有挑衅性，那么，它根本针对的是欠然的我在自身，是对我自己的生命理解的挑衅：唯凭对基督的认信，欠然我在才能从"这个世界"中站出来。从基督我在的受苦、受死和"成了"以及复活中，欠然我在获得了一种权力，把决定自己生命意义的权利从"这个世界"的统治中要回来，自己为自己设定在世的精神身位。我信"基督之外无救恩"的认信确认的是：我能够排除一切"这个世界"的政治、经济、社会的约束，纯粹地紧紧拽住耶稣基督的手，从这双被现世的铁钉钉得伤痕累累的手上接过生命的充实实质和上帝之爱的无量丰沛，从而在这一认信基督的决断中承担起我在自身全部人性的欠然。

要像耶稣基督的我在所要求的那样去爱，认信者可能幸福——就"世人"所理解的这个语词的含义而言——也可能不幸，正如上帝对"世人"的爱自身事实上是不幸的。基督的爱不仅在耶稣作为上帝之子的"成了"的荣耀中，也在基督作为人的儿子的"我口渴"的不幸中。"基督之外"既没有上帝之子的"成了",也没有人的儿子的"我口渴"。

我信"基督之外无救恩",不仅认信他的爱"成了"的救恩,而且认信他的救恩中爱的"我口渴"。

　　　　　　　　　　　写于耶稣基督诞生两千年

现代语境中的信仰辩难

　　人类文明社会的宗教思想语境从来就是混杂相处的格局，各种宗教信仰之间既相互冲突，亦相互影响，上帝信仰的相互冲突即是一例。若把"上帝"视为个体信靠的生命依托的符号，基督教信仰就绝非唯一的上帝信仰。其他宗教（在中国如儒教、道教或民间宗教）都有其上帝信仰。从宗教的文化理论角度看，上帝作为个体信靠的意向性符号，依不同的信仰体系而有所不同。以为唯有基督教信仰信上帝，是一大错觉——宣扬信上帝（神）的中国宗教，何止一二。就此而言，上帝信仰之间的辩难，是宗教思想的自然状态。

　　启蒙后的所谓多元的宗教语境并非指百年之间出现了诸多不同的宗教，而是指，自由主义的意识形态拒斥国家化的唯一宗教信仰的社会法权，与此现代社会制度的个体自由民主理念相契合，真假宗教的判别不再是国家化的宗教行为，判别的终审权被交给了自由信仰的个人。于是，信仰辩难成为个体间（interpersonal）的事。本文暂撇开现代性语境中宗教多元状况的制度层面和社会层面的问题，假设个人是自由的信仰主体，从个体认信的知识学角度讨论多元信仰语境中不同上帝信仰之间的交往方式。我将试图阐明如下论题：基督教的三一体上帝信仰具有信仰危机的性质，这种信仰危机的解决必把个体信仰推向不同信仰交往中的信仰辩难，因而，基督教的三一体上帝信仰与中国宗教信仰的关系会是个体生存论上的信仰辩难，而非民族文化上的融合或冲突。

一　基督教的三一上帝信仰与信仰危机

基督教的上帝信仰有两个区别于其他上帝信仰的标识：（1）通过耶稣的生死复活获知上帝是谁；（2）相信耶稣基督即是上帝的化身。未知的上帝的身位在道成肉身的历史性事件中化身成人，作为恩典临在于人世之中。上帝在基督身上成人的事件，显明基督的上帝具有三个不同的身位：未降身成人之前的圣父身位，降身后的圣子身位和临在于世人中的圣灵身位。因而，基督教的上帝观必得是三一体的上帝信仰，即相信三个不同身位的上帝是同一个上帝——"三一分身"的上帝；信靠三位一体的上帝，从根本上标识出基督信仰的信仰对象和信仰方式不同于其他宗教信仰之所在。三一论（Theory of Trinity）作为基督教三一体上帝信仰的理论表述，亦成为基督神学中独具特性的基本信理之一。

在历史的信仰语境中，基督教三一信仰一直极富争议，这些争议既源于基督信仰引发的内在困惑（信仰危机），也源于基督信仰在多元宗教处境中信仰辩难的思想语境。基督教三位一体的上帝观不是旧约圣经中的上帝观，而是随基督事件发生后出现在新约中的信仰表白。

> 所以你们要去使万民成为门徒，因父及子及圣灵之名，给他们施洗礼。（太28：19）
> 道成为人，住在我们当中，充满着恩典和真理。我们看

见了他的荣耀，这荣耀正是父亲的独子所当得的。(约1：14)

基督事件发生后，基督信仰的传言者必须说明：信仰基督与信仰上帝有什么关系，基督事件带来的信仰转变有何理由。信仰上帝（或某神）是基督事件发生之前已然存在的人的生存方式，通过信仰基督信上帝则与既有的种种上帝（神）信仰明显不同，这就需要说明，为何要从信仰无名的或有名的上帝转向信仰基督的上帝。因此，基督信仰三一论述的形成，标志着基督信仰的确认性（Gewissheit）论证的出现，从信仰确认的可理解性上把握基督事件带来的信仰危机和救恩奥秘。

基督信仰三一论作为关于基督的上帝的认信论说，是由当时在社会文化—政治生活中尚未取得政制上的生存权利的认信群体（初代教会）提出的。在当时的文教制度处境中，基督教三一信仰被视为非常怪异之说，因此，三一论在一开始也就具有信仰辩难（旧称护教）性质，通过这种辩难，基督信仰的确认性及其与其他宗教信仰的个体切身的区别得以澄清。基督信仰三一论的信仰确认性论证和信仰辩难性论证，是不可分的。

基督教三一体上帝信仰的论证经历了三百余年的历史过程，直到381年的君士坦丁堡会议才正式成为教会的信条。三一认信陈述作为初代教会确认信仰基督上帝的一致性宣谕，确立了特定的谈论上帝的语式，即三位一体的认信语式，导致传统宗教语言的尴尬和转化。[1] 这种特定语式与基督事件启示的

---

① 参 W. Pannenberg，《系统神学》，Gottingen，1988，卷一，页283。V. Lossky，《东正教神学导论》，杨德友译，吴伯凡校，香港：道风书社，1997，页31。

救恩不可分割，并使基督信仰具有如下确定的信义：（1）上帝是唯一的；（2）耶稣基督是这唯一的上帝的自我启示；（3）这位上帝的身位在圣灵中行动。基督信仰三一论进而开辟出一个神学空间，在其中，上帝论、基督论和信仰论（Pisteology）灿然大备，融贯一体。基督性是基督信仰的三一论思想和语式的基础，任何对三一论语式的质疑或否弃，都终会损害基督信仰的独特义涵。

　　基督教的上帝信仰的独特因此首先在于，个体原有的上帝信仰被基督事件震慑，并转化为对这个基督身位的信仰，而由于这个基督的身位也就是上帝在世的身位，所以，信仰这个基督，就是信仰基督的上帝。基督信仰的三一论包含了对基督信仰的传言和认信的所有决定性问题的回答：这位上帝的品质是什么？耶稣基督是谁？他的身位承载的福音是什么？这位上帝与人世的关系是什么？[①] 这些信仰上的疑难都导向一个信仰者的自问：我曾信的上帝是谁？这种信仰者的自问是由耶稣基督的身位引起的，它可能而且实际上导致这样的信仰疑问：如果耶稣基督是上帝圣父之子，又何以既有别于圣父，又是上帝？圣子、圣灵既是上帝的化身，又何以上帝是唯一的？耶稣基督何以既是上帝又是人？[②] 从现世语境的角度看，信仰自问可能是：如果耶稣基督是上帝圣父之子，与我在自身民族文化的宗

---

　　① 参 H. Ott，《信仰的回答：系统神学的五十项论题》，Stuttgart，1981，页137–142；J. N. D. Kelly，《早期基督教教义》，康来昌译，台北：中华福音神学院出版社，1988，页58以下。

　　② 参 W. H. Principe，《中世纪神学四讲》，见唐逸，《西方文化与中世纪神哲学思想》，台北：东大图书公司，1992，页277。

教信仰传统中已知的上帝有何不同？从理论上讲，一个犹太人
或希腊人、印度人、罗马人、中国人都可能提出这样的自问，
于是，基督事件引起了个体性的信仰危机。由于这场危机可能
历史当下地发生在传统一神论（犹太教）和多神论（希腊、中国
宗教）的传统语境中，[①] 因此，这一信仰危机是反既存宗教或
后宗教的，对每一个体置身其中的现世处境的原生性宗教信仰
难免是一场生存性的冲撞。我称此为上帝信仰的危机。

　　基督信仰的发生由此看来必然是一场信仰危机，这首先反
映在对圣三一的困惑，即，反映在基督信仰的初生过程之中
（从历史上看，圣三一的困惑开初主要是由一神论的上帝信仰，亦即犹
太教唯一神信仰［申6：4-9］传统引发的）。在初代基督徒中，对
圣三一困惑有种种解说（理解），大多理解后来被教会公会议
定为非正统或异端。异端与正统的区分，有历史的宗教政治的
成因，与这里讨论的个体认信不是同一层面的问题；就义理而
论，异端与正统的区分，源于基督事件引发的个体内在的信仰
危机的个体性差异。因而，在基督教信仰内部，三一体信仰理
解语式在一开始就内在地不稳定，这体现为两种三一论语式的
长期紧张：救恩行动三一体（die ökonomische Trinität）和内在三
一体（die immanente Trinität）。救恩行动三一论强调，上帝的三
一性是在基督上帝与人相遇的救恩史中的临在性，上帝的创造

　　① 希腊思想与基督信仰最早的辩难，参 C. Andresen，《圣言与律法：克尔索斯的反基督教争辩》，Berlin，1955；犹太教与基督教在中古时期的第三次大辩难，参马克比，《犹太教审判：中世纪犹太—基督两教大论争》，黄福武译，济南：山东大学出版社，1996；基督教与儒教的信仰辩难，参朱谦之，《中国哲学对于欧洲的影响》，福州：福建人民出版社，1983。

之父、和解之子和救恩之灵的三位一体化的三个身位，并不是上帝自身固有的内在自性，而是由上帝的救恩历史行动连带出来的；内在三一论则强调，上帝的三个有差异的身位是其自身的自在永在固有的。父、子、灵这三个身位的差异，不是一种外在的性质，不是因现世救恩行动形成的，而是通过 Opera ad intra［自内的工作］内在地规定了的，救恩史中显现的子和灵不过是内在三一性的后置彰显。① 可以看出，三一论的这两种语式是解答上帝的唯一在性与其三个身位的关系的不同理解。不过，上帝的三个身位问题确是由上帝的救恩行动引起的，即由基督事件引起的，没有上帝的救恩行动，即便上帝有内在的在先的三一性，也不为世人所知。

还有一种三一论语式称为"相互寓居（Perichorese）三一论"，指三个神圣身位的相互渗透和寓居。② 这一语式表达的是三一体的内在关联。三一论的歧义主要由救恩行动三一论与内在三一论构成：上帝的三一性是自有的，或是救恩行动产生出来的。在试图融贯基督信仰与中国古代上帝观的论者那里，这两种不同的三一论语式就会有相当不同的意义。救恩行动三一论可提供基督上帝与中国古代上帝（天）论融贯的可能性：既然父、子、灵的三位差异只是救恩史中出现的，即历史性的差异，就自在永在的上帝的在体性而言，基督的上帝与中国古代天论中的上帝没有区别。但与此相反的论点也可以讲，基督论不仅是上帝的救恩史的证明，没有上帝自己独特的在体性，

---

① 参 F. Mildenberg，《教义学概论》，Stuttgart，1987，页 100。

② 参 L. Ott，《教义学纲要》，Freiburg，1967，页 87。

基督事件是不会发生的，正因为基督事件发生了，而且是历史地发生了，基督教的上帝与其他宗教的上帝的差异就是在体性的。由此看，三一论语式的理解对汉语神学并非无关紧要。

二　多元宗教语境中信仰辩难不合时宜？

对于因基督事件而信仰耶稣基督为生命之救主、为"我的上帝"的信仰者而言，耶稣基督的称名已表明相信耶稣是神而人。但对于非信仰基督者，基督何以既是上帝又是人，始终感到困惑。与非信仰基督者谈三位一体的基督信仰，不可避免地是信仰辩难。在当代教义学中，基督信仰三一论的古典争议的实质性问题仍然集中在上帝的三一体性质上，并没有什么实质性改变，尽管具体表达方式已有所不同。[①] 但时代的思想文化处境总会一再对三位一体的基督信仰提出质疑，例如，圣三一语式被当今有的人视为初期教会的护教语式，并以为，在现代多元文化思想语境中，这种语式已不再合时宜了，作为初代教会语言的圣三一语式尽管表达出基督信仰的实质，但毕竟是当时的教会语言。如今，教会的社会文化—政治处境已与初代教会不同，描述基督信仰的实质的语式亦应不同。[②] 现代社会文化—政治语境的特质是多元宗教的，如今，基督教会身处的不是一个需要为其绝对性辩护的语境，而是多元宗教的对话

① 参 H－G Fritsche，《教义学通论》，Göttingen，1967，卷二，页128以下。
② 参 L. Scheffczyk，《未兑现的传统》，见 W. Brenning 编，《三一体：神学的各种当前观点》，Freiburg，1986，页48以下。

语境；据说，圣三一论语式的基督信仰陈述，难以与其他宗教
的上帝信仰对话，因为它预先设定了基督上帝信仰的优位和独
特的确当性。这一论点的要义是：三一论语式是基督教的独特
语式，采用这一语式已带有宗教语式上的霸权。因此，在多元
宗教语境中，如果不是应该抛弃三一论式，至少亦应修正。①
在多元宗教语境中，基督教的或三一体的上帝理解及谈论上帝
的语式的辩护性证明已不合时宜。

　　这些论点无论来自基督教内部还是外部，都成问题。虽然
初代教会的三一论的形成与基督教的国教化同时，但三一论本
身不是由政治文化的支配权诉求引出的；至于三一论语式是否
是基督教独特的信仰语式，我后面会再来讨论，这里更重要的
是，多元宗教语境要求的是每一信仰保持自身的独特性，并在
此基础上展开对话或思想竞争。以多元语境要求基督信仰放弃
三位一体的论说语式，没有道理。在多元宗教的对话语境中，
基督信仰的困惑仍然是：上帝为何成人、耶稣为何是上帝。这
一困惑的实质依然是一种上帝信仰的内在危机：上帝成人不可
思辨，相信耶稣即是上帝的化身也不可思议。在我看，圣三一
论包含着一个永恒的信仰疑难和在任何时代、任何地方都会出
现的信仰危机。从个体层面看，我的信仰危机的解决只会引发
个体间的信仰辩难：无论信仰危机还是信仰辩难，都是基督事
件引起的，而基督事件的性质是在此世发生的救恩事件，是自
在永在的上帝介入人类现世的事件。"三位一体的教义首先不

　　① 参 J. Hick，《宗教多样性中的上帝认识》，见 R. Bernhardt 编，《跨越视域：
宗教的多元神学》，Gutersloh，1991，页 61 – 62。

是在构成神圣实体的位格的数目方面或多或少任意的理论。它首先是一种工具，使人可以设想上帝亲身介入拯救史的情景。"① 认识这一情景，可能引发一场个体性的信仰危机。

三　通过信仰辩难推进三一信仰的理解

三一体信仰危机首先是一个生存论的信仰困惑，由于生存的文化处身性，信仰困惑也表达为文化论说。基督教三一论思想的发展历来就在信仰危机的这两个方面展开。我已说过，三一论作为确认性论证与辩难性论证分不开，而基督教信仰与其他思想或世界观的信仰辩难，一直是基督教信仰三一论的确认性论证发展的动力因素之一。例如，基督教信仰三一论曾遇到现代理性主义的挑战，新教神学对此作出的辩难性反应就发展了三一论的确认性论证——让我对此作一简扼的论析。

卡尔·巴特的内在三一论意在批判现代形而上学的上帝观念，却推进了内在三一论在基督教义学中的地位。在巴特看来，内在三一论的意义在于，既拒绝三一论中的次位论原则（Subordinationsprinzip），又拒绝形态论（Modalismus）：上帝是自我启示者（反次位论），又是被启示者（Gott ist jener, als der er sich offenbart，反形态论）。② 这一论点坚持，基督的神性是外在于历史的（ausserlich – geschichtlich），圣灵的神性也处于内在身位的（in-

---

① R. Brague，《圣言的无力：说完了一切的上帝》，见《第欧根尼》（中文版），23（1996），页 17 – 18。

② 参 K. Barth，《教会教义学》，I/1，Zurich，1932，页 400 以下。

wendig – persoen – lich）启示之中。① 因此，上帝的三一体不是历史的救恩行动的结果。巴特的论点原本针对西方近代形而上学把基督上帝理念化的趋向，因而是一种广义的基督教内部的信仰辩难。与近代思想中上帝观的形而上学理性化相平行的是，降低耶稣基督的神性，突出其人性。然而，耶稣在性的过于人性化，就会解除三一论的正当性基础，因此，巴特的内在三一论也着意加强了基督的神性身位。在与思辨形而上学神学的信仰辩难中，巴特尽管汲纳了思辨神学的一些思想因素，其三一论的思想方向仍是巩固基督教的上帝信仰的独特性，因为，内在三一论毕竟以耶稣是基督这一启示内涵为基点。在潘伦伯格看来，巴特采用思辨哲学的语言与他坚持三一论的启示之源相矛盾。② 可见，内在三一论语式的伸展是在与思辨神学和近代形而上学的信仰辩难中得以实现的。

云格尔提出的三一论提案表面看来是在传统三一论的语域中展开的，但其关注点仍然是现代语境中的信仰辩难。云格尔提出的论点是：三一体的上帝是此世的奥秘。③ 这一论点的意旨是，避免布尔特曼（R. Bultmann）的生存论式的三一论释义和戈尔维策（H. Gollwitzer）的意识神学（bewusstseinstheologisch）的客观上帝论。上帝之在是"为了我们的在"（das Sein Gottes als Für – uns – Sein），上帝之在临近我们，是三一论释义的基础。上帝爱人是上帝的第一谓词，内在三一论与救恩行动的三一论在

① 参 H – G Fritsche，前揭书，页 155。
② 参 W. Pannenberg，《上帝的主体性与三位一体论：论巴特与黑格尔哲学的关系》，见《道风：汉语神学学刊》，6（1996），页 17 以下。
③ 参 E. Jüngel，《上帝作为世界的奥秘》，Tübingen，1986，页 514 以下。

这一论题中成为释义的循环。耶稣之死和复活启明的是：其父
（上帝）就是爱，这种爱表明了上帝与自身的"一种自由地超
越自身、流失自身和献出自身的自我关系"。在道成肉身的爱
的行为中，上帝展开的不仅是与自我的关系，也是与他者（圣
子）的关系和与此世的关系（圣灵）。[1] 这种论述明显是在与现
代哲学人类学展开信仰辩难，化解其过于人性化的上帝观，重
述基督教三位一体的上帝信仰。按照这一论点，三一论语式是
由基督上帝的爱之在性引导出来的，因此，三一论语式就不是
基督教上帝观可有可无的描述。这虽然显得是一个内在三一论
的论证，但在多元宗教语境中，上帝即爱的陈述比"上帝即
三位一体"的陈述更有辩难能力。

　　通过这种描述的转换，云格尔的提案与巴特一样，通过与
现代哲学人类学的信仰辩难，推进了内在三一论。云格尔既坚
持了巴特的思想路线，无论如何不可放弃基督教式的上帝理解
（这必然会是三一论式的），又不至于在多元对话语境中没有辩难
能力。云格尔提出，上帝的存在是"三一地相关的、自我关
涉地三一体的存在"（das trinitarisch - relationale, selbstbezogen trini-
tarische Sein），这一存在处于"自行重复的生成"（Werden der
Selbst - Wiederholung）之中。这一论点与巴特的如下论点保持着
一致：上帝自身中的父、子、灵关系（内在三一论），与上帝与
人的救恩关系（救恩行动三一论）之间，存在着一种均衡，一种
相关类比（analogia relationis）。[2] 云格尔的上帝自行重复的论点

---

　　[1]　参 E. Jüngel，《经世三一体与内在三一体的关系》，见《道风：汉语神学
学刊》6（1996），页 37 以下。

　　[2]　参 K. Barthe，《教会教义学》，前揭，Ⅲ/1，页 52。

是在这种相关类比的论点基础上的论述，他想由此表明，作为"相关类比"的上帝的自行重复，是上帝对人的自我阐释。①

　　这种论述突出了上帝与人的在世关系，其基础是人类学的论证。这些论述预设的听述对象是谁？是对圣三一的奥秘感到困惑者，还是对耶稣既是人又是上帝感到困惑者？换言之，是确认性证明还是辩难性证明？看起来，这些论述与巴特的论述一样，主要是辩难性证明，两人的语式都与德国思辨哲学传统的语式打成一片，处胶着状。于是，与德国思辨哲学的信仰思辨的信仰辩难，就推进了基督教三一信仰的确认性证明。这也适用于云格尔所推崇的拉纳。

　　莫尔特曼的三一论的信仰辩难看起来针对的是基督教信仰者中的内在困惑，即针对"上帝已死"神学，提出十字架事件对三一论语式的决定性意义。② 十字架事件对三位一体信仰的决定性意义当然是传统的一贯论述，莫尔特曼的论说初看起来的新奇之处，在于从三位一体信仰来理解十字架事件：没有三位一体的信仰，十字架事件就是一个没有特别意义的历史事件。这一论点显然是救恩行动三一论的，它不仅针对基督徒内部的信仰危机，也针对现代思想中"上帝之死"的聒噪显明的信仰危机。因而，莫尔特曼与巴特和云格尔的不同仅在于，他注重救恩行动三一论的确认性证明：耶稣之死不可理解为上帝之死，而是上帝之中的死，这只有从三一论来理解才是可能的；只有从父、子、灵的内在关系出发，才能把握十字架之死

---

　　① 参 E. Jüngel，《生成之中的上帝之在》，Tübingen，1965，页116。
　　② 参 J. Moltmann，《被钉十字架的上帝》，阮炜译，香港：卓越出版公司，1995，页192。

的意义。这样，三一体与十字架事件就成了一种相互释义循环，由此，莫尔特就把三一论与终末论融贯在一起。① 由于这可能会引出上帝的一性（Einigkeit）论，莫尔特曼后来用"社会三一论"在人的自由团契中的展开来苴补：通过"社会三一论"提案既批判"实体三一论"（Substanztrinitaet），又批判"主体三一论"（Subjekttrinitaet）。② 莫尔特曼对"实体"或"主体"三一论的批判，表面上在与巴特的内在三一论辩难，而这种基督信仰内部的三一论辩难，实际增强了三一论语式在现代宗教语境中的信仰辩难能力，因为其论点推进了救恩行动三一论：十字架事件是历史中的启示事件，上帝的三一体的自显以此为基础，因此，三一论也就是历史救恩性的。强调这一事件对三一论的意义，必会加强基督信仰在上帝的在体论方面与其他宗教的上帝信仰的辩难能力。

　　潘伦伯格的三一论致力从救恩历史神学角度谐调内在三一论与救恩行动三一论：世界的历史也是上帝的救恩历史，上帝之神性及爱的三一性当从救恩史过程来把握；上帝是世界支配者，这种支配性才能把内在三一体与救恩行动三一体联结起来。这种联结不能限于耶稣的生死复活的历史，而是整个世界历史；通过末世景观中的提升和重返天父之国，耶稣传言的天父的神性才最终展示出来。③ 这一论点实际上扩展了莫尔特曼十字架神学的限定，加强了救恩行动三一论，其信仰辩难的针对性则是现代思想中的历史主义哲学。

---

① 同上，页243。
② 参 J. Moltmann，《三一体与上帝国》，Stuttgart，1980，页35，167以下。
③ 参 W. Pannenberg，前揭书，页358。

上述种种德语现代新教神学的三一论述，都是在外向和内向的信仰辩难中发展了基督信仰的三一论。信仰的确认或自我理解的深化，是通过信仰辩难来实现的。从信仰危机到认信确认的过渡，是基督事件引起的信仰危机的暂时性解决，这种解决不可避免会与文化的历史处境中既有的信仰和思想发生冲撞。巴特和云格尔巩固内在三一论，采用了与德国思辩哲学展开信仰辩难的方式；潘伦伯格和莫尔特曼则通过与现代历史哲学和社会批判理论展开信仰辩难，推进了救恩行动的三一论。这里显明的问题是：信仰辩难不可避免，基督教上帝观在多元宗教语境中的交往只会是上帝信仰的信仰辩难，辩难的对象取决于信仰者所处的宗教和文化思想的既存语境。

四 道体三一论和孔子感生论与信仰辩难

如果断言只有通过耶稣基督才能认识真实的上帝，救恩行动三一论语式就不可避免；反之，基督事件本身的启示意义，亦只有从上帝的内在三一性来理解才有可能。由此看来，基督信仰三一论的两种方式的问题，根本就是基督事件引发的信仰危机本身的表现，而非在于三一论语式的形式方面。汉语思想界中任何基督教信仰的文化融贯论或本土化论，都没有充分估计基督事件引发的上帝信仰的危机性质，及其引发信仰辩难的不可避免——不妨从道教三一论和儒教圣人感生论来阐明这一论点。

在东汉时期，初代道教思想中已出现三一论语式。道教的三一论源于老子《道德经》中的两段经文：

> 视之不见名曰夷；听之不闻名曰希；搏之不得名曰微。此三者，不可致诘，故混而为一。（十四章）
> 道生一，一生二，二生三，三生万物。（四十二章）

前一段经文讲道体与道相的关系，可以说是道的在体论；后一段经文讲道与世界的关系，可以说是道的生成论。① 道体的夷、希、微三相与道体的一体性，被称为妙体："三一之法，以妙有为体。有而未形，故谓为妙。在理以动，故言为一"（《玄门大论·三一诀》）。这难道不就是道教的内在三一论？从道的生成论看，道与物（世界）的关系，是衍生性的："布气生气，贷成靡素。兼三为用，即一为本"，可称为道教的生成三一论。依这两段经文，《太平经》和《老子想尔注》发展出一套道教三一论信仰：三一妙体的道体三一论，双遣有无的道体三一论和养神修炼的灵修三一论。道虽为一，道相则有希夷微三相，创世有玄元始三气，炼养有精神气三事，上中下三丹田，轨仪有道经师三宝。② 道教的道体论、体道论和修道论都是三一语式的，基督教三一论语式的独特性在哪里？

不仅如此，《老子想尔注》的"吾，道也；帝先，亦道也"，"道性不为恶连，故能神，无所不作，道人当法之"，"道常无欲，乐清解，故令天地常正。天地，道臣。王者法道行戒，

---

① 经文释义从道教思想家任法融道长，参任法融，《道德经释义》，西安：三秦书社，1988。徐梵澄亦谓十四章"于道乃作直述"，参徐梵澄，《老子臆解》，北京：中华书局，1988，页19。
② 参卢国龙，《中国重玄学：理想与现实的殊途与同归》，北京：人民中国出版社，1993，页55以下；葛兆光，《道教与中国文化》，上海：上海人民出版社，1987，页13–162。

臣下悉自正矣"诸说，提出了个体化的有意志的道神论，已非老庄的非身位性的道论。① 从形式上看，甚至身位性的三一语式也不是基督教独有的，至少对汉语思想而言，不是陌生的。而且，作为自然本体论和自然生成论的道体论，也能支撑个体的生存信仰，即道教修身养性的修道学说："一在人身，镇定三一，能守三一，动止不忘，三尸自去，九虫自消"（太上太真科），可谓道教的修身三一论。② 自然作为生存信赖的对象，就是道教徒的上帝，个体生命与自然相互委身：吾身"是天地之委形也"；吾生"是天地之委和也"；吾命"是天地之委顺也"，吾子孙"是天地之委蜕也"。③ 若有论者喜好融贯基督教三位一体的上帝信仰与道教信仰，他可以说，圣父可谓"不可致诘"。然而，基督圣子身位必然冲撞道体三一论，由此引出的修身论就完全不同了。从先验的内在三一论的前提来看，道教的道体三一论与基督教的内在三一论似乎同构，实质却有异。异在何处？异在道体没有显为这一位个体（耶稣基督）的现世救恩行动。④ 由于这一位个体（耶稣基督）的现世救恩行动，道教三一论与基督教三一论之间的融贯，就只会被耶稣基督这一位个体绊倒，从而生发信仰辩难（于此可见救恩行动三一论必不可少）。

　　基督教三位一体信仰的根据是基督事件，三位一体上帝信仰引起的信仰冲突或危机，主要由于上帝成人的降身。某些汉

---

　　① 参汤一介，《魏晋南北朝时期的道教》，西安：陕西师范大学出版社，1988，页104。

　　② 同上，页105。

　　③ 参《庄子·知北游》。

　　④ 参欧华胜，《"道德经"论及天主圣三吗?》，见刘小枫编，《道与言》，上海：上海三联书店，1995，页322以下。

语学者融贯儒家思想与先验的内在三一论时主张，原始儒家有
"位格的上帝" 观念。这种上帝观念尽管没有绝对的超验性，
却与人的向善心性有直接关系，从而，人可以参与上帝的内在
性。但古代儒家思想中真的缺乏天的降身观念吗？非也。在西
汉今文家的论说和纬书中，有天（上帝）生孔子之说，孔子是
"天纵之圣"，"独见前日睹，与神通精者，盖皆天所生也"。
纬书中的孔子形象是神人，从感生、受命、被启示到告成，孔
圣有如儒教上帝的救恩行动。孔子身位的神圣使命是 "制作
定世符运"，一部《春秋纬演孔图》可谓儒教的孔子生平史，
喜好融贯中西的汉语神学家们从中可找到孔子的 "童贞受孕"
（"孔子母征在游于大泽之陂，睡，梦黑帝使请己。已往，梦交；语曰：
'女乳必于空桑之中'。觉则若感，生丘于空桑之中"）、孔子的异表、
神迹和受天（上帝）命（"圣人不空生，必有所制，以显天心。丘为
木铎，制天下法"）、孔子受启示的证明（西狩获麟及天降血书：
"麟，中央也，轩辕大角兽也。孔子备《春秋》者，修礼以致其好，故
麟来为孔子瑞"。"麟得之月，天当有血书端门"）、孔子的福音书
（"孔子曰：吾志在《春秋》，行在《孝经》。欲观我襃贬诸侯之志在
《春秋》，崇人伦之行在《孝经》"）、孔子的 "登山宝训"（作 "孝
经"）、孔子身成天下之道（"孔子作法五经，运之天地，稽之图象，
质于三王，施于四海"）①，以及孔子的门徒（七十二子）成教。

---

① 参安居香山、中村璋八辑，《纬书集成》，石家庄：河北人民出版社，
1994，中卷，页 576－588；周予同，《纬书中的孔圣与他的门徒》，见《周予同经
学史论著集》（增订本），朱维铮编，上海：上海人民出版社，1996，页 292 以
下；钟肇鹏，《谶纬论略》，沈阳：辽宁教育出版社，1991，页 99－111；冷德熙，
《超越神话：纬书政治神话研究》，北京：东方出版社，1996，页 162－192。

孔作《春秋》、制《孝经》，既成，使七十二弟子向
北辰磬折而立，使曾子抱《河》《洛》事北向。孔子吝
戒，簪缥笔，衣绛单衣，向北辰而拜，告备于天……天乃
洪郁起，白雾摩地，赤虹自上而下，化为黄玉，长三尺，
上有刻文。[①]

由这些论说，可以衍说儒家的上帝救恩行动论。基督教的
救恩三一论与之可以融贯吗？不然！神人孔子信仰与耶稣基督
信仰相遇必生冲撞。何以然？孔子虽为天所感生，却不是神自
身。基督事件的大义是：上帝降身为人，而且是贱人、罪人，
同时又是圣人、神子（于此可见内在三一论必不可少）。基督教三
一论的奥义基于耶稣基督的两性合一的在性，这一在性是基督
教三一论两种语式的张力所在，且又根本上是一个信仰上的疑
难！儒教的圣人感生说也不是唯一孔子感生论，而是诸神感生
论："圣人皆无父，感天而生"。[②] 最重要的是：耶稣基督的生
死复活事件以身成道的具体恩典，与孔子感生事件的以身成法
的具体义理完全不同，基督的福音与孔圣的福音根本是不同的
福音（于此又可见救恩行动三一论必不可少）。

历史中的耶稣基督事件及其救恩史的意义，与道教三一论
和今文儒家"天纵之圣"论之所以不可通约，不在语式，而
在这个独一无二的生、死、复活的基督事件（十字架是其指号）
本身，在上帝的自我陈述："鲜明的基督教特征就是这个基督

---

① 《孝经右契》，转引自周予同文，前揭，页316。

② 顾颉刚，《上古史研究讲义》，北京：中华书局，1986，页279以下；王
葆炫，《西汉经学源流》，台北：东大图书公司，1994，页330。

本身，尤其是处于他和上帝——他的天父因而还有和上帝的灵之决定性关系中的基督本身"。[1]

道教思想关于"道"的本体论述及其三一语式没有这一个体的受难（十字架）的"身位的启示"，也没有这一个有名有姓的个体身位的现世救恩行动；儒教今文家的"天纵之圣"论不具有上帝之被启示身位的耶稣基督的历史身位，以及基于现世个体的救恩行动的圣灵身位。方术儒教的上帝只有内在之在的自在性，并没有包含一个上帝自身中的内在三一性，从而也就不可能引导出受难的救恩行动的三一性。由于基督事件的独一无二性，所以，基督教的内在三一体是救恩行动三一体的在体性基础，后者则是前者的个体性的现世显身。

因此，基督教三一论与中国古代道教思想中的三一论或儒教思想中的"天纵之圣"观之所以不可通约，仅因基督身位，以及基督身位的神圣存在的受难行动。在语式上，基督教的三一论语式对儒家思想来说，并非不可融贯。迄今有两种融贯的语言尝试，即对救恩行动三一论的两种译法："天命三一论"或"经世三一论"。"天命"或"经世"的概念，都是儒家思想的术词，这两个表达式都无法传达作为救恩受难行动的个体性基督事件。基督上帝的救恩行动（基督事件）不是自然的"天命"，不是自然秩序的表达，反而是突破自然秩序，从而表达出上帝对世人的恩典。"经世"的"经"是"治理"之意，"论道经邦，变理阴阳"（《书·周官》），"以经邦国，以治

---

[1] 汉斯·昆，《论基督徒》，杨德友译，下卷，北京：三联书店，1995，页680。

官府"(《周礼·天官·大宰》);"经世"之旨是治理国家。与此相关,孔子的宗教身位是政治性的教主,纬书中的孔子只有政治的宗教颠覆性。[①] 孔子在中国古代从来没有离开"帝王师"的位置,民族性的天帝信仰已规定了他的在世身位。基督事件作为救恩行动把上帝之国引入此世,这一行动对准的是个体生存的脆弱和偶在,而非国家的礼治。在基督教的三位一体上帝信仰与孔圣信仰相遇时,不会引发一场信仰辩难,倒非常怪异了。

五　基督教三一信仰的确认性基于
对个体信仰的切身冲撞

　　基督信仰不是自然生成的信仰,而是经信仰辩难后产生的信仰。取消或变通基督教三一论语式,会使基督信仰丧失参与多元宗教文化语境中信仰辩难的能力,进而取消了基督信仰的上帝理解对个体生存理解的切身冲撞。可以说,三一论语式根本不是初代教会在护教处境中的权宜性信仰表达式,而是基督信仰之实质性表达式。以多元宗教语境为理由要求放弃或改释基督信仰的三一论语式,必然损害对个体生存的自我理解。

　　多元宗教语境的对话,往往被理解为寻求上帝观的可通约性,汉语神学思想界中的融贯论或融合论就是这种尝试的反映。但是,融贯论找到的可通约性最终似是而非。多元宗教语

---

① 参冷德熙,《超越神话:纬书政治神话研究》,前揭,页266。

境的对话目的根本不（也不可能）在寻求不同上帝观的一致，而是理解各种上帝信仰的差异，由此促进不同上帝信仰者各自的自我理解和相互间的信仰辩难。按此，独特上帝观是参与对话的前提，基督信仰的三一论语式是参与多元宗教对话最恰当的语式。孔圣信仰的背后有天帝信仰和五德循环的宇宙信仰，依据这些信仰，孔圣信仰又引申出社会政治理念和人伦秩序观。在孔圣信仰与三位一体的上帝信仰之间，只会有一种生存论的个体抉择。

对于汉语神学来说，基督信仰三一论语式的确认性只能来自于基督性，三一论语式本身不是西式的（道教三一论是例证），天降圣子的观念亦不是西式的（纬书家式的例证）。因而，理解基督教三一论的困难不在民族文化方面，而是个体认信理解本身。

从布尔特曼到奥特的生存论释义神学提出了生存论的三一体释义，或三一论的生存释义学，其要旨是：基督信仰三一体的生存释义照亮的是个体的生存性的自我理解。[①] 基督信仰三一论的生存释义学强调"超身位性"（über – Personalität），"即上帝的无限的身位存在"，其含义是：与上帝相遇不同于与任一有限人身的相遇，而是与一位完全地支配自己的生存的无限的人身相遇，它对我的生存拥有无限制的掌握（圣父），并通过它与人的无限的共契来实施这种掌握（圣子），由此使我在的自由成为可能（圣灵）。上帝的存在是一个身位的存在，但这一身位不是人类学意义上的人身，而是人能相遇和必须相遇、

---

① 参 H. Ott，前揭书，页137。

既超越又在世的神圣身位。只有三位一体的上帝才能与人相遇，要与人相遇，上帝必须是三位一体的。与这位上帝的相遇，我在生存的意义织体就完全不同了。

生存释义性的基督信仰三一论，使个体与上帝之关系以及通向上帝的道路可能在三一性思维中来设想：神性存在是神圣的身位性实在，因为，上帝是那位只有人能相遇且必须与之相遇的身位，这种身位必须从内在性和救恩行动两个方面三一式地来理解。上帝与人相遇的方式向人提出了具体的、切身的要求。这些要求是恩典性的，以至于只能在基督事件中表达出来，不可能是一个经验的人身的要求。[①]

在基督信仰三一性的上帝面前，人的身位在在体性上被理解为意义性的生存，即被引入一个意义织体，用三一论的语式说，就是人的身位被灵圣的维度所围浸。人的身位的如此在体性规定，展现了个体生存在性的重生性沟通，即与基督的上帝在性的沟通。汉语思想言说基督教三一论语式，不是引入了一种西方语式，而是引入了一种新的理解人的生存在性的语式。汉语神学有了这一语式，只能与儒教思想和其他现代思想或宗教在生存理解上展开信仰辩解，并在这种辩难中发展出汉语神学的基督信仰三一论认信。

信仰的现代语境的本质不在于多元信仰的冲突，而在于信仰的宇宙论论证的去势和个体决断论证的加强，即信仰论证的个体性负担的加强，而生存释义性的基督信仰三一论恰好可以支撑这种论证负担（onus probandis）。因此，这种三一体信仰通

---

① 前揭，页 141 – 142。

过信仰危机对个体的自我理解提出了更高的要求。

就汉语思想语境而言，生存释义性的基督信仰三一论可以突破华夏民族思想在生存理解上的既定信仰。作为意义性生存偶在的个体中国人，经过基督信仰三一性的生存释义的信仰困惑—危机，可以与三一体的上帝相遇。通过这种相遇，个体中国人的生存理解与儒、道、释提供的生存理解将出现信仰辩难。在这种多元的生存释义的信仰辩难中受益的，肯定不会仅是基督信仰的自我理解，也会是儒道释信仰的自我理解。

图书在版编目（CIP）数据

圣灵降临的叙事/刘小枫著.--增订本.--北京:华夏出版社,2017.1
（刘小枫集）
ISBN 978-7-5080-8988-1

Ⅰ.①圣… Ⅱ.①刘… Ⅲ.①基督教—研究 Ⅳ.①B978

中国版本图书馆CIP数据核字(2016)第278191号

圣灵降临的叙事

作 者	刘小枫	
责任编辑	王霄翎	
责任印制	刘 洋	
出版发行	华夏出版社	
经 销	新华书店	
印 刷	北京汇林印务有限公司	
装 订	北京汇林印务有限公司	
版 次	2017年1月北京第1版	
	2017年1月北京第1次印刷	
开 本	880×1230　1/32	
印 张	9.75	
字 数	210千字	
定 价	49.00元	

华夏出版社　　地址:北京市东直门外香河园北里4号　　邮编:100028
网址:www.hxph.com.cn　　电话:(010)64663331(转)
若发现本版图书有印装质量问题,请与我社营销中心联系调换。

西方传统：经典与解释
Classici et Commentarii

HERMES
刘小枫◎主编

经典与解释辑刊（刘小枫 陈少明 主编）

刘小枫集

诗化哲学［重订本］
拯救与逍遥［修订本］
走向十字架上的真
这一代人的怕和爱［增订本］
现代性与现代中国：现代性社会理论绪论
沉重的肉身
圣灵降临的叙事［增订本］
罪与欠
西学断章
现代人及其敌人
儒教与民族国家
拣尽寒枝
施特劳斯的路标
重启古典诗学
共和与经纶
设计共和
古典学与古今之争
卢梭与我们
好智之罪：普罗米修斯神话通释
民主与爱欲：柏拉图《会饮》绎读
民主与教化：柏拉图《普罗塔戈拉》绎读
巫阳招魂：《诗术》绎读

编修［博雅读本］
凯若斯：古希腊语文读本［全二册］
古希腊语文学述要
雅努斯：古典拉丁语文读本
古典拉丁语文学述要
危微精一：政治法学原理九讲
琴瑟友之：钢琴与古典乐色十讲